志愿服务实务丛书

中国志愿服务联合会
中国志愿服务基金会
组编

志愿服务概论

魏　娜　主编

中国人民大学出版社
·北京·

“志愿服务实务丛书”编委会

总　序

志愿服务是现代社会文明进步的重要标志，是加强精神文明建设、培育和践行社会主义核心价值观的重要载体和有效抓手。改革开放以来，我国志愿服务事业不断发展、服务队伍不断壮大、服务水平日益提升，志愿服务已经成为促进社会和谐、推动文明进步的重要力量。

中央高度重视志愿服务事业的发展。党的十八大以来，习近平总书记多次回信、寄语并做出重要指示，给予广大志愿者极大的鼓舞。一系列文件及法规，如《中华人民共和国慈善法》《志愿服务条例》《关于支持和发展志愿服务组织的意见》《关于公共文化设施开展学雷锋志愿服务的实施意见》的出台，为志愿服务事业保驾护航。党的十九大报告在加强思想道德建设层面，明确提出要推进诚信建设和志愿服务制度化，强化社会责任意识、规则意识、奉献意识，为新时期志愿服务事业指明前进的方向。如今，在习近平新时代中国特色社会主义思想的指引下，我国志愿服务事业步入历史发展的新阶段。

为进一步推动志愿服务事业健康发展，在中国志愿服务基金会的支持下，中国志愿服务联合会自成立以来便高度重视志愿服务培训工作，紧紧围绕志愿服务的制度化、法制化、规范化、信息化、专业化，积极探索志愿服务培训的新途径、新机制、新模式。依托全国宣传干部学院建立了中国志愿服务培训基地，并分别在武汉、青岛、河北、惠州等地建立培训基地，先后举办了秘书长培训班、理论研讨班、法制化培训班、信息化培训班、志愿服务组织负责人培训班以及青年志愿服务、公共文化设施志愿服务、巾帼志愿服务、助残志愿服务、社区志愿服务等各类培训班，截至2018年9月共培训4 000余人。全国各省市志愿服务联合会及志愿服务组织通过多种渠道积极开展了形式多样的培训活动。同时，各领域的专家学者积极开展理论研究，先后出版发行了《中国志愿服务大辞典》《中国特色志愿服务概论》《经验·价值·影响——2008北京奥运会、残奥会志愿者工作成果转化研究》等，为培训提供了智力支撑，为相关教材编写奠定了坚实的基础。

根据《中国志愿服务培训工作“十三五”时期发展规划（2016—2020）》，中国志愿服务联合会、中国志愿服务基金会联合组织专家编写志愿服务培训系列教材。通过编纂具有较强针对性、可读性和实用性的“志愿服务实务丛书”，帮助广大志愿组织和志愿者深入领会中共中央关于志愿服务工作的一系列文件精神和政策法规，了解志愿服务的内涵，掌握志愿服务的思路方法、实践路径，不断提高培训质量，提升志愿服务的能力水平。

本丛书由中国人民大学公共管理学院魏娜教授主编、中国人民大学出版社出版，通过公开征集的方式向志愿服务领域的专家学者和科研机构发布有关信息，在自主报名和推荐的基础上经过专家评审确定执行主编，并由中国志愿服务联合会、中国志愿服务基金会、中国志愿服务联合会研究会等相关机构人员及专家学者组成编委会。

希望在各方支持和大家共同努力下，丛书在实践中不断丰富和完善，编纂工作顺利推进。相信本丛书会在推动中国特色志愿服务事业发展中发挥积极的作用。

中国志愿服务联合会
中国志愿服务基金会
2018年9月

前　言

在中国志愿服务联合会和中国志愿服务基金会的大力支持与推进下，“志愿服务实务丛书”将陆续出版面世。本人担任这套丛书的主编，感到非常荣幸的同时也感到责任重大。

作为“志愿服务实务丛书”的总论，《志愿服务概论》共有十章内容：志愿服务及相关概念、志愿服务的理论基础、志愿服务的功能与价值、志愿文化与志愿服务伦理、志愿服务事业的发展与管理体系、志愿服务法制与政策、志愿者管理、志愿服务组织管理、志愿服务能力建设、国外与我国港澳台地区志愿服务等。

本书具有较强的知识性、实用性、现实性与可读性，构建了比较全面的志愿服务知识体系，可以使志愿者和读者对志愿服务形成比较全面的认识；体现了实务丛书的特点，侧重于对理论知识的应用和解读；反映了中国志愿服务的现实发展，特别是党的十八大以来志愿服务事业取得的成就、出台的相关法律与政策；书中运用大量生动的案例解释原理和知识，具有较强的可读性。

组成本书编写团队的是一群对志愿服务理论有着深入研究、具备志愿服务实践经历，同时对志愿服务事业有着深切情怀的年轻人。毛立红副教授（河南大学）和韩芳副教授（济南大学）早在他们上研究生时就参与了我主编的国内第一部志愿服务培训教材——《北京奥运会志愿者读本》的编写，毛立红副教授还出版了《中国志愿服务法制化研究》。刘蕾副教授（中国矿业大学）也是志愿服务实践的亲历者，她创办的花时间阅读文化发展中心受到过共青团中央的表彰，获得过“徐州市十佳志愿组织”称号。刘子洋（扬州大学教师）撰写的学术论文《论志愿服务的本质》被《新华文摘》全文转载。王哲曾在北京市志愿服务联合会工作多年，也曾任北京志愿服务发展研究会秘书长，对志愿服务理论、政策与运行管理实践有着深刻的体会和深入的研究。张乾瑾从中国人民大学硕士毕业后现于澳大利亚墨尔本大学攻读博士学位，对志愿服务也有着比较深刻的理解和研究。迟力榕是日本同志社大学的博士，专攻非营利组织和志愿服务方向。张勇杰、杨灿也是致力于志愿服务研究的青年人才，在该领域颇有心得。本书几易其稿，是集体智慧的结晶，是大家不懈努力的成果。

本书能够顺利出版，首先，要感谢中国志愿服务联合会和中国志愿服务基金会的领导在编写过程中，给予编写团队关心、指导和支持。其次，要感谢专家评审团队对本书大纲和书稿的审读，特别要感谢陆士桢教授、莫于川教授、谭建光教授、李家华教授、王忠平副教授提出了专业、中肯的意见和建议，他们的付出为保证本书的专业性和代表性奠定了基础。再次，要感谢中国志愿服务联合会培训部和中国志愿服务基金会项目管理部同志的敬业付出和不懈努力。最后，要感谢中国人民大学出版社政治与公共管理出版分社副社长朱海燕女士给予书稿出版的专业支持。

志愿服务这一社会现象非常值得研究，它联结了理论和现实，贯穿了历史和现代，跨越了西方和东方。志愿服务创造公共价值，志愿组织凝聚公民力量，志愿文化塑造社会美德，志愿者引领时代精神。随着社会的发展进步，志愿服务理论和实践也在不断发展。虽然在编写过程中尽心尽力，但本书仍存在诸多不足之处，还请同行专家、志愿者和广大读者给予批评和指正。

本书付梓之时，恰逢第33个国际志愿人员日来临。就将本书作为献给广大志愿者的礼物吧，衷心祝愿大家节日快乐、志愿精神长青！

编者

2018年11月

目　录

第一章
志愿服务及相关概念

引 例

2008 年——“中国志愿者元年”

2008 年是我国志愿服务事业发展史上具有里程碑意义的一年。在汶川抗震救灾中，来自国内外的近 130 万志愿者奔赴灾区，投入灾后救援。同年，在北京奥运会举办期间，共有 170 多万北京奥运会志愿者在赛会志愿服务、城市志愿服务、社会志愿服务等各个领域的众多岗位，提供了热情、周到、细致的志愿服务。在赛场内外，志愿者以美丽的微笑和专业的服务展示了中华民族讲文明、重礼仪、团结友善、热情好客的良好风尚，展示了中国人民包容、开放、自信的时代风采，赢得了各国运动员、来宾和社会各界的广泛好评。这些志愿者中，有 12 万赛会志愿者直接为赛会提供服务，40 万城市志愿者在城市和场馆周边提供城市志愿服务，100 万社会志愿者在全市社区乡镇开展志愿服务，20 万啦啦队志愿者在赛场为运动员加油助威，累计服务超 2 亿小时。面对志愿服务事业的蓬勃发展和社会对志愿服务事业的逐渐认可，有学者称 2008 年为“中国志愿者元年”。

资料来源：http://sports.sina.com.cn/o/2008-10-03/09323986100.shtml.

2008 年北京奥运会志愿者和汶川抗震救灾志愿者对志愿服务事业的广泛参与及其所起的积极作用，使得“志愿服务”和“志愿者”的概念越来越被大众所知悉、了解和认同。

慈善、公益、志愿这些概念有哪些区别与联系？如何判断什么是志愿行为？谁可以成为志愿者？志愿者与志愿服务又有哪些具体的特征？什么是志愿精神？这章我们将对这些基本问题进行解答和描述。

第一节 慈善与公益

案 例

秉承“大丈夫贵兼济，岂独善一身”精神的邵逸夫先生

邵逸夫先生生前是香港电视广播有限公司荣誉主席，邵氏兄弟电影公司的创办人之一。邵逸夫在 1958 年于香港成立邵氏兄弟电影公司，该公司拍摄过逾千部华语电影，它旗下的电视广播有限公司（TVB，惯称无线电视）主导着香港的电视行业发展。邵逸夫先生并非香港最有钱的人，但却是香港富豪中屈指可数的大慈善家。他曾经说过，“一个企业家最高的境界是慈善家”，“我的财富取之于民众，应用回到民众”。

1973 年，邵逸夫设立了邵氏基金会，从 1985 年起，他平均每年向内地捐款 1 亿多元，用于支持各项社会公益事业。据统计，邵逸夫历年捐助社会公益、慈善事务超过 100 亿港元，兴建了 6 000 多个教育项目和医疗项目，尤其是对教育事业，邵逸夫捐赠的教育资金遍布神州大地，全中国多家高等院校均有以邵逸夫名字命名的“逸夫楼”。香港多所高等院校的建设曾得到邵逸夫的捐助，例如香港中文大学的逸夫书院、香港大学的邵逸夫楼、香港城市大学的邵逸夫图书馆等。邵逸夫先生还积极赈灾，在台湾“9·21”大地震、南亚海啸、汶川地震、玉树地震、雅安地震等灾害中，邵逸夫先生均第一时间捐赠巨款，帮助抢险和灾后重建事宜的顺利进行。

由于他在社会慈善方面的卓越贡献，1977 年，英国女王授予他爵士头衔，他成为香港娱乐行业获此殊荣的第一人。美国旧金山市为表彰邵逸夫对该市的福利贡献，将每年的 9 月 8 日命名为“邵逸夫日”。1990 年，中国科学院紫金山天文台为表彰邵逸夫对中国科学教育事业的贡献，将中国发现的 2 899 号小行星命名为“邵逸夫星”，这是该台首次以当代知名人士命名小行星。

邵逸夫先生逝世后，习近平同志致挽词：闻悉邵逸夫先生辞世，谨致哀悼，并向其亲属深表慰问。邵逸夫先生一生热爱国家，关心民祉，慷慨捐赠，惠及多方。其爱国之情，其为国之志，人们将铭记在心。

资料来源：http://finance.sina.com.cn/leadership/crz/20140108/035917876294.shtml.

【点评】

邵逸夫先生以“大丈夫贵兼济，岂独善一身”为人生信条，他的慈善义举本质上是当代企业家精神的体现，更是爱国情怀的体现，邵逸夫先生得到了世人由衷的尊敬。

志愿者和捐钱的慈善家是一回事吗？慈善、公益、志愿，这些概念交替出现、相互关联，又似乎有些区别，了解志愿服务，我们还是要回到这些概念的本源。

一、慈善

“慈善”是东西方文化共有的、比较古老的词语。在西方，“慈善”的英文单词“charity”本意为“爱”，从公元前就开始使用了。表述“慈善”意义的另外一个单词“philanthropy”源于古希腊语，本意为“人的爱”。因此，我们可以判断西方的“慈善”概念总的来讲是“传递爱的行为”。作为西方思想史上具有代表性的思想家之一，马尔库斯·图利乌斯·西塞罗（Marcus Tullius Cicero，公元前106—前43年）的观点很具有代表性。西塞罗是古罗马最有才华的政治家之一，他将古希腊哲学与古罗马现实相结合，重构了一套哲学理论体系，其中蕴含了丰富的慈善伦理思想，这些思想影响至今。西塞罗在其著作《论责任》中系统地阐述了他的公益思想。他在追问慈善本质的基础上，确立了慈善行为应遵循的基本伦理原则：“第一，我们应当注意，我们的善行既不可对我们的施惠对象、也不可对其他人带来伤害；第二，行善不应当超越自己的财力；第三，行善必须与受惠者本身值得施惠的程度相称，因为这是公正的基础，而公正是衡量一切善行的标准。”①

西塞罗认为，对于陌生人，也应当慷慨地施以那种举手之劳又利人的恩惠。他为此援引了恩尼乌斯的一首诗：

① 西塞罗．西塞罗三论．徐奕春，译．北京：商务印书馆，1998：110.

好心地为迷路者带路的人，
就好像用自己的火把点燃他人的火把：
他的火把并不会因为点亮了朋友的火把而变得昏暗。

西塞罗首次在公益史上区分了志愿与慈善的区别：“表示善意的方式有两种：一种是服务，一种是送钱。”①西塞罗认为后者比较容易做到，特别是对于有钱的人来说更是如此。施财的原则是：一个人的钱袋既不应当捂得太紧，该慷慨解囊的时候也一毛不拔；也不应当放得太松，什么人都可以从中掏钱。不能胡施滥舍，而要仗义疏财②。

对于服务，西塞罗指出，财物的施舍会使慷慨的源泉枯竭，但如果在服务上尽自己的能力表现出慷慨和仁慈，那就会产生更多的好处：一是帮助的人越多则行善的人就会越多；二是由于养成了助人的习惯，为公众做起好事来会更加周到和熟练。因此，西塞罗认为服务所表现出的慷慨更可敬，适用的范围更广，能使更多人受益。

在我国，很早就有了慈善的概念：“老吾老以及人之老，幼吾幼以及人之幼”“仁者爱人”“兼相爱”等。《礼记·礼运》中有：“故人不独亲其亲，不独子其子，使老有所终，壮有所用，幼有所长，矜、寡、孤、独、废疾者皆有所养。”在古代，民间宗教人士是慈善方面比较活跃的群体，投身慈善活动也是宗教人士的必然选择。

狭义的慈善是指将时间与社会产品转移给没有利益关系的人或组织的行为。传统的慈善都有“布施”的含义，主张单方的救助和给予，现在的慈善讲究“助人自助”，以提升自我。

与志愿服务相比，狭义的慈善更多的是主张单方的物质奉献和给予，通过慈善行为实现社会产品在社会成员之间的再分配，是一种社会分配的辅助手段。从这个意义上讲，慈善本身不具备社会劳动的属性，不能创造新的社会产品和社会价值，二者的比较详见表 1－1。

需要指出的是，慈善事业是志愿者的第一个舞台，慈善事业必定伴随着志愿者的付出和志愿服务行为。可以说，早期的志愿者是融入慈善事业的，这种状态到第一次工业革命时发生了微妙的变化。随着社会化大生产的出现，互帮互助形式的志愿服务出现了专门化的倾向，西方现代意义上的志愿服务得以发端。第二次、第三次工业革命的到来，带给人类社会组

---

① 西塞罗．西塞罗三论．徐奕春，译．北京：商务印书馆，1998：190.

② 同①192.

表 1-1　　　　　　　　慈善（狭义）与志愿服务的比较

	主体	内容	对象	结果
慈善（狭义）	政府、市场与 NGO	施财为主	经济水平或社会地位存在落差	社会产品的再分配
志愿服务	政府、市场与 NGO	服务为主	经济水平或社会地位平等	创造社会价值

织管理形式以翻天覆地的变化，志愿部门从社会的附属品转变为与政府、市场并称的概念，承担起了创造价值、提供公共产品的职能。自此，志愿服务开始独立发展。

随着社会的进步和发展，慈善的外延也不断发生变化，不仅包括物质方面扶危济困的"捐赠"，也包括面对大众的、涉及服务行为的"捐赠"，这种捐赠可以物化为具体的价值。这就突破了传统的慈善内容，形成了广义的慈善概念。

英国是最早制定慈善法的国家，1601 年英国就制定了世界上最早的一部慈善法，当时的慈善内容主要集中于扶危济困方面，2006 年《慈善法》修订完成，慈善活动的范围大大扩展，包括扶贫、济困、教育、宗教、健康、社区、艺术、文化、体育、人权、环境、动物、武装部队等 13 个方面的内容。

慈善概念的扩大导致慈善与志愿服务概念的交叉与相互包容。2016 年 9 月 1 日起正式施行的《中华人民共和国慈善法》中规定：慈善组织，是指依法成立、符合本法规定，以面向社会开展慈善活动为宗旨的非营利性组织。慈善组织可以采取基金会、社会团体、社会服务机构等组织形式。慈善活动，是指自然人、法人和其他组织以捐赠财产或者提供服务等方式，自愿开展的下列公益活动："（一）扶贫、济困；（二）扶老、救孤、恤病、助残、优抚；（三）救助自然灾害、事故灾难和公共卫生事件等突发事件造成的损害；（四）促进教育、科学、文化、卫生、体育等事业的发展；（五）防治污染和其他公害，保护和改善生态环境；（六）符合本法规定的其他公益活动。"而慈善服务，是指慈善组织和其他组织以及个人基于慈善目的，向社会或者他人提供的志愿无偿服务以及其他非营利服务。慈善组织开展慈善服务，可以自己提供或者招募志愿者提供，也可以委托有服务专长的其他组织提供。由此可见，《慈善法》采用的是广义的概念。在我国现代社会中，采用广义的概念能够鼓励更多的社会爱心人士投身公益事业，扶危济困，弘扬正能量。

案 例

“多背一公斤”公益旅游活动

安猪本名余志海，是一个从广州“漂”到北京的青年，安猪一直在寻找一种快乐做公益的模式，将单纯的做好事转变为有效率和效果的快乐的事，以此保持志愿者参与公益活动的热情。

2004 年，安猪提出“多背一公斤”活动，将公益与旅游结合在了一起。他提倡，驴友旅行时可以多背一公斤文具等物品，将之带到乡村小学。为此，他建立了“多背一公斤”网站，让驴友在旅行中发现需要帮助的乡村学校并收集他们的需求。“我们不希望乡村的孩子仅仅依靠我们的同情活下去，自由、快乐、尊严同样属于他们。”安猪说道。

在开发这个项目的过程中，安猪发现乡村学校在发展中遇到的主要问题是老师缺乏教学技能并且教学任务繁重。乡村学校里，一名老师往往要兼职教授多门课程，缺乏专职专业老师，体育课和美术课更是缺乏专业老师，往往由其他专业课的老师代为教授。为了让老师能轻松开展教学活动，“一公斤盒子”应运而生。

“一公斤盒子”包含了教学材料和使用指南。安猪和他的团队从淘宝买来纸盒，自己动手把教学工具一样样地摆放到盒子里。另外，他们通过发放“一公斤盒子”给部分学校试用的方式进一步了解了服务对象的需求，通过不断地收集反馈信息对“一公斤盒子”加以改善。

现在，安猪和他的团队相继开发出了一系列主题教育盒子，如“零食盒子”“道路安全盒子”“打击乐 DIY 盒子”“洗手盒子”“吵架盒子”等。这些主题教育盒子帮助老师建立了以学生为中心的学习模式，使老师的角色从知识的传授者变成了学习的引导者。

除了开发“一公斤盒子”，安猪也帮老师们建立交流的平台，让他们能够通过网络等方式与志同道合者更好地沟通，让他们从身边就能获得改变教育状况的帮助。

资料来源：http://gongyi.qq.com/a/20110223/000054.htm.

【点评】

“多背一公斤”公益旅游活动无疑找到了一个将生活与公益相结合的

理想的切入点：它化整为零，将公益变得易于可为；它时尚新潮，将旅游与助学有机结合；它注重赋能，通过志愿者的努力提升当地教师的教学水平；它关注尊严，让受助的孩子们易于接受。

二、公益

我们发现，无论是慈善还是志愿服务，都和公益的概念有密切联系。“public welfare”作为公益的含义，来源于希腊语“pubes”和“koinon”。前者意为“成熟、完备”，成熟和完备不仅指人身体上的成熟，更侧重于指人在心理、个人情感、智力能力上的成熟，标志着人不仅能感性思维，还能理性思维，关注他人和社会整体利益，超越对个人利益的追求，达到认同和理解个体自身行为对他人造成的影响及公共领域中个人与他人之间关系的理性自觉。后者意为“关怀”，是指主观上的“共同的、集体的人性关怀”①。可见，公益是人在生理和心理成熟的状态下形成的对生活共同体的利益的关注、向往和追求。这一追求需建立在超越对个体自身利益的关怀、超越一己私利的基础之上。因此，无论是慈善还是志愿服务，最后的目标都是促进社会公益。公益的受益方通常不是特定的个体，而是大部分乃至所有的社会成员，甚至其他生物、环境都可能从中获益。比如通过环保改善空气、水源质量，无论是富人还是穷人，无论是动物还是植物，都会因此受益。

实施公益的主体是广泛的，主要包括政府、慈善组织、志愿服务组织、企业、公民等，但是各主体从事公益活动的责任、方式、范围、作用具有较大的差异。政府是主要的促进社会公益的责任部门，政府的主要责任就是通过治理行为促进社会公益最大化。公益也可以由市场来实现，公平、诚信的交易行为是维护社会公益的基本原则，同时很多实现公益的公共产品也是由市场的商业渠道来实现的。作为社会力量的慈善组织、志愿服务组织以及社会企业等其他各类公益组织，则是代表了区别于政府和市场的社会力量，它们通过提供公共服务、倡导社会风尚、促进社会公平来实现社会公益。因此，慈善组织和志愿服务组织也是一般意义上的公益载体。公益性是判断组织行为是不是慈善行为和志愿服务行为的一个重要标

① 李春成．公共利益的概念建构评析：行政伦理学视角．复旦学报（社会科学版），2003（1）．

准，离开了公益性，慈善行为和志愿服务行为都不再具有积极正面的社会意义。

第二节　志愿者与志愿行为

案　例

赵广军和他的“生命热线”

赵广军是广州市海珠区江南中街社区卫生服务中心的一名社区工作者。青年时期的赵广军一直在思考如何让人生更有意义，他选择用志愿服务的方式奉献社会，并光荣地加入了中国共产党。2000 年广州青年志愿者协会正式注册时，赵广军在名片上写下这样一句话：“走万里路、进万家门、解万人忧！”海珠区有一座老人公寓，赵广军是这里的一名助老志愿者。这里的老人见到赵广军就像见到自己的孩子一样。有一年冬天，赵广军见天气越来越冷，老人们在公寓里不愿出去运动，就给每位老人买了一条厚厚的棉裤。让老人们更为惊喜的是，每条裤子长短尺寸竟然都十分合适，原来赵广军早在老人们不经意的时候就偷偷记下了他们的衣服尺寸。

2004 年，赵广军发现，人们的心理问题在社会转型中逐渐增多。于是，他自费开通了“生命热线”，2007 年 5 月挂牌成立了赵广军志愿服务工作室，专门为生活中遭遇不幸和承受压力的人们减压。自那时起，赵广军几乎每天晚上都要接听好几个小时的“生命热线”，最忙的时候，三天三夜只睡了 5 个小时，每天不停地有电话打来，他连吃饭、洗澡的时间都没有。由于过度劳累，加上长时间坐着接听电话，赵广军的健康亮起了“红灯”。他频繁地住院出院，出院又住院，每天还得做理疗，但这些丝毫没有消减他对“生命热线”的热情与执着。10 多年来，赵广军的“生命热线”累计志愿服务 5 万多小时、接访求助个案 14 570 例，其中 40 多名青少年光荣地加入了青年志愿者队伍。

“不要把志愿者太绝对化，其实每个人的每一天，无论是在工作中还是在生活里，都可以做志愿者，都可以帮助他人。”这平凡而又经典的话语表现了赵广军作为一名共产党员从点滴做起、从小事做起，用心灵照亮心灵、用生命拯救生命的高尚情操。

资料来源：http://news.163.com/12/1103/03/8FBUAT7000014JB5.html.

【点评】

赵广军是一名无私的志愿者，他从让人生有意义的角度开始从事志愿服务行为，之后主动思考社会需求，有针对性地打造“生命热线”的志愿服务品牌，最后影响被服务对象和身边的人延续志愿精神，这些体现了一名志愿者从参与志愿、感受志愿、发展志愿到传播志愿的完整成长过程。赵广军是我们身边千千万万志愿者的代表，当志愿者、做志愿服务，能让人生更有意义。

一、志愿者

“志愿者”的英文为“volunteer”，来源于拉丁文“valoh”或“velle”，意思是“希望、决心或渴望”，中文的“志愿”是“志向和愿望”的意思，所以从词义上讲，中英文是相通的，意指人们自愿地、渴望去做有意义的事情。

在西方，志愿者被认为是在工作之外，不受私人利益或法律强制驱使，为改善社会现状、提供社会福利而付出努力的人们。

联合国将志愿者定义为“不以利益、金钱、扬名为目的，而是为了近邻乃至世界进行贡献的活动者”。

我国于 2017 年 12 月 1 日起正式施行的《志愿服务条例》中规定，志愿者是指以自己的时间、知识、技能、体力等从事志愿服务的自然人。

张总是个企业家，他经常为社区捐钱、捐物，帮助有困难的邻里。小亮是个热心青年，看到老人过马路很危险，就经常主动去搀扶。小张在政府部门工作，业余时间参加无线电爱好者组织，有时他们会在社区里为居民解答问题，并为大家维修无线电设备。小马每周都会去一两次社区服务中心，为在中心活动的老人们服务，陪他们聊天、下棋、唱歌，中心会发给她午餐费和车费。退休教师刘老师在社区合唱队担任队长，经常辅导歌唱爱好者，并组织大家演出。小段同学是科技馆的小小讲解员，她的讲解受到学生、家长以及参观者的称赞。张师傅是户外运动协会的一名爱好者，该协会从救助自己的队员开始，逐渐发展成为一个专业的野外搜救应急救援组织。他们都可以被称为志愿者。

可见，不分年龄、性别、种族、宗教、贫富、身体状况，只要有服务他人的意愿，每个人都可以成为志愿者。在志愿者队伍里，既有白发苍苍的老年人，也有在家长带领下的儿童；既有身体健康的人，也有身体残疾的人；既有社会精英，也有普通群众；等等。

根据志愿者的特征以及志愿服务的类型可以将志愿者分为：个体志愿者和组织志愿者，注册志愿者和非注册志愿者，临时志愿者和长期志愿者，普通志愿者和专业志愿者，以及消防志愿者、献血志愿者、助残和助老志愿者、赛事志愿者、环保志愿者，等等。

作为志愿者享有哪些权利呢？为了保障志愿者更好地从事志愿服务，政府以及志愿服务组织通过法律和制度以及组织章程保障志愿者的权利。志愿者的权利总体上分为两类：一类是参与志愿服务并得到相应支持保障的权利，例如《志愿服务条例》中规定：志愿服务组织在招募志愿者时，应当说明与志愿服务有关的真实、准确、完整的信息以及在志愿服务过程中可能发生的风险；安排志愿者参与志愿服务活动，应当与志愿者的年龄、知识、技能和身体状况相适应，不得要求志愿者提供超出其能力的志愿服务；志愿服务组织应当为志愿者参与志愿服务活动提供必要条件，解决志愿者在志愿服务过程中遇到的困难，维护志愿者的合法权益；志愿服务组织安排志愿者参与可能发生人身危险的志愿服务活动前，应当为志愿者购买相应的人身意外伤害保险；等等。另一类是参与志愿服务之后，享受一定社会认可的权利，例如《志愿服务条例》中规定：志愿者需要志愿服务记录证明的，志愿服务组织应当依据志愿服务记录无偿、如实出具；对在志愿服务事业发展中做出突出贡献的志愿者、志愿服务组织，由县级以上人民政府或者有关部门按照法律、法规和国家有关规定予以表彰、奖励；国家鼓励企业和其他组织在同等条件下优先招用有良好志愿服务记录的志愿者；公务员考录、事业单位招聘可以将志愿服务情况纳入考察内容；等等。

当然，作为志愿者也需承担相应的义务。《志愿服务条例》中规定：志愿者开展志愿服务，应当遵循自愿、无偿、平等、诚信、合法的原则，不得违背社会公德、损害社会公共利益和他人合法权益，不得危害国家安全；志愿者接受志愿服务组织安排参与志愿服务活动的，应当服从管理，接受必要的培训；志愿者应当按照约定提供志愿服务；志愿者因故不能按照约定提供志愿服务的，应当及时告知志愿服务组织或者志愿服务对象；等等。

案　例

"扫桥爷爷"窦珍老人

窦珍老人是北京市供电局的退休司机，是一名社区志愿者。2000年北京市丰台区右安门翠林社区小区附近架设了一座叫作"连心桥"的过街天桥，方便居民出行，投入使用后，因为没有人负责打扫卫生，桥上垃圾遍布。老人从2002年开始利用空余时间自备工具清扫天桥，清理小广告，每天上下午各一次，一直坚持11年，分文不取。曾经两次被评为右安门街道"文明百佳"之"志愿者服务之星"，2012年被评为丰台区"最美丰台人"，并入选2012年度"中国好人榜"，2013年被北京晚报评为"北京好人"。2013年11月25日在义务清扫天桥时不慎坠桥身亡。在他的精神感召下成立的"窦珍志愿服务队"接过扫帚继续扫桥。

资料来源：北京志愿服务发展研究会．中国志愿服务大辞典．北京：中国大百科全书出版社，2014：305.

【点评】

一把扫帚、一个簸箕、一块抹布、一位老爷子。这是丰台区翠林三里社区居民对社区南侧过铁道天桥的印象。窦珍老人的感人事迹没有因为他的离世而被人遗忘，老人的精神在社区中被传承了下来，越来越多的人加入自愿扫桥的队伍中。那么窦珍老人的扫桥行为算不算志愿行为呢？我们该如何判断什么是志愿行为呢？

二、志愿行为

为庆祝2001年"国际志愿者年"，联合国做了一项调查，并以三项标准判别志愿行为：（1）不是为了获得经济上的利益而参加志愿工作；（2）出于本人的自由意志；（3）给第三方和从事志愿服务工作的人带来收获①。

① 谬其克，威尔逊．志愿者．魏娜，译．北京：中国人民大学出版社，2013：10.

志愿行为有以下明显的特征：一是不以获得物质报酬为前提的、非职业性行为。志愿行为和人们为了生存而从事某种特定职业并获得物质报酬不同，它是一种非职业化行为。例如医生参加志愿服务组织救助伤员，不拿工资报酬，这是志愿行为，是在志愿精神、职业态度以及专业素养指导下的志愿行为。志愿服务组织为了保障志愿服务的进行为志愿者提供的必要的物质保障，与物质报酬是截然不同的。二是自愿行为。从事志愿服务活动不是受外界或者他人的驱使，而是自愿采取的行为。三是有明确目标的行为。志愿行为的出发点是帮助他人和社会，是一种在利他主义动机驱使下的亲社会行为。四是给他人和社会，也包括志愿者自己带来收获的行为。志愿者帮助了需要帮助的人，减轻了他人的痛苦和负担，赢得了他人的赞许和社会的承认，也因此获得了心灵的喜悦和满足，“赠人玫瑰，手留余香”；同时，在现代志愿服务中，志愿服务组织为志愿者提供了接触社会的平台和机会，通过培训等过程，志愿者的能力得到提升，志愿者的生活更加充实，这是做志愿者的“意外收获”，也是吸引和激励志愿者从事志愿服务的动力源泉。

请思考以下行为是否为志愿行为？

A. 某体检中心为了促销而邀请退休老专家在社区里开展的义诊活动。

B. 居委会和服务站干部在春节之前到低保重残家庭慰问。

C. 部分退休老同志在社区自发成立合唱团并定期开展活动。

D. 某学校组织学生为企业庆典活动开幕式充当观众并承诺为其记录志愿服务时间。

E. 村会计老赵组织村党员和积极分子十几年如一日轮流照顾本村中独居老人赵大爷（论辈分赵大爷是老赵的远房伯父）。

F. 某国有企业工会组织爱心团队与派驻海外的职工家属结对子。

G. 某机关成立了党员志愿服务队，根据大家所长，与所在街道需要帮扶的对象建立了一对一的帮扶关系，长期开展亲情陪伴、关爱儿童、便民服务等活动。

H. 医生小钱联系他的同学和同事组建了一个微信群，经常利用休息时间帮助大家解答工作中的一些难点问题。

第三节 志愿服务

案 例

到西部去，到基层去

中国青年志愿者扶贫接力计划研究生支教团是由共青团中央、教育部联合组织实施的青年志愿者扶贫接力计划全国示范项目。该支教团从1998年开始组建，1999年开始派遣志愿者，采取自愿报名、公开招募、定期轮换的“志愿＋接力”方式，每年从全国部分重点高校中招募一定数量具备保送研究生资格、有奉献精神、身心健康的应届本科毕业生或在读研究生到国家中西部贫困地区中小学开展为期一年的支教志愿服务，同时开展力所能及的扶贫服务。从2011年7月开始，支教团已并入共青团中央、教育部、财政部、人力资源和社会保障部共同实施的大学生志愿服务西部计划的基础教育专项实施，享受西部计划有关的待遇政策。

1999—2014年，从全国170所高校公开招募派遣了16批9 856名研究生支教团成员，赴中西部20个省（区、市）近百个贫困县400多所中小学支教。

“用一年不长的时间，做一件终生难忘的事。”实践证明，研究生支教团，一是促进了中西部贫困地区基础教育事业的发展，并通过支教团志愿者搭建了高校参与西部发展的桥梁，在服务人才强国和西部大开发战略、建设社会主义新农村、构建社会主义和谐社会进程中发挥了积极作用。二是在培养知国情、讲奉献、高素质的复合型青年人才方面做出了有益探索，在广大青年学生中树立了积极参与志愿服务、到祖国最需要的地方去锻炼成长的良好导向。三是探索建立了“接力服务、定期轮换”的长效工作机制，延伸了高校和服务县团组织的工作手臂，逐步成为共青团组织引导和鼓励青年学子服务基层，在与人民群众相结合、与实践相结合的生活中受锻炼、长才干、做贡献的有效载体。

资料来源：北京志愿服务发展研究会．中国志愿服务大辞典．北京：中国大百科全书出版社，2014.

【点评】

通过研究生支教团的形式，青年大学生自愿无偿到西部地区开展支教活动，既帮助了当地的发展，也收获了自身成长。这种志愿服务已成为当今社会的风尚。

一、什么是志愿服务

（一）志愿服务的定义

志愿服务在不同的社会环境和不同的历史阶段有着不同的意义。从社会伦理学角度讲，志愿服务是指造福近亲属以外的他人（个人或团体）或环境的所有活动。在西方社会，狭义上的志愿服务是指无偿为非营利机构工作。

《志愿服务条例》规定，志愿服务是“志愿者、志愿服务组织和其他组织自愿、无偿向社会或者他人提供的公益服务”。志愿服务广义上指志愿者不以获取物质报酬为目的，自愿贡献时间、能力和财富，为社会和他人提供的公益服务①。

（二）志愿服务的基本特征

总结各类志愿服务的定义，我们发现，自愿性、无偿性、公益性、组织性是志愿服务的四大基本特征。

自愿性：指志愿者参与志愿服务是出自本人意愿，而非出于强迫或者环境造成的压力。自愿性是区别志愿服务与其他公益服务的典型特征，决定了志愿服务参与者的主体地位。自愿性不排斥组织化的社会动员行为，但要求动员行为体现对志愿者意愿的充分尊重。

无偿性：志愿者不以获取报酬或盈利为目的，他们利用自己的时间、能力和财富贡献公益服务，因此是不获得劳动报酬的，是无偿的。无偿性代表着不应以一般社会劳动时间计算劳动报酬回馈志愿者，但是无偿性不排斥为保证志愿服务顺利进行而安排的适度的交通补贴、餐饮补助等必要开支。同时，志愿服务无报酬，但是志愿服务有成本，因此不能以无偿性作为拒绝完善志愿服务保障的理由。

公益性：指志愿者从事的服务行为及其导致的结果是符合社会公共利

---

① 魏娜．我国志愿服务发展：成就、问题与展望．中国行政管理，2013（7）：64．

益要求、符合公序良俗原则和志愿服务道德伦理的。志愿服务的公益性是区别亲社会行为和反社会行为的基本特征。不具有公益性的志愿行为，不是社会倡导的志愿服务。

组织性：组织性是现代志愿服务发展过程中的一个重要特征。很多学者和实务工作者认为，志愿服务是有组织的利他行为①。志愿服务的组织化是现代志愿服务发展的一个显著特点，体现了志愿者从自发自为朝着共促共进发展，能够有效提升志愿者对群体的认同和志愿服务的专业化水平。组织性不排斥“非正式的志愿服务”，志愿服务组织旨在为志愿者提供一个更好的、更专业的实践平台。

（三）志愿服务的类别

根据不同的分类标准，我们可以将志愿服务划分为不同的类别：

从服务内容来看：有社会福利类，如为老人服务，为残疾人服务，为妇女儿童提供陪护、慰藉、辅助等服务；还有文化娱乐类、医疗卫生类、环保类、权益类、治安类、救援类；等等。

从时间来看：有定期性的志愿服务，提供服务的时间相对固定、有规律，如每周两个半天，每年固定多少周等；还有临时性志愿服务，包括临时性的服务任务以及不定期地参与某种服务。

从服务的组织程度来看：分为有组织的志愿服务和个人的志愿服务。

从志愿服务发起单位来看：主要有政府组织、企业组织和公益慈善组织，这些组织可以单独发起志愿服务，也可以联合发起志愿服务。

从服务的专业程度来看：有专业性较强的志愿服务，也有一般性质的志愿服务。

从服务范围和规模来看：有大型活动的志愿服务，比如体育赛事、庆典、会议等，也有小型的、常规性志愿服务。

无论是什么类别的志愿服务，其服务的核心要素都应该符合志愿服务的定义和基本特征。

案　例

厦门市湖里区金安社区——邻里互助的典范

2016 年 9 月台风“莫兰蒂”袭击厦门，位于台风登陆口的金安社区

---

① 曾胜光，曾华源．志愿服务概论．台北：扬智文化事业股份有限公司，2003：7.

受损严重，亟须进行灾后重建。为此，社区向全体居民发布了重建倡议书。不到半小时，各栋楼就建起了自救队，自发清理被台风损坏的树木，打扫遍地的垃圾。整个过程中没人计较得失，没人怕苦怕累，在大家的共同努力下，社区迅速恢复了整洁面貌。

厦门市金安社区成立于2009年，既是厦门最大的纯社会保障性住房社区，也是全国首个保障性住房安居样板工程。金安社区现有户籍人口8 000余人，同时拥有多达3 400人的社区注册志愿者，也就是说，在金安社区里，几乎家家户户都有志愿者，家家户户都在学雷锋。正是因为浓厚的志愿服务氛围，金安社区在不到10年的时间里获得了“全国最美志愿服务社区”“全国敬老文明号”“全国科普示范社区”等荣誉称号。

现在，金安社区共有志愿服务队伍16支，志愿服务的种类涵盖居民生活的方方面面。志愿者们没有就此满足，他们总结经验，率先在全国开展了学雷锋志愿服务制度化、专业化、精准化和项目化的探索活动，总结出了开展志愿服务的“八步流程”、“七字法”、“三定”服务以及“一划、二优、三保障”等经验。这些经验不仅能有效地推动社区学雷锋活动的进一步深入发展，还能很好地帮助其他地区进行学习。

资料来源：厦门市湖里区金安社区居民逾四成是志愿者：“帮助别人，就是享受快乐”. 中国志愿服务网，2018-05-10.

【点评】

厦门市湖里区金安社区志愿服务日益普遍化、专业化和制度化，不仅大大便利了社区居民生活，同时也使志愿服务的领域得到了不断扩展。那么，志愿服务究竟包含哪些领域呢？在这些领域中，志愿服务又发挥着怎样的作用呢？

二、志愿服务的领域

中国志愿服务经过几十年的发展，已经形成了一些相对稳定的、持续的、具有影响力的服务领域。

1. 扶贫、济困领域

扶贫、济困主要针对生活困难的群体，包括城乡因贫致困、因病致困、因教致困等危困家庭及人员。通过开展爱心助学、生活照料、文化娱乐、知识普及、技术培训、医疗卫生等志愿服务活动，帮助贫困人群减轻生活负担，改善生活条件，提高生活能力。影响较大的志愿服务活动有“一对一长期结对服务计划”“青年志愿者扶贫接力计划”“卫生志愿者扶贫接力计划”等。

2. 扶老、助残领域

扶老、助残主要针对老年人和残疾人。通过开展生活照顾、医疗保健、知识普及、文化娱乐、情感慰藉、法律援助、政策宣传等志愿服务活动，解决老年人和残疾人生活中存在的特殊困难，为他们创建一个舒适便利的生活空间，营造共享社会主义美好生活的服务氛围。影响较大的志愿服务活动，扶老方面有“老人义工临终关怀”志愿服务、“关爱空巢老人暖冬服务行动”、“银龄行动”等，助残方面有“青年志愿者助残行动”“全国助残志愿服务行动”等。

3. 恤病、助医领域

恤病、助医主要针对患者及其家属和需要医疗关照的普通人群。通过开展探视抚慰、情感慰藉、诊断治疗、预防保健、知识普及、政策宣传等志愿服务活动，帮助患病人员及其家属平复情绪，提升患者的自助能力，针对不同患者的家庭情况、经济背景以及心理状况适当给予援助，使他们能尽快重新适应社会，对于普通人群给予基础的医疗服务。影响较大的志愿服务活动有“大医博爱”志愿服务、“白衣天使行动”、“生命志愿者”行动等。

4. 救孤、助学领域

救孤、助学主要针对儿童、未成年人，特别是因社会发展而出现的留守儿童和流动儿童。通过开展学业辅导、亲情陪伴、自护教育、政策宣传、生活照料等志愿服务活动，帮助儿童提高生活自理能力、学习能力、心理健康水平等。影响较大的志愿服务活动有“关爱农民工子女志愿服务行动”、“天使妈妈孤残儿童救助”、关爱农村留守儿童“小饭桌计划”、“好友营”支教行动等。

5. 救灾、大型活动领域

救灾主要针对自然灾害和人为造成的突发、极具破坏力的紧急事件，大型活动主要针对面向社会公众举办的体育赛会、演唱会、音乐会、展览展销、庙会灯会、烟火晚会等。救灾方面通过开展秩序维护、营救伤员、控制事态、消除危害等志愿服务活动，缓解灾害带来的破坏影响。而大型活动方面通过开展秩序引导、信息咨询、应急救助、语言翻译等志愿服务活动，协助活动的顺利进行。影响较大的志愿服务活动有“雅安芦山抗震救灾”志愿服务、“北京奥运志愿服务”、“上海世博会志愿服务”等。

6. 环保、文化领域

环保领域主要针对大气、水资源、能源保护等，而文化领域主要针对公共文化设施场馆内的志愿服务。环保方面通过开展知识普及、走访监测、义务植树、整治污染、宣传倡议等志愿服务活动，让民众重视环境保护、了解环保知识，并尽自己所能改善生态环境。文化方面通过开展秩序引导、文化普及、信息咨询、应急救助等志愿服务，协助公共文化设施场馆开展活动。影响较大的志愿服务活动有“我为祖国测空气”“蓝天行动”“毛主席纪念堂志愿服务”等。

此外，还包括心理咨询、法律援助、社区矫正等领域，志愿服务领域与社会生活息息相关。志愿服务领域与服务内容的准确划分，有利于志愿服务朝着专业化方向发展。

三、志愿服务的本质特征

“本质”是指事物本身所固有的根本属性，即某种事物区别于其他事物的基本特质。只有对事物的本质有了全面正确的认知，我们才能实现对客观事物的理性认识，揭示其发展变化的根本规律，从而形成科学的理论，以指导实践活动。志愿服务是一种客观存在的、具有影响力的社会活动，只有认清它的本质，才能更好地促进其发展，最大程度发挥志愿服务的积极作用。

志愿服务是一项由志愿者主导的社会行动，可以从三个方面对其本质特征进行描述：行动属性、行动方式以及行动意义。

（一）志愿服务的行动属性：对异化劳动的积极扬弃

马克思指出，“服务这个词，一般地说，不过是指这种劳动所提供的特殊使用价值，就像其他一切商品也提供自己的特殊使用价值一样；但是，这种劳动的特殊使用价值在这里取得了‘服务’这个特殊名称，是因为劳动不是作为**物**，而是作为**活动**提供服务的”①。因此，志愿服务就其本质来看是一种自愿无偿的人类劳动。在马克思看来，劳动是人区别于动物的类属性，正是人类有意识的劳动行为才塑造了人类本身以及人类社会。异化劳动只是劳动的一个历史形态，人类依靠其主观能动性必然会对其进行积极扬弃，以回归劳动的本质，在劳动中实现全面发展。而志愿服务就其行动属性而言，正是这一扬弃活动的表征之一。首先，志愿服务的无偿性特征使其彻底摆脱了雇佣劳动关系的束缚，志愿者与其服务劳动是内在

① 马克思，恩格斯．马克思恩格斯选集：第2卷．3版．北京：人民出版社，2012：865.

统一的，志愿服务不是商品，而是志愿者回归其人的本质属性的自愿积极的行动。其次，志愿者可以自主选择自己喜欢、擅长或者愿意挑战的服务领域和项目，每一个个体都以自身完整的形态，具体鲜活地参与整个志愿服务过程。同时，在服务过程中，志愿者的分工也不是一成不变的，而会根据服务劳动中存在的需求进行灵活调整和主动改变，从而呈现出丰富多彩的服务形态和服务流程。最后，志愿服务的无偿性特征使得货币丧失了其抽象的遮蔽作用，志愿者可以通过参与志愿服务充分表达和践行自己的价值信仰和道德理念①。

（二）志愿服务的行动方式：建构开放合作的行动系统

志愿服务不是志愿者个体劳动的集合，而是众多志愿者为了实现同一目标而共同开展的一项集体行动。“志愿者”的称谓是公众在从事志愿服务时才被赋予的，就如同搭乘了交通工具的人才叫“乘客”，而在抵达目的地、离开交通工具后就没有了“乘客”这一身份一样。志愿服务的自愿性决定了其成员构成会不断变化。因此，志愿服务只有建构一个开放合作的行动系统，才能确保成员共同目标的实现。这一行动系统具备以下三项特征：第一，志愿者是平等的、自由的。无论人们的社会身份、年龄、性别、宗教信仰等有何差异，当从事志愿服务时，他们都只有一个平等的身份——志愿者。第二，志愿服务的资源是共享的、流动的。志愿者的个体收获与其在志愿服务过程中的付出成正比，志愿服务给志愿者带来的收益并不会因为其他人的参与而减少。因此，志愿者之间建构的不是基于竞争的协作关系，而是基于共同目标的合作关系。志愿者会主动将各自原有的社会资源共享于志愿服务行动中，从而实现资源使用量的不断丰富和增长。第三，志愿服务与社会环境是交互的、融合的。在志愿服务行动中，很难为其与外部环境划定清晰的边界，一切有利于共同目标实现的信息、资源和社会关系等环境要素，都会被不断纳入志愿服务的行动系统中，而志愿服务产生的公共效益也会持续释放到系统外的社会环境中。众多实证研究表明，志愿服务对于社会融合、社会信任和社会认同都具有促进作用，而这样的社会环境又会反过来激发、培育更多的公民参与志愿服务。

（三）志愿服务的行动意义：实现自主全面的社会服务供给

志愿服务强调与服务对象进行深入具体的感性互动，根据服务对象的差异化需求灵活调整服务供给，以实现对服务对象需求的全面把握。目

① 魏娜，刘子洋. 论志愿服务的本质. 中国人民大学学报，2017（6）：79-88.

前，现代志愿服务以项目或者活动的形式广泛存在于政府、企业和非营利组织等各类组织形态中，并且越来越显现出其独特的服务功能，发挥着不可替代的作用，志愿者提供了“一些不同的东西，它可能是国家体系永远无法提供的”①。近年来，志愿服务在大型赛会、抗震救灾等具有高度不确定性、高度复杂性特征的社会服务领域所展现出的不可或缺的作用就是最好的证明。

第四节　志愿服务组织

案　例

泰山小荷公益

由爱心人士和西梅女士发起成立的泰安市泰山小荷公益事业发展中心（简称“泰山小荷公益”），是在泰安市民政局正式注册的非营利性社会志愿公益组织，成立于2011年8月8日，主要致力于助学扶老。

作为一个运转良好的志愿服务组织，泰山小荷公益专注志愿公益项目的开发和管理，形成了成熟的项目管理体系和团队。目前泰山小荷公益自我设计策划运作的公益项目达10个，其中关注服刑人员家庭未成年子女的“彩虹村”助学项目、援建村图书阅览室的“爱悦读”图书项目、关注白化症患者的“月亮家园”项目等品质项目均得到了公益领域专家及社会的广泛好评。

泰山小荷公益建立了专业、成熟的资金募集体系，建立了与政府机构、基金会、企业稳定的合作关系。财务方面的所收款项、物资及支出7天内在官方网站公示，随时接受社会各界的监督和质询，坚决执行财务账目公开透明原则，每年接受审计事务所的审计一次，并出具审计报告一份，项目结项接受第三方评估机构的监管评估和审计。这些为泰山小荷公益志愿服务项目运作方面提供了坚实的保障。

泰山小荷公益的志愿者招募管理工作也是十分专业的，它明确了志愿者的权利义务，建立了临时志愿者、正式志愿者、星级志愿者的发展通道，形成了比较成熟的志愿者激励保障体系，保证了志愿者队伍发展的持续性和专业性。

---

① 缪其克，威尔逊．志愿者．魏娜，译．北京：中国人民大学出版社，2013：379.

泰山小荷公益注重组织建设。一是健全工作机构，内设秘书处、财务部、策划部、活动部、后勤保障部、专家顾问团6个职能部门和11个项目部。在肥城、新泰、东平、满庄、泰安监狱等区域内设有小荷公益服务站。二是强化内部管理，重大决策和重大人事安排由理事会决定，各项目的开展由执委会统一管理协调。三是加强党团组织建设，2013年5月成立团支部，常态化开展团的工作，同时积极筹建党支部。

由于泰山小荷公益的卓越贡献，它在成立当年就被评为“山东省优秀志愿服务组织”，连续三年被评为“泰安市优秀志愿服务组织”，连续四年荣获“中国公益慈善项目交流展示会”参展资格，品牌项目“彩虹村”助学项目荣获中国慈展会实施类铜奖和第三届全国品质公益峰会“中国公益好项目”荣誉。

资料来源：山东省泰安市泰山小荷公益事业发展中心. 中国文明网，2016-11-02.

【点评】

泰山小荷公益是典型的民间志愿服务组织，该组织从发起到逐渐成熟的发展历程，具有一定的代表性。在公益项目的设计运作、资金募集、组织建设、志愿服务组织管理等方面均有成熟的运作经验，已经走上了专业化道路。泰山小荷公益的发展壮大表明我国的志愿服务组织发展已经上了一个新的台阶。

一、什么是志愿服务组织

20世纪70年代以来，大规模有组织的志愿活动开始在全球范围内蓬勃兴起，志愿服务组织也逐渐成为现代社会的一支活跃力量。1970年联合国大会通过决议，组建联合国志愿人员组织（UNV），负责管理与国际志愿者事业相关的各项事务。

联合国将志愿服务组织定义为：公民所成立的地方性、全国性或国际性的非营利、志愿性组织①。志愿服务组织广义上是指拥有组织形式、不以营利为目的、以志愿参与为特征、以公益产权为基础、主要开展公益性

① 北京志愿服务发展研究会. 中国志愿服务大辞典. 北京：中国大百科全书出版社，2014：40.

或互益性活动的非营利组织。狭义的志愿服务组织是指依法在民政部门登记注册、专门从事志愿服务的公益性社会团体。在我国，《慈善法》和《志愿服务条例》均对志愿服务组织进行了定义。根据《慈善法》，慈善组织是指“依法成立、符合本法规定，以面向社会开展慈善活动为宗旨的非营利性组织”。《志愿服务条例》中明确规定，志愿服务组织是指“依法成立，以开展志愿服务为宗旨的非营利性组织”。

志愿服务组织以促进公共利益为导向，提供多元服务，反馈民众需求，协助政府决策，鼓励公众参与，提供政策分析和专业技能等。组织性、民间性、非营利性、自治性和志愿性是志愿服务组织的特性。

志愿服务组织主要通过向社会提供众多的服务，在社会和政府、市场和政府、微观和宏观之间起着协调和承上启下的作用。由于社会经济发展水平和文化传统的差异，不同国家和地区对志愿服务组织的理解并不一致。在不严格界定的情况下，志愿服务组织与志愿组织、志愿部门、第三部门、非政府组织、非营利组织等称谓是可以通用的。

中国本土出现真正意义上的志愿服务组织始于20世纪80年代末期。1989年“天津和平区新兴街道社区服务志愿者协会”的成立标志着第一个专门的社区志愿服务组织建立。到20世纪90年代初，中国青年志愿者协会成为我国第一个全国范围的志愿服务组织，推动了志愿服务在全国范围内的发展。

案　例

北京市志愿服务联合会

北京市志愿服务联合会（原北京志愿者协会）成立于1993年12月5日，是在北京市民政局登记，由自愿、无偿为社会提供志愿服务的志愿服务组织以及参加志愿服务组织的社会各界人士组成的非营利性社会团体法人，是联络、团结、凝聚全市各部门、各系统、各领域志愿服务组织的枢纽型社会组织。经过规范化管理，现有备案的市级志愿团体近400家。

北京市志愿服务联合会既是对外的志愿服务窗口，与来自欧洲、亚洲、拉丁美洲等的25个国家和地区的志愿服务组织、社会团体合作交流；也是北京的志愿者之家，向北京市志愿服务联合会团体会员开放，举办各类会议、培训及活动，开展志愿者注册工作；更是统筹全市志愿服务工作的枢纽型志愿服务组织，与首都文明办、市委社会工委、首都综治办、市民政局和团市委等单位一起，指导、统筹、协调全市志愿者工作。

为促进志愿服务制度化，打造志愿服务的立体支撑保障体系，北京市志愿服务联合会先后发起并成立了北京市志愿服务基金会以及全国首家专门的省级志愿服务研究学术团体——北京志愿服务发展研究会，有力支持了志愿服务事业的发展。

北京市志愿服务联合会曾获得联合国“卓越志愿服务组织奖”“中国杰出志愿服务集体”“全国先进民间组织”“北京市先进民间组织”等荣誉称号，多次获得“北京市思想政治工作先进单位”等荣誉称号。

资料来源：http://www.bv2008.cn/show/272570.html.

【点评】

北京市志愿服务联合会是北京市志愿服务的枢纽型组织，是全国首家省级志愿者协会，在与联合国志愿人员组织合作、参与奥运会等大型赛会志愿服务、志愿服务保险、志愿服务学术研究等很多方面起到了首创作用。北京市志愿服务联合会自成立以来，积极推动志愿服务事业发展，推动志愿服务制度化，起到了综合协调本区域内志愿服务事业发展的重要作用。

二、志愿服务组织的分类

志愿服务组织根据任务不同而呈现不同的形态，根据《志愿服务条例》的规定，总体上可从性质、功能、是否注册登记等方面进行简要区分。

（一）根据性质

根据性质可分为基金会、社会团体、社会服务机构三种类型。

《志愿服务条例》中明确规定：“志愿服务组织可以采取社会团体、社会服务机构、基金会等组织形式。”也就是说，社会团体、社会服务机构以及基金会等社会组织在符合一定条件的情况下，都可以合法开展志愿服务活动，从而成为正式的志愿服务组织。

《民政部关于做好志愿服务组织身份标识工作的通知》中规定：“志愿服务组织标识工作由其登记的民政部门负责。对于符合条件的志愿服务组织，民政部门应当按本通知要求在社会组织登记管理信息系统（代码系统）对其进行标识并向社会公告。”对志愿服务组织身份标识工作的落实，不仅可以加强对志愿服务组织的指导，规范志愿服务行为，支持志愿服务组织发展，同时也方便了社会公众参与志愿服务、获得志愿服务，从而促进志愿服务事业的健康发展。

（二）根据功能

根据功能可分为志愿服务行业组织（或枢纽型志愿服务组织）、支持型志愿服务组织、服务型志愿服务组织三种类型。三种类型的志愿服务组织构成了布局合理、管理规范、服务完善、充满活力的志愿服务组织体系。

《志愿服务条例》指出，志愿服务组织可以依法成立行业组织，反映行业诉求，推动行业交流，促进志愿服务事业发展。当前，志愿服务行业组织主要体现为枢纽型志愿服务组织，中国志愿服务联合会是全国性的枢纽型志愿服务组织，各省市区的志愿服务联合会是地方的枢纽型志愿服务组织，枢纽型志愿服务组织通常履行的是行业组织的功能，同时也会从事一些具体的服务项目。

支持型志愿服务组织主要是指那些以资源与专业支援为主的志愿服务组织，体现为基金会、培训中心等形态，专门提供资金、智力等支持。如中国志愿服务基金会是全国范围内专门提供志愿服务资金支持和能力建设的志愿服务组织。

服务型志愿服务组织是指实现某种具体的、特定的服务功能的志愿服务组织，如养老志愿服务组织、扶贫志愿服务组织、助残志愿服务组织等。

（三）根据是否注册登记

根据是否注册登记可分为法人组织和非法人组织两种类型。

所谓法人组织就是指按照国家法律法规规定，在登记管理主管机关注册的组织，具有独立的法人资格，享受独立的法律权利，承担独立的法律责任和义务。这类组织是我国志愿服务组织的主体，其服务内容、服务形式、服务规范更为专业化、制度化和系统化。所谓非法人组织一般是指机关、单位、学校等内部的非正式的志愿服务小组、协会等组织，在法律意义上不具有独立性。这类组织虽然没有正式注册，但是具有相当的活跃度和影响力，其服务具有更大的灵活性和及时性。

《志愿服务条例》中明确规定，志愿服务组织的登记管理按照有关法律、行政法规的规定执行。那么，是不是所有的志愿服务组织都需要去登记注册呢?《志愿服务条例》中规定志愿者可以参与志愿服务组织开展的志愿服务活动，也可以自行依法开展志愿服务活动。国家鼓励和支持国家机关、企业事业单位、人民团体、社会组织等成立志愿服务队伍开展专业志愿服务活动，鼓励和支持具备专业知识、技能的志愿者提供专业志愿服务。志愿服务组织以外的其他组织可以开展力所能及的志愿服务活动。城乡社区、单位内部经基层群众性自治组织或者本单位同意成立的团体，可以在本社区、本单位内部开展志愿服务活动。可见，我国的志愿服务组织中，法人组织与非法人组织只要符合相关法律规定，都可以合法开展志愿服务活动。

第五节　志愿精神

案　例

广东推动志愿服务发展，志愿精神深入人心

近年来，广东省一直大力支持和推动志愿服务的发展，省市县已构建起较为完善的志愿服务体系，志愿者和志愿服务组织和团体数量不断增加，志愿服务氛围日益浓厚，志愿服务已经成为广东省精神文明建设的一张名片。

走进团一大广场，可以看到一间面积约 12 平方米的志愿驿站。如果累了、渴了，或者有其他需要，都可以到志愿驿站寻求帮助。除团一大广场外，还有 100 多个志愿驿站分布在广州的大街小巷。志愿驿站是广州街头的“便民窗口”，常态化提供扶老助残、环保宣教、青少年教育、外来工子女关爱等志愿服务，2014 年成为“益苗计划”——广东志愿服务组织成长扶持行动暨志愿服务项目大赛扶持的省级示范项目之一。

据团省委统计数据，截至目前，广东省注册志愿者已超过 945 万，累计志愿服务时长约 1.9 亿小时，注册志愿服务组织和团体超过 5.9 万，全省申领广东“注册志愿者证”约 33.9 万张。截至目前，广东省星级志愿者已超过 30 万。“在广东，做志愿服务已经成为很多人生活的一部分，作为新时代的雷锋精神，志愿精神已深入人心。”从事志愿服务长达 23 年、累计志愿服务时长超过 1.09 万小时的五星志愿者姚锦柱说，在帮助他人的同时收获了快乐，更实现了自我价值的提升。

资料来源：广东大力支持推动志愿服务发展，助人助己助扶贫志愿精神入人心. 中国志愿服务联合会网，2017-10-16.

【点评】

广东是我国志愿服务的发源地之一，志愿服务事业日益制度化、专业化和普及化。在蓬勃发展的志愿服务实践背后，更为重要的是大众对于志愿精神的认同和传承。那么，什么是志愿精神呢？志愿精神又具体体现在哪几个方面呢？

一、什么是志愿精神

志愿精神是体现在志愿者、志愿服务行动之中的内在精神特质。联合国志愿人员组织认为，志愿精神是一种在自愿的、不计报酬或收入的条件下而参与推动人类发展、促进社会进步和完善社区工作的精神，是公众参与社会生活的一种重要的方式，是个人对生命价值、社会、人类和人生观的一种积极态度。联合国秘书长科菲·安南在“2001 国际志愿者年”启动仪式上指出：“志愿者精神的核心是服务、团结的理想和共同使这个世界变得更加美好的信念。从这个意义上我们可以说，志愿者精神是联合国精神的最终体现。”这句话指出了志愿精神的本质，表达了人们对志愿服务的由衷赞美①。

被称为“志愿的国度”的美国，其志愿服务传统由来已久，志愿精神根植人心。甚至有的人认为“美国就是由志愿者建立的”，因为“一群清教徒为了寻找自由组织在一起，尝试共同合作治理，并建立起新的国度”。所以志愿精神在美国甚至成了一种“国家精神”。

中国青年志愿者协会将志愿精神表述为“奉献、友爱、互助、进步”。

我们认为，志愿精神是一种慈善主义与利他主义的精神，是个人或团

① 北京志愿服务发展研究会. 中国志愿服务大辞典. 北京：中国大百科全书出版社，2014：12.

体依其意志和兴趣，本着帮助他人与服务社会的宗旨，不求私利和报酬的社会理念。

案　例

VSO——志愿精神的国际传播

英国海外志愿服务社（VSO），是致力于消除贫困和弱势群体的国际性志愿服务组织。组织以“一个没有贫困的世界，在这里人们一起工作，各尽其能”为愿景，以“促进志愿服务来消除全球贫困和弱势，把人们聚合在一起，分享经验、共同创新、共同学习、共同努力建立一个更加公正的世界”为目标，在全球40多个贫穷国家开展工作，为当地的减贫工作做出了很大的贡献。从1981年开始，该组织积极参与中国的发展和减贫工作，与中华人民共和国国家外国专家局签有正式的合作协议。通过其在中国的代表处向中国派遣了750多名国际专家志愿者，致力于教育、健康促进、扶贫等工作，并与合作伙伴一起，积极倡导志愿精神、推广志愿服务活动。曾有25位VSO的国际志愿者在北京、云南、甘肃、陕西等地开展工作。这些志愿者与中国的50多个合作伙伴机构一起工作，为成百上千的贫困和弱势群体提供支持。

资料来源：北京志愿服务发展研究会．中国志愿服务大辞典．北京：中国大百科全书出版社，2014：248.

【点评】

虽然每个国家志愿精神的具体内涵有所区别，但是志愿精神所传达的“奉献、友爱、互助、进步”等理念在每一个国家的文化中都有所体现。

二、志愿精神的具体体现

在我国，志愿精神概括起来可以描述为“奉献、友爱、互助、进步”。以“奉献、友爱、互助、进步”为主要内容的志愿精神，不仅体现了中华民族的传统美德，也体现了社会进步发展的时代要求，是中国志愿服务实践活动的核心。

案 例

奉献是志愿者终身的追求

全国优秀共产党员、首都道德模范、北京市五星级志愿者、北京市朝阳区西坝河西里社区的“健康守护神”叶如陵老先生是享受国务院政府特殊津贴的医学专家，今年已经70多岁。叶老先生年轻时曾带着新婚妻子远赴西藏支援医疗事业发展，一干就是30年。从西藏第一人民医院退休回到北京之后，叶老没有接受众多大医院的高薪聘请，而是成立了“叶如陵工作室”，在自己居住的社区当上了义务医生，每天都会为居民义务量血压、看病咨询、心灵抚慰，为居民的健康操劳。叶老说：“被人需要的生命是有价值的，在社区我如鱼得水，从来没想过要从志愿者的岗位上退休。”

资料来源：记北京市朝阳区西坝河西里社区共产党员叶如陵．人民网，2012-01-19.

【点评】

叶如陵老先生用他的志愿行动诠释了志愿精神的奉献特点，被人需要、贡献自己的价值是叶老的崇高追求。

“奉献”：是指在志愿服务中，志愿者在不计报酬、不求名利、不要特权的情况下参与推动人类发展、促进社会进步的活动，是志愿精神的精髓所在。志愿者在奉献精神的感召下，通过志愿服务既帮助了有需要的人，也发挥了自己的专长，在奉献中实现了自己的人生价值，同时也赢得了他人的社会认同，促进了社会的进步和文明的进化。奉献精神是对他人、社会及自己的事业不求回报的爱和全身心的付出，其中渗透着责任意识、集体意识、国家观念和为人民服务观念等一系列社会主义核心价值观念。奉献精神既是志愿精神的本质，也是社会主义核心价值观和社会主义基本道德规范的具体体现。

案 例

无国界医生——友爱的传递者

无国界医生，英文名为“Doctors Without Borders”，是由各国专业医学人员组成的国际性的志愿服务组织。1971 年 12 月 20 日在巴黎成立，是全球最大的独立人道医疗救援组织。至 2014 年成员遍布世界，每年有 2 000 多位志愿人员在约 60 个国家服务。组织目的在于为那些被慢性疾病和多种疾病困扰的人提供医疗救助，特别是赈灾援助。组织目标是在发生紧急事故及危机时，提供迅速而有效的救济行动。救援行动不分种族、政治及宗教。1999 年，该志愿服务组织获得诺贝尔和平奖。

资料来源：北京志愿服务发展研究会. 中国志愿服务大辞典. 北京：中国大百科全书出版社，2014：248.

【点评】

无国界医生们奔波在世界的许多地方，他们通过自己的实际行动向每一位受助者传递着友爱的理念，这种理念也是志愿者之间、志愿者与受助者之间的情感互动纽带。

“友爱”：是指志愿者应欣赏他人、与人为善、有爱无碍、平等尊重。友爱精神跨越国界、职业和贫富差距，是没有文化差异、没有民族之分、没有收入高低之分的平等之爱。友爱是在相互交往的过程中，基于相互理解和信任，人们在相互支持和帮助下自然流露出的真情实感，是人类美好情感的集中体现。它让社会充满阳光般的温暖。友爱精神是志愿服务过程中平等尊重他人的重要依据，友爱精神要求志愿者不能表现出高高在上施舍的姿态，而要始终保持谦虚友好平等的服务态度，在志愿服务过程中传递温暖、提供帮助，使志愿服务真正成为人与人之间良性互动的现代公益行为。

案　例

邻里守望——社区志愿中的互助精神

2013 年国际志愿者日来临之际，中国志愿服务联合会号召全国志愿者开展“邻里守望”志愿服务活动，号召志愿者们从关爱做起、从身边做起、从你我做起、从日常做起，立足社区，重点关爱空巢老人、留守儿童、农民工和残障人士，让志愿服务融入生活。邻里守望作为一种互助的志愿服务形式得到了全国志愿者的积极响应，众多志愿者多年来践行“邻里守望”蔚然成风，为社会带来了温暖。

资料来源：中国志愿服务联合会开展“邻里守望”志愿服务活动. 中国新闻网，2014-03-01.

【点评】

“邻里守望”是我国传统文化中互助关爱的重要方面，同时也是我国现代社区志愿服务的主要形式。志愿者通过服务社区，营造和谐的邻里关系和情感互动。

“互助”：志愿服务包含着深刻的互助精神，它提倡“互相帮助、助人自助”。互助精神是志愿精神的重要组成部分，志愿服务不是单向的施舍，而是在服务过程中，既满足受助者的需求，又使自身能力得到提升，使自己的精神得到升华。没有人可以独立存在，每个人都需要在交往中与他人建立互助合作的关系，一同抵御危机困境。因此，让更多的人通过互助获得情感和精神的支持、获得积极发展的能力，是志愿精神与志愿服务的本意。

案 例

传承志愿服务的“进步”精神

2015 年 5 月 15 日是第 22 个国际家庭日。北京市于当日启动了“志愿家庭”志愿服务行动计划。项目倡导发挥家庭在志愿服务中的作用，以《志愿服务户口簿》为载体，通过“小手拉大手”，营造人人代言志愿服务、处处彰显志愿形象、时时宣传志愿理念的浓厚氛围。“志愿家庭”成员均可在线发起志愿服务活动，记录家庭志愿服务时间，参加星级“志愿家庭”评选。该项目关注志愿服务对于少年儿童成长的促进作用，通过家庭组团参与、体验志愿服务，帮助青少年塑造公民意识和志愿精神。

资料来源：北京市启动“志愿家庭”行动计划. 中国共青团网，2015-05-18.

【点评】

志愿服务传达的是一种积极向上的生活心态，一种品格高尚的价值追求，一种和谐共享的社会理想，因此志愿服务是社会进步的现代标志。

“进步”：志愿者通过参与志愿服务，使自己的能力得到了提高，同时也促进了社会的进步。志愿服务活动无处不体现“进步”精神，这一精神使人们甘心付出，追求社会和谐。志愿服务集中体现了人类的奉献、友爱、互助等美好精神，这些精神的表达恰恰就是人类社会进步的体现。志愿服务促进了人与人、人与社会以及人与自然之间的和谐共处，促进了社会全面、协调、可持续发展。志愿服务激发了群众的参与热情，增强了社会活力，有利于缓解社会矛盾，解决基层的社会问题。志愿服务组织通过身体力行践行着社会主义核心价值观，通过不断地普及志愿理念、传承志愿精神，推动社会文明的发展和进步。

思考与讨论

1. 慈善、志愿、公益，这些概念的区别与联系是什么？
2. 什么是志愿行为？现在你能够区分志愿行为与非志愿行为吗？
3. 志愿服务包括哪些领域？你最擅长在哪些领域做志愿服务？
4. 你身边有哪些志愿服务组织？你参加过志愿服务组织的活动吗？

第二章
志愿服务的理论基础

引 例

“吹响志愿集结号”—海淀社区志愿日

2012 年，海淀团区委以区志愿服务联合会为枢纽和平台，策划推广了海淀社区志愿日项目，将每月第一个星期六确立为“社区志愿日”，结合每月的节日特点，启动不同主题的全区集中性志愿服务活动。“社区志愿日”建立起“核心＋辐射”的开展模式，即全区集中性主题活动与各志愿服务站（岗）分散性活动相结合，形成了区域志愿服务资源活力竞相迸发的良好局面。同时，海淀团区委联合区文明办、区民政局、区社工委等单位，组织全区 29 家街镇地区分会、34 家相关委办局、16 家企事业单位、36 所驻区高校、8 家驻区部队、11 家驻区单位、12 家社会组织联动开展服务，精准对接群众的志愿服务需求。项目启动以来，吸引超过 15 万人次的志愿者和群众参与活动，极大地丰富了全区的志愿服务氛围。

资料来源：“吹响志愿集结号” 海淀社区志愿日. 中国文明网，2016-11-03.

志愿服务自出现以来，受到了经济学、政治学、心理学、管理学以及社会学等诸多学科领域学者的广泛关注，志愿服务的实践发展需要理论指导，只有正确地反映了客观事物本质及其规律的理论，才能对实践具有指导作用。那么志愿服务的理论基础具体涉及哪些学科？这些学科领域的哪些具体理论可以科学地解释和指导志愿服务实践？本章选取了具有代表性的志愿服务相关理论进行详细阐述。

第一节　经济学相关理论

案　例

北京奥运会志愿者工作的经济价值

在《2008 北京奥运会、残奥会志愿者工作成果转化研究报告》中，奥运会志愿者工作的经济价值首次被披露，据统计，奥运会期间，各类志愿者累计服务时间超过 2 亿小时。根据北京市统计局公布的数据，2008 年北京市职工年平均工资为 44 715 元。如果以此为标准，将北京奥运会各类志愿者的服务时间折合成工资，为 42.75 亿元。其中，前期 1 582 位志愿者按每人贡献时间 380 小时计算，他们为奥运会筹办提供了近 60 万小时的服务，节省花销约 943 万元，而各比赛场馆内 18 442 名观众服务类志愿者共创造了约 5 002 万元的总体经济价值。

资料来源：魏娜，等．经验・价值・影响：2008 北京奥运会、残奥会志愿者工作成果转化研究．北京：中国人民大学出版社，2010：73-74.

【点评】

奥运会志愿者所提供的志愿服务为奥运会的筹办节约了巨额的经济成本，在日常生活中，社会公众所提供的志愿服务同样能够创造出可观的经济价值。而对经济效率和经济增长的关注，恰恰是福利经济学理论的研究焦点之一。

一、福利经济学理论

福利经济学理论是现代西方经济学理论的一个重要组成部分。英国是最早由政府出面较大规模地干预社会福利事业的国家之一，1601 年颁布的《济贫法》以法律的形式将救济贫困由私人（宗教机构、同业行会）义务转变为社会公共责任，并规定了救济贫民的福利措施。英国经济学家庇古是福利经济学理论体系的创立者，他认为，经济福利在相当大的程度上取决于国民收入的多少和国民收入在社会成员之间的分配情况。因此，凡是能增加国民收入总量而不减少穷人的绝对份额，或者增加穷人的绝对份额而不影响国民收入总量（转移富人的一部分货币收入给穷人），都意味着社会福利的增进①。以帕累托为代表的新福利经济学则认为，社会福利的核心是经济效率而不是社会公平，并提出社会福利的“帕累托最优状态”：在收入分配既定的条件下，生产资源在各部门之间的分配和使用已经达到了理想状态。随后，以伯格森、萨缪尔森等为代表的社会福利函数学派指出，帕累托最优状态只是解决了经济效率问题，只是社会福利最大化的必要条件，而合理分配才是社会福利的充分条件。只有将所有分配方面的及其他支配福利的因素一并列入，编制一种社会福利函数，当这个函数达到最大值时，才算达到了社会福利最大化。印度经济学家阿马蒂亚·森则强调经济增长之所以重要并不是因为增长本身，而是因为增长过程所带来的相关利益。经济学不应只研究总产出、总收入，而应关注人的权利的增多和能力的提高。他建议经济学家应更多地关注人类最基本的生活保障条件，以提高居民的社会生活能力，如让更多的人拥有食品、住房、接受基础教育和医疗保健等②。

志愿服务是志愿者不计报酬贡献个人时间和精力来参与的社会服务，本质上是一种能够直接产生经济价值的劳动形式。如果将志愿者的志愿服务活动与现行的同类有报酬的工作进行比较对照，并将其折合成货币进行计量的话，志愿服务可以创造巨大的社会经济效益。在美国、英国、法国和澳大利亚等高收入国家，志愿服务的公民参与率十分高，同时志愿服务也创造了较高的经济价值，在国民经济中均占有可观的比例。仅2015年，美国就有6 260万志愿者（占总人口数约1/4），提供了近77亿小时的志愿服务，创造了1 730亿美元的经济价值；英国有超过2 110万公民参与志愿服务，创造了239亿英镑的经济价值；而法国有2 000万人参与志愿活动，创造的经济价值占GDP总量的1%；澳大利亚有超过总人口数1/3的公民参与志愿服务，创造了500亿澳元的经济价值，占GDP总量的3.8%③。志愿服务活动还可以整合闲散的社会资源，从而对其进行合理的再分配，以增进社会整体的福利水平，而这种配置正是将社会资源调配到服务供给空缺的领域，也即社会弱势群体一方。因此，可以说志愿服务的发展与一个国家整体的社会福利水平以及社会福利政策的导向息息相关。

---

① 庇古. 福利经济学. 金镝，译. 北京：华夏出版社，2013.

② 森. 以自由看待发展. 任赜，于真，译. 北京：中国人民大学出版社，2002.

③ 魏娜，王哲. 志愿服务对公共服务的价值与影响. 长白学刊，2016 (1)：56-61.

案　例

仁人家园——“亲身体验”家园的建立

仁人家园是一个非营利的建屋组织。于 1976 年由米勒德·富勒（Millard Fuller）先生在美国创立，仁人家园致力于消除社会上的贫困居住环境，协助无家可归等有需要的家庭建设便宜的房屋，并唤醒世人关注这个问题。仁人家园与不同背景、不同种族、不同宗教信仰的志愿者们一起携手改善贫困人口的住宅问题。仁人家园正是因其“看得见”“亲身体验”的建筑经历而闻名于世。每年大约有 75 万的志愿者参加仁人家园的义建活动。志愿者们进行大量的“体力活”很大程度上减少了房屋修建的成本。更重要的是，这种经历改变了人们的生活——不仅仅是那些与仁人家园一起建房子的志愿者，还有那些受援助的家庭。这些家庭深刻感受到有这么一群“局外人”为帮助他们摆脱贫困而努力。仁人家园的志愿者们来自各行各业，从受助家庭到其街坊邻里，从当地学校到相关机构，从企业公司到世界各个角落，志愿者们的足迹可谓遍布世界。此外，仁人家园会定期邀请名人志士参与志愿者活动，来提高社会各界对建房意义的认识，这样的活动一直以来都能得到政府的鼎力支持。单就美国而言，前总统比尔·克林顿就携夫人希拉里一起当过仁人家园的志愿者。克林顿夫妇对仁人家园褒奖有加，称其是“美国历史上最成功的公益项目”。仁人家园的志愿者团队成员可能来自本国也可能来自国外。企业、中学、大学以及其他相关组织都会派遣志愿者团队参与活动。有些团队则由不同背景的小团队组成，亦称“开放团队”，他们随时欢迎任何有意愿的志愿者加入义建。通常，一个志愿者团队由 10～20 个队员组成，他们一起辗转到选定的国家或地区去跟当地居民接触，了解当地房屋需求，并融入当地社区。他们的行程会持续 2 天至 2 个星期不等。这样的活动使志愿者们情谊深厚，也使志愿者与仁人家园受助家庭建立了不可磨灭的友情。在任一在建的项目点，仁人家园都欢迎志愿者们踊跃报名参加。仁人家园现在在中国云南、广西、广东和四川等地都有项目点，每年有超过 700 名来自中国各地的志愿者参与仁人家园的义建活动。

资料来源：仁人家园：让居者有其屋．中国红十字报，2017-07-18.

【点评】

为什么"亲身体验"的志愿活动在志愿者心目中如此重要？如果这些志愿者只是想让贫困的人有房可住，那么他们可以直接捐款或者雇用一批熟练的建筑工人帮他们建房子，毕竟这样会更有效率。但是，志愿者却亲身参与了建房子的过程。可见，在志愿者的心目中，建造房屋这项劳动本身就是吸引他们参与志愿服务的一个重要因素。因此，要想知道一项自愿无偿的劳动对于志愿者究竟有着怎样的意义，我们就必须从劳动的本质出发，对志愿服务进行深入剖析。

二、马克思异化劳动理论

马克思指出，"服务这个词，一般地说，不过是指这种劳动所提供的特殊使用价值，就像其他一切商品也提供自己的特殊使用价值一样；但是，这种劳动的特殊使用价值在这里取得了'服务'这个特殊名称，是因为劳动不是作为**物**，而是作为**活动**提供服务的"①。服务劳动和生产劳动一样，同样需要劳动者付出时间、精力、知识、技能和情感等要素，从而实现其使用价值，因此，志愿服务从本质上看就是一种自愿无偿的劳动。古典经济学认为劳动是一种被迫的活动，是让人感到痛苦和不快乐的活动，亚当·斯密更是把劳动视为"诅咒"和"牺牲"。针对此问题，马克思回应道："斯密在下面这点上是对的：在奴隶劳动、徭役劳动、雇佣劳动这样一些劳动的历史形式下，劳动始终是令人厌恶的事情，始终表现为**外在的强制劳动**，而与此相反，不劳动却是'自由和幸福'。"② 他认为劳动是人区别于动物的类属性，正是人类有意识的劳动行为才塑造了人类本身以及人类社会。因此，劳动是人类与生俱来的需求。人类之所以会对劳动产生厌恶感，是因为随着人类社会的发展，劳动发生了异化，人类真正逃避的是异化劳动，而不是劳动本身。而异化劳动只是劳动的一个历史形态，人类依靠其主观能动性必然会对其进行积极扬弃，以回归劳动的本质，从而在劳动中实现全面发展。志愿服务正是这一扬弃活动的实践形式之一，主要表现在以下三个方面：

① 马克思，恩格斯．马克思恩格斯选集：第2卷．3版．北京：人民出版社，2012：865.

② 马克思，恩格斯．马克思恩格斯文集：第8卷．北京：人民出版社，2009：174.

首先，志愿服务与志愿者是内在同一的。作为市场经济的显著特征之一，建构现代契约精神下的雇佣劳动关系使得劳动者和雇主间实现了法理意义上的平等，劳动者因此获得了前所未有的独立和自由，然而，这并没有改变雇佣劳动关系使人与其自身劳动相分离的事实。劳动力的转让使得雇佣工人无法成为自身劳动的主人，人的劳动力在外力的支配和控制下，无法得到完全的解放。因此，人们会在主观上对劳动呈现出一种被动消极的倾向。而志愿服务排斥外力的强制，无偿性的特征使其彻底摆脱了雇佣劳动关系的束缚，志愿者与其服务劳动是内在同一的，志愿服务不是商品，而是志愿者通过自己的劳动回归其人的本质属性的一项自愿积极的行动。

其次，志愿服务的分工以体现人的完整性为前提。随着现代社会劳动分工的不断发展，人与人的分工越来越细化、越来越专业化，人的劳动被局限在一个界限分明、日益狭窄的领域，劳动在客观上也丧失了令人主动从事的乐趣和动因。当然，志愿服务中也存在分工，但是这种分工是基于每位志愿者的个性特征而实现的自主分工。志愿者可以自主选择自己喜欢、擅长或者愿意挑战的服务领域和项目，每一个个体都以自身完整的形态，具体鲜活地参与整个志愿服务过程。同时，在服务过程中，志愿者的分工也不是一成不变的，而会根据服务劳动中存在的需求进行灵活调整和主动改变，从而呈现出丰富多样的服务形态和服务流程。劳动分工的自主性，会极大激发志愿者的服务热情，使其在服务过程中充分感受服务劳动带来的对人类本质的确证力量，从而产生自尊、自信、快乐等积极的情绪反应。

最后，志愿服务是道德特征和多元价值的实践承载。作为现代市场经济条件下的一般等价物，货币已成为人们获得其他商品和服务的万能中介，我们很难从有偿服务中分辨出人们从事服务劳动的真实目的，即便最初他们动机迥异，但从结果来看，它们都被抽象为获取金钱报酬这一单一目的，这就遮蔽了服务劳动本应具有的道德指向。同时，我们也无法确知服务带来的多元价值，服务过程中因人与人互动而自然生成的信任、团结、友善、互惠等情感价值都被抽象为单一的、可以计算的经济价值。志愿服务的无偿性特征却使货币丧失了其抽象的遮蔽作用，志愿者可以通过参与志愿服务充分表达和践行自己的价值信仰和道德理念。

第二节 政治学相关理论

案 例

保护怒江——志愿者在行动

作为三江并流世界自然遗产的重要组成部分，怒江所包含的生态多样性及文化多样性具有不可估量的价值。当得知怒江将要进行13级水电开发时，绿家园便全身心投入保护怒江的行动。其间，绿家园撰写了大量文章，组织NGO发表倡议，呼吁保留江河生态。绿家园利用多年积累的志愿者资源，引导社会各界人士了解怒江流域的生物多样性和文化多样性，通过支持当地的初等教育事业，促进了当地学生及公众环保意识的提高，通过提供河流保护的知识和技能，使当地百姓成为保护怒江的最重要力量。“情系怒江”摄影展有几百名志愿者无报酬奉献。绿家园志愿者坚持不懈的努力使得保护怒江的行动引起了大众舆论持续的关注，并激发了公众的参与意识，最终间接影响了决策层做出有利于保护怒江的决定。

资料来源：http://see. sina. com. cn/news/2005/0322/319. html.

【点评】

志愿服务往往是围绕一个集体关心的共同目标展开行动的，这一目标通常涉及公共利益，因而，志愿服务实际上就应该被看作一种现代意义上的公民参与行为。志愿者在这个过程中，通过亲身参与实践活动，培养公民参与意识，锻炼公民参与技能，体会公民参与流程，积累公民参与经验。

一、公民参与理论

现代意义上的公民参与是指公民试图影响公共政策和公共生活的活动。美国学者卡罗尔·佩特曼对近代以来的参与型民主思想进行了集中的概括。他认为，当代精英主义的民主理论实际上并不是充分的民主理论，而是仅仅描述了现实政治制度的运作逻辑。真正的民主应当是所有公民直接的、充分参与公共事务决策的民主，从政策议程的设定到政策的执行，都应该有公民的参与。只有在大众普遍参与的氛围中，才有可能实现民主所欲实现的基本价值，如负责、妥协、个体的自由发展、平等等①。

志愿服务作为一种现代公民参与方式，是公民参与社会治理的重要平台。托克维尔就曾高度赞扬美国的志愿服务，认为志愿活动对一国的“文化健康”起着至关重要的作用，它们使关怀公共利益和互助成为一种公民习惯，使利他主义成为慈善组织制度化实践的基本要素。美国志愿服务研究专家缪其克和威尔逊认为志愿服务能够促进公民参与，有以下原因：第一，志愿服务工作建立在对他人和公共组织的信任上，从而更有可能促使公民参与到政治生活中。第二，志愿服务工作支持这样一个信念，即社会契约是构成有序社会生活的基础。通过志愿服务工作，人们开始了解普通人和政府之间的协议。人们逐渐认识到，若要政治体系正常运作，每个人都要各司其职。对年轻人而言，在志愿者计划中与他人共同工作有助于对抗他们以自我为中心的习惯，他们了解到所有行动是相互依赖的，团队纪律是为共同目标服务的，参与者之间的分歧可以加以协商，不同的观点能够加以融合。第三，做志愿服务工作能使人们更热切地参与到志愿服务组织和其他非营利组织的生活中去，他们可以从中结识更多的人，了解更多地方的事件和政策。参与导致更多的参与。第四，志愿服务工作可以教授公民技能，例如写信件、备忘录和计划书，组织会议，做演示或演讲的能力，而这些能力在公共生活中都会用到。第五，志愿服务工作使人们更加意识到社会问题的结构性和解决问题的必要性②。

案　例

苏州留园街道 8 000 名志愿者点亮社区志愿服务

截至 2016 年底，留园街道有各类志愿服务队 90 多支，注册志愿者约 8 000 人，占常住人口比例达 15%以上。除了“禁燃”巡逻，留园街道志愿者们的“工作”还有很多，如：关爱困难群体、情暖空巢老人、

① 佩特曼．参与和民主理论．陈尧，译．上海：上海人民出版社，2012.

② 缪其克，威尔逊．志愿者．北京：中国人民大学出版社，2013.

改善城市环境、邻里纠纷调解……该街道党工委书记葛宇东表示，志愿服务为建设“宜居留园”凝聚了精神力量，打造了一张亮丽的社区名片。接下来，他们还将进一步扩大志愿服务的辐射面，为街道发展持续注入正能量。“我们社区就是一个温暖的大家庭，党员群众和志愿者心手相牵，让我们天天生活在春天里。”2016 年，留园街道观景社区入围全国“最美志愿服务社区”，在观景社区住了 20 多年的社区收藏协会会长陈荣官老人还编了个顺口溜点赞幸福生活：“志愿者有娘家，积分兑换暖心房。有疙瘩解不开，老娘舅来帮你忙。老年人哪里去，快来银龄乐公益坊。”

观景社区有居民志愿者 830 人，约占社区总人口的 26%。该社区党委书记周洁介绍，为推进志愿服务长效化，他们建立了积分兑换制度，并与星级认证制度相结合，服务积分可兑换相应礼品，每半年评选一次优秀志愿者和星级团队，给予相应的奖励。此外，社区还积极引入社会组织，根据老年居民的不同需求，组织志愿者为辖区 200 位老年人提供生活照料、安全防范、精神关爱等多种服务。辖区内的“老娘舅志愿调解队”是市级优秀的“金乡邻”志愿岗，其成员从最初的几人发展到现在的上百人，在调解居民纠纷、化解社会矛盾、促进邻里和睦、维护稳定和谐方面发挥了重要作用，民事纠纷调处率达到 98%以上，调解成功率达到 95%以上，自成立以来，已有效调处 2 000 余起矛盾纠纷。

资料来源：苏州留园街道 8 000 名志愿者点亮社区志愿服务．中国文明网，2017-02-18.

【点评】

社区是现代人居住生活的重要场所，通过开展志愿服务活动，社区居民更加团结、更具凝聚力，社区整体氛围也更加和谐。丰富多样的志愿服务项目不仅使苏州留园街道观景社区的社会资源得到有效整合、社区问题得到妥善解决、社区服务得到优化完善，同时也使社区居民之间建立了信任、互惠和合作的意识，人们都自发自觉地为社区建设做贡献。

二、社会资本理论

社会资本理论认为人们会通过社会互动和与他人的联系，在个体、群体和组织层面获得有形和无形的资源。社会资本指的是诸如信任、规范和网络等，它能够通过协调社会关系和推动社会行动来提高社会效率。在帕特南看来，一个依赖普遍性互惠的社会比一个没有信任的社会更有效率，正像货币交换比以物易物更有效率一样，因为信任为社会生活增添了润滑剂。他还认为，像信任、规范以及网络这样的社会资本存量有自我强化和积累的倾向。公民参与的网络孕育了一般性交流的牢固准则，促进了社会信任的产生，这种网络有利于协调和交流、提高声誉，因而也有利于摆脱集体行动的困境①。志愿服务提升了公民参与度和社会互动水平，人们在共同服务的过程中建立了良好的信任关系，建构了社会信任网络，从而实现了社会资本的不断积累和壮大。

弗朗西斯·福山认为在高信任的社会里，志愿服务组织遍布社会，作为社会资本主要成分的信任来自人们自发性社群组织的规模、能力、效率等要素，人们在志愿服务组织中学会合作与信任。社会信任范围超越血亲关系，超越家族，到达社区乃至更大的社会范围②。志愿服务通常是基于志愿者共同的价值目标，依据信任、互惠、合作的行动规范，通过共享自身具有的资源、网络和社会关系来满足人们的具体服务需求的。因而志愿服务很大程度上体现了社会资本的价值和意义。此外，现代社会也需要不断积累和壮大社会资本，以促进社会的整体和谐，提高社会的运作效率。志愿服务通过人们的广泛互动，促进了社会团结网络的生成，增加了社会的信任合作氛围，激发了社会共建共享的良好风气，这些都有利于社会资本的不断更新和增值，从而实现社会的和谐发展。

第三节 心理学相关理论

案 例

“银龄行动”——来自老年志愿者的社会正能量

“银龄行动”即“老年知识分子援助西部大开发行动”。2003 年 7 月，

---

① 帕特南. 使民主运转起来. 王列，赖海榕，译. 南昌：江西人民出版社，2001.

② 福山. 信任：社会美德与创造经济繁荣. 彭志华，译. 海口：海南出版社，2001.

上海和新疆在全国范围内首次实施了这一行动，十几年过去了，已经有三百多名上海老年志愿者到新疆开展援助，这些老年志愿者是由上海市老龄委选派的各行各业的专家、上海高校离退休教师组成的“智援”团队，这些老年志愿者在新疆免费培训当地的青年学生，为他们创造就业条件。“银龄行动”是以帮扶性质为主的援助活动，能坚持这么久说明在这个活动中双方都感到有意义、有快乐。智力资源能给人们的生活带来改变，也能在代代相传中得到积累和创新，尤其对专业学科而言，除了书本上记载的知识以外，更重要的是实践和临床经验，一门专业、一项技能只有在教与学的生产线上传递下去才能惠及更多人。老专家的专业素养是很多院校学生不具备的，“智援”团队能为当地学生和职业技术培训人员提供优质的知识交流平台。志愿者的心态加上职业素养让“银龄行动”看起来像一次不错的经历，这样的老年生活会带给社会正能量。这些援疆老专家在提供义务帮助的同时也收获了愉悦，他们生命释放出的正能量足以让人们肯定他们。渐渐老去一点都不可怕，可怕的是心过早失去了活力。

资料来源：http://www.cncaprc.gov.cn/contents/38/21578.html.

【点评】

志愿服务是志愿者自主自愿的一种行为选择，这意味着志愿服务的开展不仅仅是对服务对象需求的满足，同时也是对志愿者心理需求的回应。通过参与志愿服务，志愿者可以满足爱和归属的需求、尊重的需求以及自我实现的需求。

一、需求层次理论

美国心理学家马斯洛将人类需求从低到高分为五个层次：生理需求、安全需求、爱和归属需求、尊重需求、自我实现需求。第一层次：生理需求，比如呼吸、水、食物、睡眠等需求。如果这些需求中的任何一项得不到满足，个人的生理机能就无法正常运转。第二层次：安全需求，比如人身安全、健康保障、财产资源保障等需求。第三层次：爱和归属需求，比如友情、爱情、亲情等需求。第四层次：尊重需求，比如自我尊重、信心、成就、尊重他人、被他人尊重等需求。第五层次：自我实现需求，比如道德、创造力、自觉性等需求。五种需求像阶梯一样从低到高，逐级递升，但其次序不是完全固定的，可以变化，也有种种例外情况。一般来说，某一层次需求相对满足了，就会向高一层次发展，追求更高一层次需求就成为驱使人类行动的动力。相应的，获得基本满足的需求就不再是一股激励力量。同一时期，一个人可能有几种需求，但每一时期总有一种需求占支配地位，对行为起决定作用。任何一种需求都不会因为更高层次需求的发展而消失。各层次的需求相互依赖和重叠，高层次的需求发展后，低层次的需求仍然存在，只是对行为影响的程度大大减小①。

志愿服务一方面是对服务对象需求的满足，志愿者通过帮助社会弱势群体及有需要的民众，为其提供各种服务进而帮助这些受助对象满足基本需求；另一方面也是志愿者的一种社会需求，通过关心和帮助他人，志愿服务使志愿者之间、志愿者与服务对象之间产生了亲密温暖的人类情感，这就满足了人们对于爱和归属的需求。通过完成志愿服务任务，志愿者增强了自信心，在自我尊重和被他人尊重中获得了一种成就感和价值感，因而志愿服务也满足了人们对于尊重的需求。志愿者参与志愿服务，往往秉持一定的价值观念和人生信仰，通过自主自觉的志愿服务活动，志愿者发挥了自己最大的潜能，因而会产生强烈的快乐感和幸福感，所以志愿服务同时也满足了人们自我实现的需求。只有了解和掌握了志愿服务可以满足的人类需求，才能据此进一步探讨志愿服务的发展策略和针对志愿者的激励措施。

案　例

“上海商学院志愿服务网”开启学生自主管理平台

2012年12月18日下午，“上海商学院志愿服务网”正式开通。该网络平台将在简化志愿者注册程序、强化志愿服务主动性、优化志愿资源配置、提升志愿服务质量、健全志愿激励机制、丰富校园志愿服务内涵等方面发挥效用，进一步推动青年学生“自我管理、自我教育、自我服务”的自主管理意识，营造“有序、清洁、宁静、向上”的校园氛围。

① 马斯洛．动机与人格：第3版．许金声，译．北京：中国人民大学出版社，2007.

志愿服务网络平台还将依托专业学科优势，着力打造具有上海商学院特色的专业志愿服务品牌——“七彩青年”，促进志愿服务可持续发展。为充分发挥高校学科、地域、资源、人才、专业等方面的优势，拓展共青团工作平台，促进高校与区县的有力融合，上海商学院团委与徐汇、长宁、奉贤团区委还举行了共建签约仪式，通过社会调研、交流互访、支教实践、就业创业、志愿服务等方式开展长期、深入的合作，建立以共青团品牌活动为依托、以青年人才培养为载体、以服务社区建设发展为宗旨的大学生实践、学习平台，全面提高青年学生的综合素质，构建双方共青团工作的新格局。

志愿服务网的开通为学生的自主管理搭建了平台，学生根据自身特长开展志愿注册与服务，实现了个人价值与社会价值的有机统一，在此过程中，志愿服务项目的自我选择、自我决定、自我服务等也加强了学生在沟通能力、表达能力、社会适应能力等方面的锻炼。同时志愿服务网的开通也实现了个人志愿服务的“电子化”记录，这样的记录有助于更多“有品德、有奉献、有才干、有担当”的上商学子的涌现。学校还将邀请更多的青年企业家、创业家来校与学子们开展交流与互动，使学子们能够更好地了解社会和商业前沿动态，为其毕业后走上社会、充满自信地接受社会的各项挑战创造条件。

资料来源：上海商学院志愿服务网正式开通．上海市经济和信息化党建网，2012-12-21.

【点评】

志愿服务的开展不仅是志愿者的自主选择，其实施的过程也是志愿者自我认知、自主学习、自我完善的人生体验和人生历程。将志愿服务活动融入青年学生的校园生活，充分发挥青年学生的自我决定意识和能力，使其在志愿服务活动中得到思想意识的升华、专业知识的增长、社会经验的积累以及自主能力的提升，是大学教育领域的一大创新。

二、自我决定理论

自我决定理论是美国学者德西和瑞安在20世纪70年代末提出的关于人类行为动机的理论，他们认为人是积极的生物，具有自我实现、自我成长的潜能，每个个体都具有先天性的、内在的、建设性的发展自我的倾向，寻求自我的整合。然而，个体这种内在成长的天性能否顺利得到实现，受到外部社会环境影响。外部社会环境可能支持也可能阻碍个体内在成长倾向的实现。因此，有机体内在的自我成长、自我整合与外部社会环境之间构成了一对辩证的关系。自我决定理论认为如果社会环境支持并促进自主的需要、胜任的需要以及关系的需要这三大心理需要的满足，那么人类的动机和天性就会得到积极的发展，人类自身也能健康地成长，否则就会产生病态和忧伤。自主的需要，是个体在充分认识个人需要和环境信息的基础上，对行为做出的自由选择。这种自我决定的潜能可引导人们从事感兴趣的、有益于能力发展的行为，这构成了人类行为的内在动机。胜任的需要指个体控制环境的需要，即人们在从事各种活动中，需要体验到一种胜任感。关系的需要即个体需要来自周围环境或他人的关爱、理解、支持，体验到归属感①。

志愿服务活动是志愿者的自主选择，这不仅体现在志愿者最初加入组织时的自发自愿性，同时也体现在志愿活动中的每一个环节、每一项活动，每一次服务时，志愿者都能做出自主的理性判断和决策。志愿者的自我决定性一方面来源于志愿者自身对发展自我、完善自我的内在需求，另一方面来自志愿者根据外部环境而进行的自主调节，通过积极主动地对组织规范、共同价值、集体目标的认同和整合，从而促进志愿者的外在动机转化为自我内化，形成内在目标定向，从而提升志愿者的满意度和幸福感。所以，自我决定理论对于引导和激励志愿者更好地完成志愿服务任务具有重要的指导作用，志愿服务组织应给予志愿者更多的积极反馈，以强化志愿者的内在动机。

第四节　管理学相关理论

案　例

南京文保志愿者团队：守护城市记忆

南京市文物保护志愿者总队第二分队负责人吕晓其印象最深的一次

① Deci，E. L.，Ryan，R. M. Handbook of self-determination research. New York：The University of Rochester Press，2002.

巡查，是在某一年9月的一个周末。在那次“六朝石刻探秘”集体巡访活动中，偶然发现栖霞区甘家巷附近的萧憺墓石刻原本锁着的门被打开了。“有个梯子倚靠在石碑上，上面还贴着一些宣纸。现场一位鬼鬼祟祟的中年人一言不发地往外走，上前了解才发现是擅自拓印墓碑者，我们当即制止。火速赶来的栖霞区文化旅游局工作人员没收了男子的拓印工具，并拨打了报警电话，而就在警方到来之前，该男子悄悄溜走了。”几天后，志愿者们发现同一人又在偷拓萧景墓石刻，立即向栖霞区文化旅游局举报。偷拓者两次都被志愿者们拍下照片，公安部门正是根据现场照片才将其抓获的。

专家确认，拓印者在非法拓印过程中对两处石刻造成了污损。根据《治安管理处罚法》，公安部门对这名男子处以7日行政拘留，并处500元罚款。这起全国首例对违法当事人采取行政拘留强制措施的“非法拓印涂污南朝墓碑石刻案”，被列入全国文保典型案例。今年9月，吕晓其和志愿者们重访了栖霞区南朝石刻等古迹，发现周边都已安装了监控探头，并有专人对古迹进行巡查。栖霞区文化旅游局文物科科长告诉他，现在通过手机就可以实现监控，今后还将与中心联网附加声控警示，并将向全市推广。

资料来源：南京文保志愿者团队：守护城市记忆. 中国志愿服务网，2017-01-01.

【点评】

志愿服务组织及其开展的志愿服务以其无偿性、自愿性、公益性等特征在某些特定的社会治理领域，具有政府所不具备的有效性和灵活性。因此，政府只有与志愿服务组织广泛开展合作，积极建构合作的社会治理网络，才能更好地解决日益复杂多样的社会问题。

一、社会治理理论

社会治理是现代治理理念的一个方面，它是在公民社会走向成熟，政府、社会和私人之间的互信合作关系不断加强的前提条件下，基于政府不断进行自我调整和重新定位，使公共权力在各种社会组织间重新配置，从而形成政府主导、个人和各种经济社会组织协同参与社会公共事务的管理过程。英国学者格里·斯托克从社会管理角度出发，将社会治理的内涵概括为五个主要的观点：(1) 治理意味着一系列来自政府但又不限于政府的社会公共机构和行为者，对传统的国家和政府权威提出挑战，认为政府并不是国家唯一的权力中心，各种公共的和私人的机构只要其行使的权力得到了公众的认可，就有可能成为不同层面的权力中心。（2）治理意味着在为社会和经济问题寻求解决方案的过程中存在着界限和责任方面的模糊性。它表明，在现代社会，国家正在把原先由它独自承担的责任转移给公民社会——各种私人部门和公民自愿性团体，它们正承担着越来越多的原先由国家承担的责任。这样，国家与社会之间、公共部门与私人部门之间的界限和责任变得模糊不清了。（3）治理明确肯定了在涉及集体行为的各个社会公共机构之间存在着权力依赖。进一步说，致力于集体行动的组织必须依靠其他组织。为达到目的，各个组织必须交换资源、谈判共同的目标。交换的结果不仅取决于各个参与者的资源，而且也取决于游戏规则以及进行交换的环境。（4）治理意味着参与者最终将形成一个自主的网络。这一自主的网络在某个特定的领域中拥有发号施令的权威，它与政府在特定的领域中进行合作，分担政府的行政管理责任。（5）治理意味着办好事情的能力并不限于政府的权力，不限于政府的发号施令或运用权威。在公共事务管理中，还存在着其他的管理方法和技术，政府有责任使用这些新的方法和技术来更好地对公共事务进行控制和引导①。

志愿者及其主导下的志愿服务行动作为社会治理的一支重要力量，在多个方面促进着社会的良性发展。首先，志愿服务可以提供政府和市场覆盖不到或者提供不好的公共服务，特别是在扶贫济困、帮残助老、扶幼助弱、抢险救灾、环境保护、社区服务、大型活动等社会服务领域，志愿服务日益发挥着不可替代的作用。其次，志愿服务搭建了一个公众参与社会治理的公共平台。正如美国学者托尼·马歇尔所言，志愿部门在社会生活中，提供了一个市场来商讨社会价值和人际关系。在潜在的社会变迁中，志愿部门赋予了个人责任和位置，既提供了人们团结的凝聚剂，也提供了促进社会变迁的溶解剂②。社会公众通过参与志愿服务，获得社会治理的理念，习得社会治理的技能，并以自身的志愿行动创新社会治理的模式。最后，志愿服务有利于第三部门与政府积极开展合作，创建协同治理的新局面。正如莱斯特·萨拉蒙所强调的，志愿部门兴起的力量主要来自普通民众、教会和西方私人志愿性组织以及官方的援助

---

① 斯托克．作为理论的治理：五个论点．国际社会科学（中文版），1999（2）：19-30.

② 李亚平，于海．第三域的兴起．上海：复旦大学出版社，1998.

机构和官方的政府政策领域等方面。他认为第三部门成长的最具决定性的因素是它所能锻造的同国家的关系，第三部门的任务是找到一种同政府的妥协办法，在得到政府足够的法律和财政支持的同时又保持相当程度的独立性和自主权①。现代社会只有在政府、市场和志愿服务领域的多方主体的协同治理下才能良性发展，志愿服务作为志愿服务领域的重要行动之一，对于激发社会合作、完善社会治理体系发挥着不可或缺的积极作用。

案　例

“爱心过剩”的志愿服务?

每逢周末，某市社会福利院都会接待一批又一批的志愿者。5 月 1 日，到福利院做志愿服务的志愿者更是达到 5 个批次，前后有近 200 人。上午 8 时 30 分，丝绸中专的 30 多名志愿者和市科学技术学院的 30 多名志愿者来到市社会福利院。学生们竞相将老人用轮椅从房间推到楼下的院子里晒太阳，还有部分老人被安排在楼下的凉亭里由志愿者陪他们聊天。一部分男同学则主动干起了“苦力”，帮老人打扫房间，叠被子，甚至帮老人洗饭钵、擦客厅的桌子。由于老人的房间不是很大，不少老人的房间便被挤得满满的，多名志愿者竞相为一名老人服务。上午 9 时 30 分左右，一家电子科技公司的共青团志愿者服务队也扛着一面旗帜浩浩荡荡地赶到了福利院。不过，由于老人的房间已经被两批志愿者服务过，第三批志愿者一时很难找到合适的事情做。下午 3 时，高二的学生们和另外一所中专的志愿者服务队也来到了福利院。于是，老人们又被陪聊一次，房间的地也被重新打扫了一次。市志愿者协会社会福利志愿者服务总队负责人就此表示：目前，长期为福利院提供志愿服务的志愿者团队有十多个，但由于志愿者素质参差不齐，也的确存在着部分志愿者到福利院来是走过场，或者是为了完成学校布置的任务等现象。这种走形式的志愿服务，起不到为老人分忧解闷的效果，爱心“过剩”也会让老人吃不消。

资料来源：http://news.163.com/10/0505/05/65T6KSTR00014AED.html.

① 何增科. 公民社会与第三部门. 北京：社会科学文献出版社，2000.

【点评】

志愿服务在社会服务领域具有政府和市场无法实现的功能和价值，然而志愿服务也具有自身所固有的局限，从而出现了某种程度的“志愿失灵”现象。萨拉蒙最早提出了著名的志愿失灵理论，“志愿失灵”是与“政府失灵”“市场失灵”相对的概念。那么，志愿失灵现象究竟是指什么呢？在现实生活中，它又有哪些具体表现呢？

二、志愿失灵理论

志愿失灵是指志愿服务组织在提供政府无法提供的公共物品时表现出的局限性，即志愿部门无法有效配置慈善资源，导致志愿服务组织的志愿行为偏离公益道德理想或公益运行机制，而出现的公益不足或价值取向的非公共性现象，进而造成志愿服务组织在满足社会需求、提供志愿产品和服务等方面的功能缺陷和效率困境。

志愿失灵主要表现在以下几个方面：一是慈善不足。志愿服务组织仅仅依靠志愿服务的制度，无法获得充足的、可靠的资源。不论是过去还是现在，政府补贴一直是志愿服务组织的主要来源，在其预算开支中占主要地位，并还处于上升趋势。《中国志愿服务发展报告（2017）》的调查数据显示，我国志愿服务组织面临的所有困难中，“资金入不敷出，缺乏稳定的资金来源”所占比重最高，达到54.64%。在对志愿服务组织负责人的访谈中，组织的负责人明确表示志愿服务组织面临的最大困难是经费短缺和筹集困难，志愿服务组织的工作经费目前大多来源于政府补助或拨款，但数量极为有限，且使用范围有严格限定①。二是志愿服务组织存在家长式作风。志愿服务组织中掌握最多资源者对于组织的运作与决策具有最大的影响力，如主要捐助者和董事会，服务对象反而因是弱势群体和纯粹受惠者而难以对资源运用拥有发言权。三是志愿服务组织的业余性。志愿服务组织强调的是志愿性。志愿服务工作常常由有爱心的志愿人士担任，这不可避免影响了组织绩效和服务产品质量。同时，由于志愿服务组织不能提供有吸引力的工资待遇，因此很难吸引专业人员加盟，这也影响了志愿服务组织功效的发挥。《中国志愿服务发展报告（2017）》的调

① 中国志愿服务联合会．中国志愿服务发展报告（2017）．北京：社会科学文献出版社，2017：38.

查数据显示，在组织管理人员的组成方面，我国志愿服务组织面临着全职工作人员、专业人员紧缺的问题。报告共对4 054个志愿服务组织进行了调查，近一半的志愿服务组织中没有社工专业毕业或考取社工资格证书的社会工作者①。四是志愿服务组织的官僚化倾向。随着志愿服务组织规模和复杂性的增加，它们同样会出现反应迟钝、行动缓慢、墨守成规等局限性。志愿服务组织受这些缺陷影响的程度可能会比政府机构小些，但它们很难完全不受灵活性和效能、基层控制和行政责任制之间的不可避免的紧张关系的影响②。

第五节　社会学相关理论

一、社会交换理论

案　例

社区"时间银行"：志愿服务的新模式

"时间银行"（Time Bank），是由瑞士联邦社会保险部开发出的志愿服务新模式，即人们在退休以后，在身体状况良好的情况下，每周可以花几个小时当志愿者，去照顾需要帮助的居家老人。其服务时间将会存入社保系统的个人账户，社区"时间银行"会将参与人员的服务时间统计出来，并颁发一张"时间银行卡"，今后自己需要他人照顾时，可得到同样小时数的免费护理。当提出需求时，社区"时间银行"会在核实信息后，指派志愿者前去照顾，提供护理。这类志愿者的工作包括与老人聊天解闷、替老人做家务、购物等，做一些老人力所不能及的事。除了退休人员外，现在还有很多年轻人也在"时间银行"中当志愿者，这是一个有趣的现象，很多老年人在年轻人的帮助下，变得充满了活力，也容易接受新鲜事物，身体好了许多。一般而言，在一个城镇或大型社区里，这个项目有300人参与就可以实现，上限是每位志愿者最多工作750个

① 中国志愿服务联合会. 中国志愿服务发展报告（2017）. 北京：社会科学文献出版社，2017：36.

② 萨拉蒙. 公共服务中的伙伴. 田凯，译. 北京：商务印书馆，2008.

小时。另外，对于那些已经把时间存起来，但最后由于种种原因（如住进养老院等）不使用“时间”的老人，“时间银行”便把志愿服务的时间折合成一定的金钱或物质奖励，返还给老人或其继承人。瑞士的“时间银行”养老方式，非常符合时代的发展，也在其他地区得到了迅速推广，而且政府还专门立法支持“时间银行”养老。把时间存起来，等自己年老的时候再用。如今，在瑞士，一场“时间银行”养老的革命正在悄然兴起。

资料来源：https://www.sohu.com/a/157010855_825955.

【点评】

作为一种志愿服务的创新激励机制，“时间银行”对于志愿服务的发展具有重要的促进作用，已成为志愿服务与行动回报的转换平台，建构了一种基于志愿精神的交换制度，从而最大限度地激发了人们对志愿服务的参与热情和主观能动性。

社会交换理论形成于20世纪50年代末期，是美国当代社会学理论的主要流派之一，主要代表人物有乔治·霍曼斯和彼德·布劳。霍曼斯的行为主义交换理论认为，制度、组织和社会都可以被分解成人的行动，它们的特质就必须由有关人的行动命题来解释，而人与人的互动本质上是一种交换过程。其命题系统包括：(1) 成功命题：对于人们进行的所有行为来说，一个人的特定行为越是经常受到奖励，则该人越是有可能采取这种行为。(2) 刺激命题：如果过去一个特定刺激或一组特定刺激的出现，总是伴随着对某人行为的奖励，则现在的刺激与过去的刺激越相似，这个人就越可能采取该种行为或相似的行为。(3) 价值命题：如果某种行为的结果对一个人越有价值，那么他就越有可能采取该行动。(4) 剥夺与满足命题：指某人在近期内重复获得相同报酬的次数越多，这一报酬的追加部分对他的价值就越小。(5) 攻击与赞同命题：当个人的行为没有得到预期的报酬或受到未预期的惩罚时，就可能产生愤怒的情绪或出现攻击性行为；当个人的行动得到预期的报酬、超过预期的价值，或没有得到预期的惩罚时，他就会高兴，心理上也赞同这种行为。(6) 理性命题：人类的行为不是一种单纯的刺激-反应，而是一种理性行为。一个人行动前不仅要计算行动产生的报酬的价值，还要考虑获得报酬的可能性。如果报酬的价值大，但得到此种报酬的可能性不大，就会减少行动的可能性；反之，如果报酬的价值大，得到此种报酬的可能性也大，就会提高行动的可能性。

获得报酬的可能性，是一种概率。这样，行动（的可能性）=（报酬的）价值×（获得此报酬的）概率。布劳的结构主义交换理论认为，追求报酬的交换是人类生活中最基本的动机和社会得以形成的基础，社会交换会带来内在性报酬和外在性报酬。内在性报酬，即从社会交往关系本身中取得的报酬，如乐趣、社会赞同、爱、感激等；外在性报酬，即在社会交往关系之外取得的报酬，如金钱，商品、邀请、帮助、服从等①。

志愿服务组织为志愿者提供了实现其自我价值、表达其观念信仰的组织平台，而志愿者为志愿服务组织提供了时间、精力、智力等丰富的人力资源。因此，志愿者和志愿服务组织也可以被看作一种社会交换关系。然而志愿服务是无偿的，即并不需要为志愿者提供的社会服务支付物质报酬。所以，对志愿者的激励机制就有别于带薪工作的、以外在性报酬为主的激励方式。志愿服务组织在招募、培训和激励志愿者的过程中，需要明晰志愿服务活动具有的独特性和价值性，这样才能更有针对性地增强志愿服务对人们的吸引力，挖掘志愿服务的内在性报酬，以进一步激发人们从事志愿服务的主观能动性，从而实现志愿服务目标。

二、角色认同理论

案 例

荣华社区党员老妈妈志愿服务队

在河南省郑州市金水区的荣华社区，有这样一群老人，他们以党员志愿者的名义，针对社区困难群众、弱势群体，全年无休地开展各类志愿服务，20多年来坚持为社区群众传递光和热，被社区群众亲切地称呼为“党员老妈妈”。荣华社区党员老妈妈志愿服务队成立于1996年，当时正值全国范围内的国有企业改制，下岗职工和失业人员大量出现。部分单位下辖的家属楼院无人管理，治安混乱。就在这时，时任荣华社区居委会主任的老党员周树枝提议建立一支义务服务队，帮助群众解决困难。“人退休了，党员标准不能退；职务退了，为人民服务的义务不能退！”这番掷地有声的话语成了所有党员老妈妈20多年来始终恪守的行动信条。荣华社区内居住着许多高龄退休职工，而且多是空巢老人，卢

① 杨善华，谢立中. 西方社会学理论. 北京：北京大学出版社，2006.

义勇就是其中之一。由于双目失明，行动不便，再加上身边无人照看，他的日常生活十分困难。党员老妈妈志愿服务队了解到卢义勇的情况后，轮流帮忙：买菜做饭、看病就医、料理家务，把他的生活照顾得有条有理。如今，卢义勇也自愿加入了服务队，为病人按摩治病，发挥一技之长。20 多年来，党员老妈妈们累计帮扶了 30 余位像卢义勇这样的孤寡老人。

除了孤寡老人，社区内贫困学生、留守儿童、外来打工子弟都是老妈妈们的帮助对象。他们常常为生活困难的孩子们购买日常用品、缝制衣物被褥，时时关照孩子们的基本生活。对于因经济困难而上不起学、看不起病的孩子，党员老妈妈们纷纷主动捐钱捐物，四处奔走，号召社会各界进行捐款。多年来，党员老妈妈志愿服务队一直将“民有所求，我有所应；民有所难，我有所帮”作为工作准则。针对社区具体实际以及广大群众的切身需求，他们组建了义务巡逻队、文艺小分队、家政服务队、缝纫队等特色小分队，协助居委会、民警开展各项工作。党员老妈妈中以周树枝为代表的一批党员先锋，更使有关部门意识到在社区建设中充分发挥优秀党员先锋模范作用的重要性。近年来，郑州市逐渐摸索出“社区党建+志愿服务”这一群众性精神文明建设工作新模式。莫道桑榆晚，为霞尚满天。走过 20 多年风雨路程的党员老妈妈志愿服务队，用奉献筑起社区的和谐安宁，用坚守彰显党旗的猎猎红艳。他们如同耀眼的晚霞，既照亮了社区楼院，也温暖了人们的心田。

资料来源：郑州荣华社区党员老妈妈志愿服务队　人退了，党员标准不能退. 人民日报，2018-01-11.

【点评】

人的一生会扮演众多不同的社会角色，有些角色会持续很长时间，甚至伴随人的一生，比如公民角色。个人对自身角色的认同程度决定了其对这一角色的专注度和贡献值。“志愿者”作为个体自主选择的社会角色，对其角色认同的程度越深，志愿服务的效果和持续性也就越好。

角色认同（role identity）指的是个体基于社会结构和社会环境，通过互动行为而建构的认同，它是对某一特定社会地位的特定认同。角色认同由社会结构和个体自我共同形成，某一特定的角色认同代表个体的一个侧面，而所有角色认同的总和就构成了个体。此外，角色认同并不是完全被动的塑造，作为一种社会力量，它会通过对行为的影响来影响整个社会结构。角色认同理论认为，由于自我有大量的角色身份，许多不同的角色身份是按照其重要性等级来进行建构或组织的，因此角色认同的程度会呈现出一种角色的显著性等级，在等级中位置较高的角色，在个体的行为选择中会比等级中位置较低的角色更为优先和重要。认同的显著性来自：个体获得他人支持的程度，承诺这种角色身份的程度，从角色身份中所获得的内在或外在的报酬奖赏，以前对角色投入的时间和精力的多少。一个角色身份越重要，人们在相应情景中就越可能扮演该角色①。角色认同理论引入了承诺（commitment）这一概念，作为阐述个人与社会纽带连接的工具，承诺表明个体与他人及社会组织的关系，以及对某一特定角色的承担程度。个人承诺某种角色程度愈高，就会愈多地承担相关责任，对此角色的认同水平也愈高，该认同在他的总体角色显著性等级中也就居于愈高的位置。如果这样一种认同是基于他人的观念和更大的社会界定，个人就会产生与这些共有观念相一致的行为。同理，个体对某一角色的认同程度愈高，这一角色认同愈显著，基于这一认同产生的承诺就愈多②。

志愿者作为一种新生的社会角色，越来越被人们所熟知和了解。日本有一份对志愿者的调查发现，对志愿者的角色认同程度可分为三种类型。第一类是“专业的”志愿者，他们把自己人生的大部分时间都奉献给了志愿服务，并把志愿者角色看作主要角色，而把正式工作和在家庭中的工作放在第二位。第二类是把志愿服务当作第二职业的志愿者，他们把重点放在自己的工作和家庭上，但他们不用经过太激烈的思想斗争就能找出时间来从事志愿服务工作。第三类是“一般性志愿者”，他们不太重视志愿者的角色，而是把志愿服务放在次要的位置，这类志愿者没有连续性地投入志愿服务中③。角色认同理论认为如果某一角色认同是被他人所认可，并在更宽泛的价值体系中得到积极评价，那么这一角色认同将在认同显著性等级中得到提升。个人借助围绕角色建立的社会网络不断确认自身角色，当这一社会网络扩大、展开时，该角色认同就会在显著性等级中居于较高

① McCall, G. J., Simmons, J. L. The role-identity model. Guttentag, M. Identities and interactions: an examination of human associations in everyday life. New York: The Free Press, 1978.

② Stryker, S., Serpe, R. T. Commitment, identity salience, and role behavior. Lokes, W., Knowles, E. S. Personality, roles, and social behavior. New York: Springer-Verlag, 1982.

③ 缪其克，威尔逊. 志愿者. 北京：中国人民大学出版社，2013.

的位置[①]。因此，公众对志愿者角色的认可和社会认同，会在很大程度上影响志愿服务事业的参与人数及可持续发展。因此，志愿服务人人可为、事事可为、时时可为，志愿者角色已经成为人们职业角色之外的另一种社会角色，志愿服务也成为人们的一种生活方式。

思考与讨论

1. 志愿服务的相关理论基础有哪些？它们各自属于哪一类学科范畴？
2. 了解和掌握志愿服务的理论基础对于指导志愿服务实践有什么作用。
3. 请举例说明，志愿服务活动是如何应用某一具体理论的。
4. 通过理论学习，你是否有新的启示？具体表现在哪些方面？

① Sheldon, S., Burke, P. J. The past, present, and future of an identity theory. Social Psychology Quarterly, 2000 (63): 284.

第三章
志愿服务的功能与价值

引 例

她用一台小小的冰箱 温暖了一个城市的人

Pappadavada 是印度一家很特别的餐馆，这家餐馆不仅用美食吸引了众多顾客，更用一台冰箱温暖了全世界人的心。和世界上大多数餐馆一样，Pappadavada 每天都会有很多剩菜。但老板娘 Minu Pauline 却选择放一台冰箱在门口，将剩菜放进去，供有需要的人自取……她认为没有浪费，就不会有人挨饿。每天，她都会用剩菜填满这个冰箱，供所有路过有需要的人拿取。受她这个爱心举动的感染，很多市民也会往冰箱里加食物。这个冰箱一天 24 小时不停歇开放。任何人任何时候都可以拿取食物，没有人会问你任何问题。越来越多好心人往冰箱里放食物，Pauline 会提醒大家标注投放日期，避免腐坏不新鲜的食物出现。一台冰箱，对于餐厅来说成本并不大，剩饭剩菜，对于餐馆来说本来就是要被处理掉的。但是一台 24 小时开放的冰箱，却解决了很多流浪汉、无家可归的人的温饱问题。一个小小的善举往往能造福一座城、温暖很多人……

资料来源：http://www.sohu.com/a/71292943_103830.

志愿服务是充满温度和感染力的，它能够广泛动员社会各方面力量，为困难群众和需要关爱的人提供帮助。正所谓“小善渐而大德生”，每个人虽奉献的是点滴，但这种善举积聚，却会释放出我们意想不到的效果。本章将会详细地阐述志愿服务的具体功能和价值体现，让读者进一步感受志愿服务的力量与魅力!

第一节　志愿服务的功能

志愿服务彰显着现代公民的社会责任意识，志愿服务的发展水平和覆盖广度反映着社会文明的发展程度。作为现代文明的重要标志，志愿服务对于推动社会的可持续发展具有重要功能。一般而言，志愿服务的功能是指志愿服务事业发展所带来的正面效应和积极影响。我们可以从个人层面、组织层面和社会层面三个维度来理解志愿服务的功能。

一、个人层面

案　例

白岩松：我为什么喜欢当志愿者

提起志愿服务，我们首先想到的是“奉献”，这没错。但如果将它理解成一种单向给予的概念，“帮助别人”，就有点儿问题了。要知道，志愿精神中还包括“互助”的含义。在我看来，志愿行为首先是在帮助自己、提升自己，是为了满足志愿者自己的需求。人不是简单的动物，吃饱喝足就行，而是有着不同层次的需求。在吃饱穿暖、不再为生存问题担忧的时候，帮助别人、提升自己、完善自己、拥有一个和谐温馨的人际环境和社会环境就成了许多人的内心需求。

同时志愿者也是得到者，甚至是更大的得到者，所以应该有一颗感恩心。志愿者要意识到自己很幸运，我还可以去帮助别人，我得到了一种愉悦，我去的时候可能心情很不舒畅，但在帮助完别人的时候我的心结打开了，这是一个自我拯救的过程，我怎么可能不对被帮助的人说声谢谢呢？我要感恩，他居然还允许我帮助他，他提供了我能帮助他的可能。《道德经》中有这样一句话，“无私为大私”。正是在帮助他人的过程中，自己得到了最多，也正是在利他的行动中，我们一点一点找到自己。

资料来源：白岩松．我为什么喜欢当志愿者．中国志愿，2017（3）：43-44.

【点评】

从某种程度上讲，志愿服务是对自我的一种提升，也是让自我得到拯救的一种方式。参与志愿服务的人，除了有能力有时间外，更重要的是，他们渴望内心需求的满足，他们明白“我为人人、人人为我”的含义。志愿服务其实最大的获益者是自我，通过帮助他人而让自己走进世界。

从个人层面来讲，虽然志愿服务是个体不为物质报酬、基于良知、信念和责任，自愿为社会和他人提供的服务和帮助。但是志愿服务讲求奉献他人、服务社会，这种高尚的行为对于促进个体的成长与发展有着重要的功能。具体而言：

第一，提升道德修养，满足精神追求。

志愿服务作为一种自发的、无偿的、公益的活动，其所秉持的“奉献、友爱、互助、进步”的志愿精神对于提升个体的道德修养有着积极的作用。志愿者既可以通过参与志愿服务活动为他人和社会带去帮助，同时也可以让自己的心灵在道德上得到满足与升华。正所谓“赠人玫瑰，手留余香”，志愿服务正是从人们日常服务群众之“小善”着手，实现了“我为人人、人人为我”的大善大德，志愿者服务于他人、服务于社会，同时不断地净化自己、完善自己、革新自己、提升自己。更重要的是，这种基于志愿者个体自主选择和主观追求的行为，是一种公共精神和社会良知的彰显，个体的精神世界得到了极大丰富和满足。

第二，学习知识技能，提升个人能力。

一方面，参与志愿服务能够使个体的兴趣爱好、理论知识通过实践活动的形式得到生动展现，激发他们的学习兴趣和创新热情，促使个体自发学习和钻研技能。另一方面，公众参与志愿服务能够积累更多实践层面的经验，通过志愿服务活动大大提升自己的专业技能水平，强化自己对专业知识的理解，进一步促进自身知与行的统一。此外，志愿服务本身也会通过培训的形式来提升个体的知识技能和规范性。以2008年北京奥运会志愿者为例，为了圆满完成奥运会服务工作，北京奥组委专门编写了《北京奥运会志愿者培训教材》，对志愿者的通用知识、通用技能和综合素质进行统一培训，这极大地丰富了志愿者的知识结构。

第三，增强社会交往，拓展人际关系。

随着城镇化进程的加快以及社会经济的快速发展，社会基于地缘、血缘的关系网络结构已经逐渐松动，社会的流动性逐渐增大，人与人之间的陌生感不断增加，大部分人也因为固定的职业工作而被限制于狭小的交际范畴内。而志愿服务实际上提供了一个难得的人与人互动交往的机会，志愿服务作为志愿者个体身体力行的行动，其本身是与人打交道的过程。也许志愿者来自不同的领域，拥有不同的职业、特质、能力和专业，但是因为参与志愿服务，大家相互熟悉、相互了解，并且结识成为好伙伴、好朋友，各自的人际关系更为广阔了。

第四，丰富人生阅历，增强社会责任。

每个人的工作角色都有一定的限制，工作视野也只有一定的范围，而参与志愿服务活动，能丰富生活的内涵，延伸生活的触角，让自己视野开阔、经验丰富。参与一次志愿服务活动就好像经历一段新的人生旅程。志愿服务是一种利他行为，个人在志愿服务过程中可以通过帮助别人获得更多的成就感和愉悦感，并将这种友爱互助的行为当作个人责任担当。例如近些年比较流行的“义工旅行”就是志愿者丰富人生阅历的典型案例。“义工旅行”益处很多：个体会遇到很多不同的人，眼界会更加开阔；有更多机会在不同地方接触不同的人和事，适应工作的挑战性；通过与他人分享生活感悟和理念，收获经验和信心；学会克服狭隘，拥有了成熟和包容的心态；经历越多，越知道自己的欠缺，于是有了更充足的学习动力；提高了独立生活的能力，学会了责任担当。

第五，提升自我价值，促进自我实现。

在马斯洛的需求层次理论中，将人类需求从低到高按层次分为五种，分别是生理需求、安全需求、爱和归属需求、尊重需求和自我实现需求。其中自我实现需求是最高层次的需求，是指实现个人理想、抱负，发挥个人的能力到最大程度，达到自我实现的境界需求。而志愿服务是个体发自内心、心甘情愿的投入，是自愿的付出，是个人自由意志的选择，是喜欢做、愿意做的，不是任何威慑强迫的作为。志愿者可以从工作中获得成就感和满足感。正是在自己所投入的志愿服务中，个体实现了自己的价值。

第六，提升个人幸福，促进身体健康。

关于个人从志愿服务中得到幸福感的研究，大多集中在健康方面，分析志愿服务怎样影响人的感觉以及人们怎样整体评估自己的生活。这些研究的共同发现是，参加志愿服务的人更可能表述自己是愉快的，如奥运会志愿者奉行的“我奉献、我快乐”的精神既鼓舞着服务对象，也鼓舞着团队的成员。因为帮助了别人和对公众利益有所贡献而“感到温暖”。

对年纪大的人来说，志愿服务有利于良好心理健康状态的形成，有利于减少心理压力、提高生活满意度。参与志愿服务有利于身体健康，特别是在互助中增强信任，有助于提高总体健康状况、心理健康和主观幸福感。例如一项纵向研究发现，年长者中，为他人提供物质和情感支持的人的死亡率比没有这样做的人低很多。有趣的是，死亡率对给予帮助的人的影响比接受帮助的人要大得多。健康与志愿服务的关系是双向的，越健康的人志愿服务次数越多①。

案　例

志愿老人蔡秀兰

2001 年，北京申奥成功，已经退休的蔡秀兰心中燃起了做志愿活动的热情，她下定决心要为奥运会贡献自己的一份力量。没想到的是，她一做就是 17 年，从奥运会的临时志愿者变成了北京志愿者协会的长期志愿者。即使罹患癌症，她也没有停下脚步。从辅导老年市民学习英语、环保督查、心理辅导到宣传志愿文化，她已经奉献了 28 000 多个小时的志愿服务。

今年蔡秀兰奶奶已经 82 岁了，近些年仍不断地致力于北京市志愿服务文化的宣讲推广。她每天早晨起床后，都要对着镜子声情并茂地练习两遍自己的讲稿。她在日复一日的练习与积累中成了宣讲团里的“明星”宣讲师，也带动了更多的人投身志愿服务，甚至是加入宣讲员的行列。蔡秀兰说：“2008 年奥运会让我抓住机遇，找到了适合的位置，充实了人生。志愿服务值得干，值得好好干，值得一辈子干，我要影响更多的人，我要告诉他们，生命在于奉献。”

【点评】

做志愿服务在蔡奶奶看来是一件无比幸福的事，正是因为心中有爱并且愿意付出爱，她战胜了病魔。如今志愿服务已经成为她生命中不可缺少的部分，成为她新的事业。而她也愿将这份爱传递下去，告诉更多的人、影响更多的人。

---

① 联合国志愿人员组织. 志愿服务与幸福感. 中国志愿，2014（6）.

二、组织层面

案　例

市民劝导队：居民自治的“北京探索”

违章乱停、乱摆摊点、店外经营、非法烧烤屡禁不止，怎么办？丰台永善社区有高招儿，该社区成立了一支由社区党委和居委会牵头的市民志愿劝导队，反复耐心劝阻不文明行为，宣传引导文明行为。目前，永善社区市民志愿劝导队已发展壮大至 180 人，成为社区组织动员群众、自觉参与地区事务管理的良好平台，群防群治，共同建设美好家园。

劝导队主要由社区党员志愿者、小区楼门院长、居民代表与社区专职工作者组成，他们利用人熟、地熟的优势，协助城管、交通部门对违章停车、乱摆摊点、店外经营、非法烧烤等行为进行善意提醒和规劝。随着工作的开展，劝导队不仅有本社区居民参加，还吸引来周边社区居民以及流动人员主动参与。劝导内容从环境秩序扩展到地区各种不文明行为，逐步健全了社区自治管理的长效机制。市民志愿劝导队从成立到发展壮大，始终处于社区党委的直接领导之下，社区党委书记是第一负责人，党员始终是骨干力量。为实现党组织服务管理在社区的全覆盖，永善社区党委打破以往按小区建立支部、按楼门建设党小组的传统模式，按照党员“兴趣相同、特长相近、自身条件相当”等具体条件，成立市民劝导党支部、文明传播党支部、安全守护党支部、爱心帮扶党支部四个功能型党支部，通过开展教育培训和“争当优秀劝导员和劝导之星”等活动，使劝导队的先锋模范作用得到充分彰显。

【点评】

丰台区的市民志愿劝导队改变了以往党团组织“包揽”社会治理的情况，鼓励党团员志愿者与社区居民、社会组织合作，共同开展志愿服务活动，进一步促进了政民关系、干群关系的和谐，为新时期服务型政党、服务型政府建设开辟了新思路、创造了新经验。

组织是人类社会最普遍的现象，人的一生要面对或参加各种各样的组织。从大的概念范畴来讲，可以将组织划分为公共组织、市场组织和非营利组织。我们也将从这三个视角，讨论志愿服务在组织层面的功能。

第一，从党和政府的组织视角来看，志愿服务成为推进服务型党组织和服务型政府建设的重要途径。

志愿服务的精神价值与党的群众路线教育实践活动是相辅相成的。志愿服务为推进党的群众路线教育实践活动提供了具体的实践路径，进一步巩固了党同人民群众的血肉联系。广大党员参与和投身志愿服务，在志愿服务的大舞台上做表率，行善立德，以形象感染群众、以服务温暖群众、以真情关爱群众，是我们党的先进性和共产党员先锋模范作用的生动和现实体现。为了加强基层服务型党组织建设，各地已经把志愿服务纳入基层党建范围，充分发挥骨干党员带头作用，深入基层、深入社区开展工作。此外，志愿服务对于服务型政府建设也起到巨大的推动作用。志愿服务的理念、精神与行动方式对于提升政府的治理水平具有重要的借鉴意义。一方面，志愿服务事业的发展使得政府重新审视政府与社会的关系，认识到曾经政府管了许多“不该管”“管不好”“管不了”的事，以此合理界定政府职能，明确职能边界；另一方面，服务型政府以服务为宗旨，志愿服务中的平等意识、责任意识、奉献意识对于政府公职人员行为方式与政府治理方式的转变具有重要作用。

第二，从市场组织视角来看，志愿服务是企业履行社会责任的重要形式，促进了企业公共形象和美誉度的提升。

首先，志愿服务为企业履行社会责任提供了重要方式。早期古典经济学认为，企业唯一的任务就是在法律允许的范围内，在经营中追求利润最大化，如果做到了这一点，企业就实现了其最主要的责任。随着社会的发展和商品经济的日益成熟，传统的以逐利为核心的粗放型经济发展模式成为历史。20 世纪 50 年代以来逐渐兴起的企业社会责任理论和企业公民理论则为企业公益行为提供了理论支撑。在企业公民的视角下，权利与义务是相辅相成的，企业在实现自身盈利的同时，也需要履行对环境保护和社会发展的义务，从事公益行为是履行这种义务的一种途径，现代社会中，志愿服务是企业公益行为的一种主要表现形式。其次，传统上，企业营销行为关注市场和品牌多，关注自身公共形象少。志愿服务能够为企业公共形象的塑造营造良好的社会氛围和树立良好的受众群体认知。如 IBM 组织的“全球志愿服务队”和现代汽车推出的“共创安全社会”“共享绿色社会”“共享幸福社会”公益活动体系等，均成为享誉全球的志愿服务品牌，进而反哺市场。最后，志愿服务也促进了企业内部的发展。志愿服务能够提升员工认同，打造企业文化，加速团队融合。在员工个人层面价值提升上，志愿服务能够提升工作技能，拓展交往空间，帮助自我实现，促进个人的成长成才。

案　例

星巴克的志愿服务

星巴克1999年入驻中国。作为一个富有社会责任感的企业，星巴克始终致力于回馈社会，为中国社会的发展做出自己的贡献，多年来在中国各地开展了各种各样的企业社会责任项目。自2011年起，星巴克在中国的伙伴和志愿者们一共贡献了超过55万小时的志愿服务。在中国上海、武汉、惠州、成都、沈阳、珠海、济南、北京以及重庆等地都可以看到星巴克志愿者的身影。自2014年开始，连续三年，和众泽益志愿服务中心支持星巴克在每年4月开展的“全球志愿月”，鼓励各地星巴克员工积极参与志愿服务，支持青年发展，帮助当地青年职业发展。这三年来，星巴克员工的志愿服务不仅给服务区域带来了温暖，增强了星巴克员工的自信心和他们对企业的归属感，更展现了星巴克的社会责任感。在星巴克对百年职校和工人学校的专业志愿服务中，和众泽益志愿服务中心除了进行志愿服务活动策划外，还为志愿者准备了专业的活动前培训，充分保证活动顺利进行，极大地调动了星巴克志愿者的积极性。作为志愿服务引领者，和众泽益志愿服务中心期望与星巴克以及同样心系公益事业的伙伴合作，为更多需要帮助的人送去关爱和温暖！

资料来源：https://mp.weixin.qq.com/s/Z0IHpFmsF7j4n2cWwjHWkA.

【点评】

企业志愿服务是志愿服务的重要类型之一。星巴克组织员工参与志愿服务不仅可以践行企业社会责任、塑造良好的企业公民角色，而且有助于进一步完善其内部的治理结构，提升组织绩效。

第三，从慈善组织或非营利组织视角来看，志愿服务拓展了慈善组织的组织资源和服务领域，促进了慈善组织的内部建设，满足了慈善组织的转型和发展需要。

首先，志愿服务为慈善组织提供了重要的人力资源支持。处于初创期的慈善组织，大多缺乏人力、物力和财力，这给慈善组织的发展造成了巨大的限制和阻碍，极容易导致志愿失灵。而志愿服务是人民群众参与最广泛、与人民群众生活最贴近的活动，具有极强的吸引力、凝聚力和号召力，是联系群众、组织群众、动员群众的有效载体。因此，志愿者借助慈善组织的平台从事志愿服务，对于慈善组织的工作开展、组织发展、财政节约具有积极意义。其次，志愿服务丰富了慈善组织的服务领域和服务项目，增强了慈善组织的生命力和影响力。很多民间自发的组织正是在参与志愿服务活动的过程中逐渐成长起来的，从一个民间社会组织成长为官方正式注册的社会组织，并且因为志愿服务活动而扩展了慈善组织服务的边界和范围，进一步提高了慈善组织的声誉和信誉。最后，志愿服务增强了慈善组织内部建设。随着志愿服务事业迈向专业化、常态化和制度化，慈善组织需要规范科学、运作有效的管理方式来进行组织化的管理，这其中包括有效的人力资源管理、培训管理、财务管理、项目管理等，以进一步推动慈善组织的建设和发展，提升组织内部的治理能力。

案 例

星星雨教育研究所

星星雨教育研究所（简称“星星雨”）是从事儿童孤独症服务的医疗志愿服务组织，成立于1993年，是中国第一家专门为孤独症儿童服务的教育机构，以“帮助孤独症儿童得到早期个别化教育，促进帮助孤独症家长认识孤独症，并掌握在生活中促进孩子良性发展的知识和技巧，促进社会认识、理解和接纳孤独症儿童，尊重他们的生存和发展的权利”为服务宗旨。从1993年开始，该组织已经为7 000多个孤独症儿童及其家庭提供过服务。从2005年起，星星雨发起的“心盟孤独症网络”为全国130家民间孤独症服务机构提供能力建设和技术支持，目的是为孤独症领域的NGO提供一个交流、分享的平台，促进中国孤独症儿童服务行业的健康发展。如今，每年约3 000人次的志愿者参与照看孩子的工作，每年志愿者们组织数十场义卖活动，为星星雨筹款。其中包括北京大学生物信息中心、清华大学紫荆志愿者研究生服务团、博世、中国建设银行等数十家志愿者团队。志愿者的参与，让星星雨成为一个充满希望的地方，一个有共同理想和强大凝聚力的地方。

资料来源：北京志愿服务发展研究会．中国志愿服务大辞典．北京：中国大百科全书出版社，2014：226.

【点评】

志愿者是公益组织中不可或缺的宝贵资源。帮助更多的孤独症患者拥有平等的发展机会、享受正常的生活，也是星星雨志愿者的共同理想。

三、社会层面

案　例

"彩虹盒子"：从 5 000 到 50 000 的温暖传递

一个简易背包、一件雨披（一条毛毯）、一双雨鞋（一双棉鞋）、两双棉袜、一双手套、一条围巾、一套文具用品、一张明信片，从 2014 年起，承载以上物资的"彩虹盒子"跨越千山万水，由杭州发往贵州、云南、四川、青海、西藏、甘肃、宁夏、山东、广西、江西、浙江、新疆等山区儿童手中，累计已达 50 000 份。"彩虹盒子"是杭州滴水公益服务中心（简称"滴水公益"）于 2011 年发起的长期助学项目，旨在通过社会点滴爱心的汇集，为贫困山区儿童筹集生活及学习用品，通过"彩虹盒子"架起城市与山区的桥梁，将爱传递。"彩虹盒子"每年开展两期。每期 1 万份，每份 39 元，加上执行及物流等费用，每期所需爱心款 42 万元。为筹集善款，滴水公益不定期举办各类活动：通过与学校、商场、广场合作，开展爱心义卖；与企业合作，在企业活动中融入公益，以募捐、义卖、拍卖、直接捐赠等形式助力"彩虹盒子"。项目每年举办活动超 30 场，上千名志愿者参与服务，带动超万名市民支持公益，让更多人参与快乐公益，"彩虹盒子"很好地诠释了自己的使命。丰富的活动、多元的参与方式，吸引了社会各阶层人士的参与。5 000 多名志愿者的力量托起了50 000份沉甸甸的温暖，爱在传递中凝结。

【点评】

在扶贫攻坚、全面建成小康社会的伟大实践中，广大志愿服务组织和志愿者以饱满的热情积极行动，成为脱贫攻坚大军中的重要成员。“彩虹盒子”和志愿者的积极参与，不仅丰富了扶贫攻坚的参与形式，动员了强大的社会力量，而且彰显了志愿服务精神。

志愿服务作为推动我国社会和谐发展的重要杠杆，其社会功能表现在：

第一，满足多样化的服务需求，弥补政府服务和市场服务的不足。

随着人们生活水平的提升和社会物质条件的极大丰富，公众对生活质量和生活品质的要求越来越高，特色化、人性化的服务需求逐渐增多。单纯依靠政府和市场供给已经难以满足社会多样化的公共服务需求。志愿服务作为社会治理的补充力量，有效弥补了政府机制和市场机制的不足。志愿服务组织在组织体制、组织结构以及活动方式上有很大的弹性，便于根据不同地区、不同领域、不同人群的需要及时做出调整，具有很强的适应性。志愿服务组织的这种灵活性使得它们能够根据各种各样的人群和地域需要较快地做出反应。与市场机制相比，志愿服务填补了市场利润单薄、不被重视的领域。从目前我国志愿服务的范围来看，其领域不断扩大，已经涵盖了敬老助残、扶弱助困、帮教助学、环保宣传、心理辅导、法律援助、医疗卫生、文明礼仪、社会建设、应急救助、大型活动、公益机构服务等经济社会生活的方方面面。从社会功能来看，形式多样的志愿服务有助于完善社会公共服务、完善社会保障体系、保证社会和谐稳定。

第二，倡导良好的社会风尚，营造宽容、友爱、和谐的社会氛围。

人人独善其身谓之私德，人人相善其群谓之公德。对于社会而言，志愿服务所提倡的诚实、奉献、友善、博爱、宽容、爱国的公民美德就是一种公共的善。志愿服务作为公民道德教育的一种实践形式，克服了传统的灌输式教育模式难以有效体验道德情感、内化道德信念的局限性，转向一种实践性的生活教育模式，使得人人都能在志愿服务实践中奉献社会、服务他人，了解社会、感受生活，进而促进了良好社会道德风尚的形成。正是志愿服务这种行善立德、无私奉献的精神，才使得向上向善在全社会蔚然成风。譬如：在扶贫助弱中，志愿者会产生“恻隐之心”和“心忧天下”的社会责任感；在与同伴的合作共事中懂得了友爱互助；在受助者感激的目光中感受了“赠人玫瑰，手留余香”的欣悦，体会了尊重与信任的意义；在误解和挫折中，学会了宽容和忍耐。因此，志愿服务作为一种道德实践，大大提高了道德教育的实效性。此外，志愿服务在增强参与者社会公德意识的同时，也激发了社会大众奉献爱心、服务社会的意愿，在社会上倡导了奉献、友爱的社会风尚。

第三，增强公众参与公共事务的意识，有效推进民主社会的发展。

志愿服务的发展状况是检验公民社会和民主社会发育程度的风向标和衡量表，其内容的广泛性和形式的多样性决定了其在动员社会力量方面具有强大的号召力和影响力。现代志愿服务作为一项自主、自愿的组织化公益活动，为公众参与社会公共生活、培养主体意识提供了一条重要渠道。自主参与志愿服务可以培养志愿者对公共事务的关怀，有效实现志愿者参与公共事务的权利，同时也提升了志愿者的参与意识。近年来，随着志愿服务事业的不断发展，志愿服务范围从传统的社区服务、扶贫助弱向当下的环境保护、政策参与等社会领域不断延伸，这不仅大大增强了志愿者参与社会公共事务的广度和深度，同时也使参与者在广泛参与社会公共生活中增强了权利意识和参与意识。

案　例

“夕阳再晨”科技助老服务

“夕阳再晨”科技助老服务组织（简称“夕阳再晨”）的前身是2011年由北京邮电大学同学发起的“夕阳再晨”公益助老志愿队。成立至今，该组织常年开展“自助养老”“居家养老”“科技助老”等志愿服务活动，教老人们如何使用数码相机拍照、使用ATM机取款、网上预约挂号、用手机支付平台缴纳水电费等，旨在解决老年人融入信息化社会困难的问题，使老人充分享受科技带来的便捷，体验网络沟通带来的温暖。5年来，“夕阳再晨”已直接服务8 000余名社区老年人，间接受益人数80余万，现在每周在17个街道42个社区开展科技助老志愿服务活动。同时，“夕阳再晨”还为社区老年人搭建了邻里守望和隔代教育的平台。“夕阳再晨”每到一个社区，都会为社区老人建立微信群和QQ群，为他们搭建线上交流的平台。同时，引导老年人根据兴趣、特长等建立不同的兴趣小组和服务队，让老年人能够互帮互助，参与到社区治理中来。

资料来源：张佳鑫. 助老志愿服务工作方法：以夕阳再晨为例. 北京：经济日报出版社，2017.

【点评】

“夕阳再晨”基于社会老龄化的现实，立足社会对敬老、为老、助老的需求，深入打造科技助老志愿服务项目，不仅推动了老人积极融入信息化社会，享受信息科技带来的便捷，而且为老人搭建了参与社区治理的平台，帮助他们继续发挥余热。

第四，推动社会合作网络的构建，促进社会全面合作的发生。

随着全球化、后工业化进程的不断推进，诸多社会问题呈现出高度复杂性、高度不确定性和高度风险性等特点，人类要应对这些问题就必须构建开放合作的社会网络。而志愿服务通过一次又一次的合作行动，不断强化了人与人之间的信任，从而构筑起越来越广泛的社会联结网络，人们在这一开放流动的社会网络中共享社会资源、提升知识技能，从而实现共同的目标和任务。例如，联合国志愿人员组织、国际志愿者协会以及英国海外志愿服务社等众多国际知名志愿服务组织就跨越了地域和国界，在全球范围内招募志愿者，搭建了一个国际化的开放社会网络，各国的社会资源在这一网络中实现了互通和流动，通过志愿者的合作行动，解决了人类面临的共同问题。我们相信，随着现代信息科技的蓬勃发展和社会信任体系的不断完善，全球社会的信任度会得到极大提高，组织形式最终将不再是社会行动的合法性来源，志愿者可以在无组织的任务型团体中完成志愿服务工作，最终实现人与人之间合作的流动性。可以预见，随着志愿服务的不断发展，每个人都可能出现在合作行动中，一个崭新的合作社会就要来临，而志愿服务恰恰是合作社会得以构建的一支重要的社会推动力量。

第二节 志愿服务的价值

一、经济价值

案 例

大型活动中志愿服务的经济价值——2013年北京园博会

2013年第九届中国（北京）国际园林博览会（简称“北京园博会”）是继2008年北京奥运会和2009年新中国成立60周年庆祝活动之后，在北京举办的又一次国家级、国际性盛会。作为一场大型赛会活动，北京园博会在奥运经验的基础上，不断改革创新，以先进的信息科技手段为依托，充分尊重志愿者本人意愿，构建了时尚、便捷、完整、有效的志愿者管理服务机制，开创了大型赛会活动志愿服务组织管理的“丰台模式”。这是我国大型活动志愿服务工作的又一有益探索。

在北京园博会185天的会期中，1.3万名园博会志愿者在19大类项目中累计完成服务班次超过26万，服务总时长约140万小时。为逾615万游客提供了信息咨询、道路指引、秩序维护、残障服务、语言支持等多种志愿服务。在此期间，北京园博会采用信息化的志愿者岗位匹配管理方式，极大地节约了时间成本、经济成本和人力成本。在传统的人工电话排班条件下，假设通知一名志愿者上岗时间、地点、岗位要求、注意事项需要10分钟，则本次赛会26万余班次需要约4.3万工作时，相当于270个月的付薪工作（20个工作日，每日8小时），按照5 000元/月的工资水平，仅此一项节约成本约135万元。同时，由于管理工作的扁平化，本次园博会的志愿者占志愿者总数1.5%，这与国内外一般大型赛会需要的10%～30%的管理人员相比，有了大幅压缩。此外，依托选岗排班系统自动向园博会志愿者发送的岗位和培训信息总计约500万条，相当于节约了35万张打印纸；经过科学测算的餐饮配送方式通过网络配餐系统在预算基础上又节约了15%的成本；“废旧电池回收活动”累计回收废旧电池千余枚；“杜绝半瓶水、减少一次性”环保活动，将园博会志愿者的瓶装水浪费率降低到了3%以下，累计节约2万双一次性筷子。上述绿色行为共计为北京减少400余吨二氧化碳排放，让园博会志愿者真正成为“美丽北京”建设的青春力量。

资料来源：http://www.123renren.net/article/681fa8c1-aed6-4814-a49f-da5a56a5cdf4.htm.

【点评】

区别于以往大型赛会活动的志愿服务，北京园博会具有时间跨度长、地域面积大等特点，这意味着志愿者工作团队需要科学规划，采用创新的管理模式。其基于人性化、社会化、系统化的原则，应用青年人喜欢的信息化模式和时尚、艺术元素，摸索了一套促使志愿者提供最佳服务的机制，成功开创了大型志愿服务活动的“丰台模式”，创造了巨大的经济价值。

志愿服务作为推动社会经济发展的重要力量，对于经济和社会福利的影响不断增强。由于过去志愿者所提供的服务常被视为一种善行义举，人们很少提及志愿服务工作的产出，而要求了解志愿服务的绩效常会被视为一种不尊重。当前政府与社会各界在对志愿服务事业的投入与推动中越来越重视考虑志愿服务的成效，这使得衡量志愿服务的经济价值成为当前面临的关键问题。下面我们将从两个方面来说明志愿服务的经济价值：

第一，志愿服务在国民经济中贡献了重要的经济价值，推动经济持续健康发展。

据测算，2005年全球志愿者有9.7亿人（15周岁以上人口的20%），创造经济价值1.4万亿美元，约为当年全球GDP的2.4%；2010年不丹有26万志愿者（15周岁以上人口的54%），创造经济价值700万美元，约为GDP的0.44%；2010年孟加拉国有1 658.6万志愿者（15周岁以上人口的13.8%），创造经济价值16.6亿美元，约为GDP的1.7%；2014年美国有6 280万志愿者（16周岁以上人口的25.3%），创造经济价值1 840亿美元，约为GDP的1.1%①。由此可看出，志愿服务已经成为增进国民经济发展的重要力量，对于推动国家的可持续发展具有重要作用。

① 关成华. 志愿服务同样产生GDP：来自中国志愿服务价值调查的结论. 中国志愿，2017(1).

2013 年，萨拉蒙等学者利用部分国家的相关统计数据，从劳动力价值、经济比例、行为类别等角度对志愿服务对公共服务的贡献进行了分析。在行为类别上，公共服务类志愿服务行为占据主导位置，在 GVA（Gross Value Added，是衡量 GDP 的重要指标）中占比将近 75%，而日本、以色列等国家 GVA 占比超过 89%。在萨拉蒙研究的基础上，为使认识更为直观，2016 年，我们对美国、英国、法国和澳大利亚等高收入国家志愿服务每年贡献的经济价值做了进一步的研究（见表 3－1）。在这些国家中，公民参与志愿服务的热情十分高涨，同时志愿服务创造了较高的经济价值，并且在国民经济中均占有可观的比例。

表 3－1　　部分高收入国家每年志愿服务创造的经济价值

国家	志愿服务组织（个）	公民参与率	创造经济价值
美国	超过 200 万	6 260 万志愿者，占总人口数约 1/4	提供近 77 亿小时的志愿服务，创造 1 730 亿美元的经济价值
英国	超过 16 万	2 110 万公民参与志愿服务活动，2/5 的 16 周岁以上公民每年参与至少一次志愿服务活动	创造超过 239 亿英镑的经济价值
法国	1 300 万	2 000 万人参与志愿活动	创造的经济价值占 GDP 总量的 1%
澳大利亚	60 万	超过 1/3 的 18 周岁以上公民每年参与正式的志愿服务活动	创造 500 亿澳元的经济价值，占 GDP 总量的 3.8%

资料来源：http://www. volunteeringinamerica. gov/；http://data. ncvo. org. uk. http://www. ncvo. org. uk/about-us/media-centre/press-releases/960-no-economic-recovery-for-charities-new-report.

民政部社会服务发展统计公报显示，2017 年全国志愿服务信息系统投入应用之后，注册志愿者超过 4 526 万名，注册志愿服务组织近 40 万个，记录志愿服务时间超过 7.2 万亿小时，均呈现出大幅提升的态势。《中国慈善发展报告（2016）》的最新技术测算显示：2013 年中国捐赠志愿者总量 8 534 万，志愿者捐赠率 6.3%，捐赠服务时间 9.32 亿小时，捐赠国民生产价值约 215 亿元；2014 年中国捐赠志愿者总量 9 000 万，志愿者捐赠率 6.6%，捐赠服务时间 12.23 亿小时，捐赠国民生产价值约 301 亿元；2015 年中国捐赠志愿者总量 9 487.5 万，志愿者捐赠率 6.9%，捐赠服务时间 15.59 亿小时，捐赠国民生产价值约 414 亿元；2016 年当年，中国实际有 5 806.61 万名志愿者通过 116.17 万家志愿服务组织参与了帮老、助残、扶贫、社区等 18 种主要领域的志愿服务活动，捐赠服务时间 15.97 亿小时，志愿者贡献经济价值 495.65 亿元。

第二，志愿服务在劳动力供给中贡献了经济价值，节约了政府公共财政开支。

虽然志愿服务是志愿者无偿、自愿将自己的时间和精力投入社会服务，但是志愿服务本身却是一个创造经济价值的过程，特别是在劳动力市场的供给上，志愿者是一种重要的人力资源补充。试想如果社会组织没有志愿者的支持，那么它就需要为雇用专职的组织成员付出成本。如果忽略志愿者劳动力的支出和价值，就很难了解社会组织运作方面遇到的困难和阻碍，也就很难了解志愿服务在劳动力市场的整体功能。了解志愿者活动在非营利组织、政府部门与市场经济活动中的价值，可以理解志愿服务对社会的整体贡献。依据 2013 年萨拉蒙等学者的相关统计数据，在劳动力供给上，志愿服务在总劳动力供给中的占比平均达到 2.2%，澳大利亚、新西兰、日本、法国、挪威等高收入国家超过 3%。在经济总量上，志愿服务价值的 GDP 占比平均达到 0.9%，这比 2008 年的统计数据 0.8%有所提升；新西兰、挪威超过 2.5%。在这些国家的经济构成中，志愿服务越来越具有特殊地位。

此外，志愿服务在大型体育赛会中贡献的经济价值受到了特别关注。2008 年奥运会志愿者为中国乃至世界留下了无比珍贵的记忆和财富，志愿者的微笑成为北京最好的名片，与此同时，志愿者也为奥运会节省了巨大开支。据统计，在 2008 年的北京奥运会上，170 多万志愿者（20 万赛会志愿者、50 万城市志愿者、100 万社会志愿者）提供了超过 2 亿小时的志愿服务，节省了 42.74 亿元赛会成本①。

二、精神价值

案　例

“微笑北京”和“一起来　更精彩”

北京奥运会志愿服务以“微笑北京”为主题，百万志愿者为来自全

---

① 魏娜，等. 经验·价值·影响：2008 北京奥运会、残奥会志愿者工作成果转化研究. 北京：中国人民大学出版社，2010.

世界的运动员、媒体记者、观众提供了真诚热情的服务，赢得了全世界朋友的好评，也广泛传播了志愿服务精神。通过“微笑圈”“微笑歌曲”“微笑传递”“微笑名片”等代表性服务让首都充满爱心、充满欢乐。“北京，您好”“北京欢迎您”成为人人传说的口头禅。“志愿者的微笑是北京最好的名片”成为全社会的共识。2008 年以后，志愿者将“微笑名片”延伸到北京武博会、北京园博会志愿服务，延伸到国庆大检阅、节假日休闲志愿服务，延伸到社区和农村的生活化志愿服务，营造了“我为人人、人人为我”的和谐友爱生活氛围。

广州亚运会志愿服务提出的“一起来　更精彩”口号传遍全城，家喻户晓，并且创造了“志愿彩”、“志愿礼”、“志愿时”、“志愿驿站”(西关小屋)、“志愿信使”等系列品牌，特别是“志愿彩”不仅受到了志愿者的欢迎，受到了市民的欢迎，而且受到了亚洲各国参赛志愿者和媒体记者的喜爱。亚运会开幕式上，亚洲各国志愿者飞舞五颜六色的“志愿彩”进场的画面，引起轰动，吸引了社会大众的关注。亚运会之后，志愿者将“志愿彩”延伸到日常和生活的各个领域，成为吸引市民、新市民参与志愿服务的时尚礼品；成立“志愿驿站”联合会推动了常态化和岗位化的志愿服务；建立“志愿时”，系统完善了对志愿者的保障激励……这一系列品牌逐渐推动了志愿服务的繁荣发展，培养了一大批优秀的志愿人才，成为促进社会文明进步、和谐幸福的新生力量。

【点评】

志愿者是北京奥运会和广州亚运会中一道亮丽的风景线。国际奥委会主席罗格在北京奥运会志愿者项目启动仪式上指出：“志愿者是奥林匹克运动的基石，是奥运会真正的形象大使。他们代表着奥林匹克精神。”志愿者们所传递的团结友爱、追求卓越、无私奉献、热情友善的志愿精神，不仅是推动中国志愿服务事业长期深入开展的宝贵财富，更是促进社会和谐友爱的内在动力。

第一，志愿服务有利于增强公众的社会责任感，树立利他的公共精神。

志愿服务是志愿者个人以自愿和不计物质报酬的方式，为他人和社会提供服务的一种奉献精神。在不计报酬、不求名利、不要特权的情况下，志愿者将关爱传递给他人，不仅增进了人与人之间的关系，而且促进了社会的和谐发展，这种精神价值的引领对于我们应对转型社会的问题极为有益。随着我国从工业化社会向后工业化社会的转型，基于血缘和地域关系而结成的传统熟人网络已经在快速的社会转型中被打破。在工业化社会中每个人都是一个原子化的个体，人与人之间的疏离感、冷漠感不断增加，社会关系网络也逐渐从原先的熟人社会转向陌生人社会。在这样的情形下，我们需要形成互相尊重、互相帮助、互相友爱的社会氛围，激发社会发展的正能量。志愿服务作为现代社会文明的重要标志，其所弘扬的“奉献、友爱、互助、进步”志愿精神将成为公众道德素质的重要价值引领。它将激发志愿者乃至更多其他公众的关爱之心，使大家积极参与各类公共事务，既用行动帮助受助者，也将这份社会情感默默地传递给服务对象与周围群众，让社会充满阳光般的温暖。因此，这种奉献与真心付出的过程将是公民社会责任的体现，是一种利他主义的精神。

第二，志愿服务有利于巩固社会主义核心价值观，增强社会凝聚力。

党的十九大报告围绕“培育和践行社会主义核心价值观”进行了专门论述。报告指出：“社会主义核心价值观是当代中国精神的集中体现，凝结着全体人民共同的价值追求。要以培养担当民族复兴大任的时代新人为着眼点，强化教育引导、实践养成、制度保障，发挥社会主义核心价值观对国民教育、精神文明创建、精神文化产品创作生产传播的引领作用，把社会主义核心价值观融入社会发展各方面，转为人们的情感认同和行为习惯。”而为了更好地培育和践行社会主义核心价值观，就必须使志愿服务成为倡导社会主义核心价值观的有效载体和重要抓手。如今社会的深刻变革、经济的快速发展、文化的相互激荡，对人们的思想观念、价值取向、生活方式、人际关系产生了多方面影响。服务人民、奉献社会是我们社会精神风貌的主流。而志愿者在参与志愿服务的过程中所弘扬的“奉献、友爱、互助、进步”的志愿精神在本质上是与社会主义核心价值观相一致的。志愿者对于志愿精神的弘扬，不仅其行为自觉性的突出表现，而且是对于社会主义核心价值观的认同与坚守。志愿服务活动就是一种能够让社会主义核心价值观融入社会生活，让人们在实践中感知它、领悟它的实在载体。志愿服务所倡导的“奉献他人、服务社会”的理念，是对社会主义核心价值观的有力彰显，必将为整个社会培育和形成良好的社会风尚产生积极的社会示范效应。正是在这种情形下，我们的社会主义核心价值观才更加实在、更加具体。人们在参与志愿服务活动中拥有了共同的精神动力和精神支柱，形成了对于人类美好生活的向往追求。每个社会中的“小我”都通过参与志愿服务而汇聚成了“大我”，成为社会主义核心价值观的参与者、传播者和践行者。

第三，志愿服务有利于推动社会主义精神文明建设，促进人的全面发展。

社会主义精神文明建设在根本上就是为了提升人的文明素养和社会文明程度，其建设的是理想信念、思想道德文明风尚。随着社会的发展进步和生活水平的提高，人们在满足物质文明的基础上对于精神文明的需求日益迫切。志愿服务精神正是新形势下时代精神的集中凝聚，“奉献、友爱、互助、进步”的志愿精神把服务社会、服务他人与实现个人价值有机地结合起来，不仅满足了人们对于精神文化的需求，而且在知行合一中提升了社会的文明程度。此外，更为重要的是，人在参与志愿服务的过程中是自主全面发展的个体。志愿服务是平等的、自由的。不管人们的社会身份、年龄、性别、宗教信仰等存在多大的差异，从事志愿服务时，他们都只有一个平等的身份——志愿者。每个人都在分享关爱、分享信任、分享真诚，每个人在志愿服务精神的涵养中都得到了道德素养的提升，使自己更加全面地发展。

三、文化价值

案　例

我国首条志愿服务文化展示街现身重庆

“一条石板路，千年磁器口”。作为重庆古城的缩影和象征，磁器口古镇还有着“小重庆”的美誉。不过这座古镇如今又有了新的内涵——一条志愿服务文化展示街，“志街”映入了人们的眼帘。千年古镇磁器口坐落在重庆沙坪坝区金蓉社区。近年来，金蓉社区以“和美古镇人人志愿”为目标，推动居民、游客、学生投身“志愿共做、古镇共建、成果共享”活动。通过文化植入、提档升级，把原本一条不起眼的书画街打造成了面貌一新的志愿景区，使之成为一道亮丽的新风景、一张磁器口古镇的新名片。

在“志街”的每户商家都是志愿户，在店门上挂有它们自选的志愿服务箴言，同时它们也敞开门来，为游客提供免费接水、如厕、旅游咨询等力所能及的志愿服务，形成“家家参与、户户志愿”的良好氛围。在“志街”内，还有一棵树、一块石十分引人注目。树为志愿树，树枝上系满了得到过志愿者帮助的市民和游客留下的感谢和祝福的红丝带；石是景观石，正面刻着“中国志愿”，背面刻着“行善立德”。在沙坪坝，不少新志愿者都会来到“志街”的这一树一石处进行宣誓，把助人为乐的精神传递下去。

资料来源：郭思云. 我国首条志愿服务文化展示街现身重庆. 中国志愿，2017（1）.

【点评】

“志街”不仅是一个参与志愿服务活动的阵地，也是展示志愿服务形象的窗口，更是传播志愿服务文化的课堂。它以生动形象的方式呈现了志愿服务的风采、志愿服务的知识，带给了大家一段志愿文化熏陶的“旅程”。

志愿服务的文化价值既包括在志愿服务活动中生成的文化实体元素，也包括满足人和社会发展需要所体现的潜在效益。总结、推广和弘扬志愿服务的文化价值对于公民道德的塑造、社会的和谐发展十分重要。

第一，志愿服务创造了物质形态的文化实体，丰富了志愿文化的内容。

物质形态的志愿文化通常是志愿服务在发展过程中已经显现出来的或正在显现的物质载体。它是整个志愿文化最直接、最形象的表现形式。例如志愿服务中的口号、标识、徽章、旗帜、吉祥物、服装、歌曲等等，都是人们可以直观感受和体会到的志愿文化。显性的志愿文化非常重要，不仅传承和表达了志愿服务精神的内涵，更增强了志愿者对于志愿文化的了解与认同，从而产生强大的凝聚力和吸引力，让更多的人亲身体会志愿文化。如2013年北京园博会充分继承了奥运“蓝京灵”的光荣传统，创建了以“园博小V蜂”为核心的志愿文化标志体系，从而以更加丰富的内涵和视角向社会传递志愿公益理念，扩大和提升了园博会志愿服务的影响力和美誉度；中国志愿服务联合会推出的志愿歌曲《搭把手》，在传承中华民族传统美德的同时，又赋予其时代新意，生动地展现了志愿服务的文化魅力。

第二，志愿服务促进了公民道德的养成，提升了个体的文化涵养。

党的十九大报告指出：“人民有信仰，国家有力量，民族有希望。要提高人民思想觉悟、道德水准、文明素养，提高全社会文明程度。……推进诚信建设和志愿服务制度化，强化社会责任意识、规则意识、奉献意识。”可以说志愿服务在公民道德素质建设中起着至关重要的作用，特别是志愿服务所体现出的行善立德、服务社会的理念对于个体世界观、人生观和价值观的树立，理想信念的导向，个体人格的塑造具有重要意义。正是在这些志愿文化的熏陶和感染中，更多的志愿者、更多的个体不断地提升自己内在的精神文化需求和文化涵养，使道德规范内化于心。此外，志愿服务以行动的方式将其文化涵蕴在我们的日常生活、一举一动之中，特别是在传统道德规范受到冲击、公民道德素质有待提高的背景下，志愿服务关爱、互助的思想内核有力地激发了公众自发和自觉的行为，使其进一步提升和升华了自身的精神境界。

第三，志愿服务推动了不同国家、不同民族文化之间的交融。

如今志愿服务的发展呈现出了民族化和国际化的特点：一方面，不同地域之间、不同民族之间的志愿服务活动越来越频繁，志愿服务增进了各民族之间感情的交流交往，促进了民族团结、民族和睦。如共青团中央开展的“大学生志愿服务西部计划西藏专项”，十几年来累计向西藏派遣大学生志愿者近六千人，在长期服务当地的同时，也增进了大家对西藏的认识和了解，增进了各民族间的相互认同。另一方面，随着科技的发展、交通的便捷，国家与国家之间的志愿服务活动越来越频繁，国际志愿服务成为志愿服务中的一个重要领域。如近年来，中国志愿者在海外更加活跃，在厄瓜多尔、巴基斯坦、尼泊尔等国抗震救灾中，中国志愿者奉献了中国爱心、讲好了中国故事、传递了中国声音、发挥了中国作用。在“一带一路”倡议的框架下，我国与联合国志愿人员组织等国际志愿服务组织的合作持续深化。中国志愿服务联合会通过二十国集团民间社会（C20）会议等多边平台，有力传播了中国志愿者的声音。这些海外志愿项目打开了我国志愿服务国际化的新局面，在国际社会面前展示了中国作为负责任大国的形象。国际志愿服务成为国家公共外交的一张崭新名片，长期的志愿服务活动的开展更是促进了不同国家的文化交流与深厚友谊。

案　例

欧洲志愿者中心

欧洲志愿者中心由欧洲近100个国家、区域、地方不同级别的志愿者中心组成。使命是为欧洲的政治、社会和经济环境贡献力量，使志愿精神的潜能得到充分释放。具体工作是倾听欧洲志愿者的声音、扩展欧洲志愿服务组织的力量、促进欧洲志愿文化价值理念的传播。战略目标是知识共享、通力合作、政策倡导、能力建设。以团结积极的公民关系为基础建立一个联系紧密、包容和谐的社会，通过与其他志愿服务组织交流政策、实践和经验来确保欧洲志愿者政策议程的有效实施。

资料来源：北京志愿服务发展研究会．中国志愿服务大辞典．北京：中国大百科全书出版社，2014：252.

【点评】

欧洲志愿者中心作为国际著名的志愿服务组织，通过建立跨地区、跨国界、跨洲界的服务网络，为来自世界不同区域的志愿者搭建了互动交流的平台，促进了文化的深度交流与项目的深度合作。

四、社会价值

案　例

大栅栏“综合包户”志愿服务　三十多年风雨兼程

由北京市西城区开创的“综合包户”志愿服务活动，至今已经走过了三十多年的征程。“综合包户”志愿服务是我国各级团组织发展所在行业优势，义务为社区内的孤寡病残和军烈属等社会特殊人群提供综合性服务并将扶助时间和内容以签订责任书的形式固定下来的一种志愿服务形式。1983 年，为响应团中央“学雷锋，树新风”的倡议，在全民文明礼貌月活动中，北京市共青团宣武区委在全区团员中发起了义务为社区内孤寡老人提供服务的志愿活动。当年 2 月 27 日，大栅栏地区的 9 家商业服务业单位的团支部与 19 户孤寡老人和烈属在大栅栏街道西柳幼儿园签订了一份“综合包户”服务协议书，与包户对象建立起了长期的服务关系，提供送菜、送粮、送百货商品等 10 项服务内容，并将每次活动的情况写在“综合包户”记录本上，保存在包户对象家中。“综合包户”志愿服务由此开始。

三十多年来，西城区把“综合包户”的服务从最初的孤寡病残居民、军烈属逐步延伸至助学、助困、便民、互助、促进人员再就业等多个领域，并辐射到外来务工人员。服务内容也由日常生活的物质帮扶发展到提供文化活动、心理咨询、科普等更多强调精神层面和现代化专业服务的内容，增加了诸如素质教育类、医疗保健类、社区文化类、体育健身类、社区安全类、民俗演绎类等的服务项目；服务形式则从最初的“一包一”发展到“综包一”“一包综”，之后又出现了包项目，形成了从邻里街坊再到人与单位、单位与社会等时间空间交织的“大邻里”格局。截至2014年3月，西城区15个街道255个社区全部开展了“综合包户”活动，共有志愿者9万余名，累计服务困难家庭4 000余户。

【点评】

“综合包户”志愿服务活动在北京市西城区持续有序地进行，不仅有效地促进了志愿服务活动的开展，还产生了一系列政治和社会综合效益，三十多年来发展成为引导社会志愿服务资源向社区聚集，促进社会志愿服务资源直接对接社区服务需求，实现志愿服务公益化、常态化的系统工程，也成为完善社区服务功能、提高社区自治能力的重要举措。

近年来，志愿服务活动从传统的赛会拓展到了社会日常生活的各个领域，作为参与社会治理的一支重要力量，志愿服务已成为一种生活新常态、时代新风尚，在诸多社会管理领域中表现出重要的价值。

第一，志愿服务优化了社会基本公共服务的供给，提升了公共服务供给的质量和效果。

从历史经验来看，20世纪20年代前后，西方国家纷纷走上了“福利国家”的道路，通过政府直接供给来加大公共服务力度。20世纪70年代之后，随着战后经济由强转弱，出现了较长时期的“滞胀”局面，西方国家纷纷打破“包办”体制，逐渐吸收、鼓励社会力量参与公共服务供给。同时，20世纪80年代以来，席卷全球的公共管理改革运动兴起，西方国家更加重视公共服务的重要性，不断优化公共服务供给模式，从而满足民众的需求，缓解政府失灵、市场失灵带来的信任危机。政府通过加大对第三部门的投入来实现公共服务的多元化供给，这使得志愿服务在公共服务供给中的作用不断提升。志愿服务相比政府服务和市场服务供给的优势在于：志愿服务的普遍性使服务对象能够扩展到政府服务所不能覆盖的领域；志愿服务的无偿性使服务对象能够得到其经济能力负担不起的服务项目帮助；志愿服务属于公共物品，使服务对象能够得到市场不生产的产品或服务。此外，政府也采取了开放态度，招募大量志愿者参与公共部门的管理运行，以优化公共服务质量。例如，在英国，志愿者广泛活跃在行政、司法、执法等多个公共管理领域，优化了公共服务提供方与受众个体的链接渠道，使得服务对象能更有效地享受公共服务。

案　例

红丹丹“心目图书馆”为盲人读一本好书

红丹丹助盲志愿服务团队成立于2000年。当时从事电视节目发行的郑晓洁女士，与丈夫王伟力共同创办了电视节目《生命在线》，以纪录片的方式开始讲述残疾人的故事。拍摄过程中，残障人渴望被社会理解与接受的强烈愿望，让节目组成员深受触动。节目组成员也由此深刻感受到社会对于残疾人的关注与支持远远不足。于是，郑晓洁、王伟力决定离开以宣传倡导为职责的传媒行业，转投残障服务领域。盲人与其他残障类型的不同在于视觉障碍，红丹丹助盲志愿服务团队通过大量实践找到了解决视障者基本需求的手段——“视觉讲述”。从那时起，和视障朋友一起“看世界”成了团队的使命。

“心目图书馆”旨在为盲人提供Daisy（能随意翻页、做标记）的有声图书借阅服务，丰富他们的文化生活，助力他们（特别是年轻盲人）的发展。2008年1月“心目图书馆”开始了组织志愿者录制有声图书的工作，志愿者们被要求将封面、插图、索引、出版信息、页码等信息都朗读或描述出来。自2009年起，“心目图书馆”获得了日本盲文图书馆提供的Daisy图书制作技术方面的全面培训，建立了由红丹丹工作人员和核心志愿者组成的技术小组，同时，读书录音的志愿者队伍也在不断壮大之中。截至2016年底，红丹丹“心目图书馆”累计为盲人讲述电影645场次，参与志愿者5 825人次，盲人观众17 709人次。

【点评】

在包容性的社会中，所有成员都值得尊重，但是残疾人常常因为误解和偏见而受到社会排斥。红丹丹“心目图书馆”的志愿行动不仅填补了政府难以覆盖的服务领域，而且为逆境中的残疾人带来了温暖，提升了公共服务质量。

第二，志愿服务促进了社会的公平正义，有效缓解了社会矛盾。

首先，志愿服务能够关注地域发展之间的差异性，致力于消除贫困。例如在澳大利亚，“澳大利亚志愿者国际”共向世界 70 多个国家派遣 6 000 多名志愿者及实习人员，组织和参与了境内外很多机构的活动。他们同亚洲、太平洋、非洲和中东地区的组织共同开展工作，以实现可持续发展的目标；他们在消除贫困、促进人权及性别平等、推广教育、健康服务和保护环境方面取得了卓著成效。在中国，自 2003 年起，共青团中央与教育部、财政部、人力资源和社会保障部联合实施了“大学生志愿服务西部计划”，每年公开招募一定数量的大学应届毕业生到中国西部地区的基层开展为期 1～3 年的教育、卫生、农技、扶贫等领域的志愿服务。其次，志愿服务能够关注阶层之间的差异性，关注弱势群体，促进社会平等。例如共青团中央发起的关爱农民工子女志愿服务项目，面向进城务工人员子女等城市弱势群体开展服务，志愿服务团队通过与农民工子女较集中的小学结对帮扶、长期服务，通过志愿读书会、参观博物馆、快乐运动、成长话题讨论等活动，服务城市低收入人群子女。

案　例

“志愿北京之蓝天行动”关爱农民工子女项目

伴随着我国改革开放的深入发展和工业化、城镇化进程的加快，农民工问题已经成为经济和社会问题。针对北京市流动人口众多、进城务工人员子女众多、生活环境较差的现状，北京团市委立足在京农民工子女的实际需求，于 2011 年 3 月启动该项目，组织 150 多支志愿服务团队，与全市 125 所农民工子女较集中的小学以“志愿者团队＋农民工子弟学校＋接力”的模式进行结对帮扶，开展长期服务，利用下午下课后的时间，开展包括志愿读书会、参观博物馆、快乐运动、成长话题讨论等活动，有效服务了城市低收入人群子女。与此同时，团市委建立了“关爱农民工子女”志愿服务基地，将服务内容、形式、周期等内容进行制度化，把志愿服务、社会资助、活动项目等各类资源引入农民工子弟学校，为农民工子女的健康成长优化环境、创造条件，帮助他们更快、更好地融入首都生活。

资料来源：http://www.bv2008.cn/show/274174.html.

【点评】

关爱农民工子女项目充分利用志愿服务队伍与学校团组织结对的方式，定期为学生们送去关爱，以实际行动通过各种形式关爱贫困学生的健康成长，传递爱心、支持教育事业发展。

第三，志愿服务促进了公民的社会参与，推动了社会和谐发展。

志愿服务是公众易于参与的社会服务形式。首先，志愿服务是自愿、公益、无偿的行为而非一种职业，涉及领域十分宽泛，形式比较灵活，从普通公众到专业人员都能成为志愿者，都能在志愿服务中找到适合自己的领域。其次，志愿服务是公众乐于参与的社会公益行为。参与志愿服务使志愿者获得荣誉感和成就感，有助于志愿者提升工作和劳动技能，拓展人际交往领域。最后，信息技术的发展使公民参与志愿服务更加便捷。在信息化时代，信息技术特别是移动互联网技术大大方便了普通公众寻找或参与志愿服务。在北京，“志愿北京”信息平台具备志愿服务团队注册、项目发布、志愿者招募、志愿服务排班、服务计时、效果评价等功能，截至2015年10月7日，该平台实名注册志愿者达307.601万人，注册团体4.983 9万个，注册项目5.363 7万个。

案 例

英国的微志愿——家中援助

家中援助是一个成立于2008年的基于互联网技术的数据库网站，汇集了众多第三方机构策划组织的微型志愿服务行动。通常这些行动只需要10秒到30分钟的时间，而且大多是可以利用电脑或者智能手机轻松在家或者其他场所完成的服务项目。例如：写邮件给接受癌症治疗的儿童，鼓励其战胜病魔；回收废旧书籍和唱片等，以保护环境；通过倡议宣言行动来支持热带雨林和生物多样性的保护等各种各样的慈善活动；参加有助于公益的科学研究和实验计划等。正如其网站的宣传标语所言，“小努力，大贡献”。目前，该网站有超过800项微型志愿行动供登录的志愿者来选择，因为这种形式依靠现代网络技术，项目灵活多样，并且不受时间和地点的限制，所以，在英国年轻人中广泛传播，成为时下年轻人贡献公益慈善力量的一种新趋势。

资料来源：魏娜，王哲. 志愿服务对公共服务的价值与影响. 长白学刊，2016(1)：56-61.

【点评】

家中援助是志愿者推广服务、发布信息的平台，任何人都可以在这个平台进行非营利性慈善项目，让大众联合起来支持公众事业的发展，推动志愿服务的普及化。

第四，志愿服务促进了人与人之间的交往，增进了社会的信任。

在利益诉求日渐增多、矛盾纠纷不断产生、人际关系高度复杂的时代，人与人之间通过志愿服务增进了交流、接触、沟通和往来。正是在多次的磨合与互动中，志愿者与志愿者之间、志愿者与志愿服务对象之间才逐渐变得熟悉，尤其是现代社会信任体系的构建，需要公众在参与中体会理性沟通、相互体恤的价值和魅力。志愿服务倡导每个人从关爱做起、从身边做起、从日常做起，在做好事的过程中增进彼此的感情。志愿者的积极奉献、友爱互助、温暖言行，无不彰显着人与人之间的相互关爱、人与社会之间的相互融洽、人与自然之间的和谐并存。如中国志愿服务联合会发起开展的“邻里守望”志愿服务活动，就是直接面对基层，直接扎根社区，直接服务百姓，从关爱身边的空巢老人、留守儿童、农民工和残障人士等困难群体做起，为其提供实实在在的帮助。这样的助人为乐一旦常态化，就能促进形成平等友爱、团结互助的社会环境，人与人之间也将在彼此信任中真诚以待。

案　例

武汉百步亭社区“邻里守望亲情卡”串起邻里情

“空巢老人”是一个重要群体，他们需要被爱，更需要被关注。这种关注不能只是一种“宣读”和“传播”，而应更多的是一种实际行动的“填补”。为了让“空巢老人”成为人们生活关注的重心，武汉市坚持从多个方面长期关怀、关注“空巢老人”，为老人们免费义诊、送生活用品，还为他们送上“一对一”真情服务，让他们在精神上得到充实。百步亭社区邻里守望志愿服务就是其中最具代表性的项目。

武汉百步亭社区志愿者为社区老年人和残疾人发放“邻里守望亲情卡”。在“亲情卡”背后的服务承诺有“六送服务”“六个知道”等，即保证每天送问候，每周送服务，急难送救助，生病送医疗，生日送祝福，节日送慰问；知道他们的生活难题、身体疾病、药物过敏史、兴趣爱好、经常活动的地方、亲属电话等。一张“邻里守望亲情卡”让社区1 000多名空巢老人、500多名残疾人得到了暖心的服务。

资料来源：http://www. cncv. org. cn/headline/2013 - 12/22/content _138771451947947. html.

【点评】

让空巢老人安度幸福晚年，不仅是家庭的责任，更是全社会的责任。通过志愿服务汇聚社会的关心、关爱，才能填补空巢老人的精神空虚，解决他们的生活困难，让他们心理不“空”、幸福不“空”。

思考与讨论

1. 谈谈你的志愿服务经历，想想你从中收获到了什么。
2. 如何通过志愿服务来促进服务型党组织和服务型政府的建设？
3. 企业从事志愿服务有哪些意义？
4. 志愿服务对于社会有哪些具体功能和作用？
5. 现代志愿服务有哪些价值？

第四章
志愿文化与志愿服务伦理

引 例

过度热情带来的不安

一位坐轮椅的朋友，到某大学参加会议。会议室在二楼，需要绕道乘坐电梯。这时，一位女大学生志愿者看到了他。

“请问，您要上楼吗？”

“是的，我来参会，要到二楼会议室。”

“会议中心没有电梯。不过，您放心，我们会把您送到会议室的！”

不容分说，热情的姑娘招呼起她的志愿者同伴们。

“那边的帅哥同学们，快来帮忙，把这位老师送到二楼吧！”

热情的小伙子们飞奔过来。

“老师，您坐好了，我们起航了……”

小伙子们一鼓作气，把朋友抬到了二楼会议室。可是，这一路热情的“招呼”引来了无数的注目礼，朋友也是一路的不安与尴尬。

姑娘和小伙子们是热心的、热情的，他们阳光向上、乐于助人。但是，在为残疾人朋友提供服务时，不仅要满足对方的需要，更要尊重对方。朋友在心底能够理解这群年轻人的热情，但是，成为“焦点”、接受“注目礼”却非朋友所愿。在志愿服务中，每个志愿者都要学会针对不同的受助人群，遵守相应的行动守则和伦理规范。

资料来源：北京志愿服务发展研究会．助残志愿服务实务指南．北京：中国国际广播出版社，2017.

志愿文化与志愿服务伦理是志愿服务的“魂”，引领着千千万万志愿者在利他的道路上奉献付出。但是，作为一名合格的志愿者，仅仅奉献付出是不够的，志愿服务伦理要求志愿者不仅要给予，并且要恭敬地给予。

本章主要讲述什么是志愿文化，如何建设志愿文化、发挥志愿文化的魅力与感召力，什么是志愿服务伦理，志愿者应该遵守哪些志愿服务伦理守则。

第一节　志愿文化

案　例

奥林匹克文化与志愿文化的交融

源于古希腊“祭祀万神之王宙斯”的奥运会不同于一般的体育运动会，它以体育为载体，秉承“相互了解、友谊、团结和公平竞争”的奥林匹克精神，致力于“使体育活动为人的和谐发展服务，促进一个维护人的尊严的和平社会的发展”。古代奥运会历时 1 169 年，为人类社会留下了丰富的文化遗产。现代奥运会始于 1896 年，虽然历经短短百余年的发展，但它不仅继承了传统奥运会的精神，而且极大地扩展了奥林匹克精神的内涵与外延，形成了系统的奥林匹克文化。

在当代历届奥运会中，奥林匹克以其文化魅力感召并吸引了众多志愿者参与其中，这些志愿者为奥运会的成功举办做出了巨大贡献。2008 年北京奥运会志愿者 10 万余名，原国际奥委会主席罗格在北京奥运会志愿者项目启动仪式上的致辞中指出：“他们（志愿者）是奥林匹克运动的基石，是奥运会真正的形象大使。他们代表着奥林匹克精神。每一名北京奥运会的志愿者都将成为百年来数百万奥运会志愿者的一员。他们有着共同的理想：传播奥林匹克精神并且为来自世界各地的运动员提供公平祥和的竞赛环境。没有志愿者就没有奥运会，如果没有志愿者的参与和奉献，组织奥运会甚至于组织其他任何层次的比赛都将无从谈起。”罗格的评价表明，在现代社会，奥林匹克文化与志愿文化是交融在一起的，它们互相促进，推动人类社会发展朝着更高更快更强迈进。

资料来源：魏娜. 北京奥运会志愿者读本. 北京：中国人民大学出版社，2006.

【点评】

在现代奥运会中，志愿者已经成为赛会一道亮丽的风景线。同时，整个赛事活动也时刻展现着进步、向上、奉献的志愿文化魅力。奥运文化与志愿文化已经融为一体。那么，什么是志愿文化呢？志愿文化表现在哪些方面？我们该如何进行志愿文化建设？

一、志愿文化

（一）什么是文化

“culture”（文化）一词源于拉丁文“cultura”，原意是指土地耕耘和作物培育。公元1世纪，古罗马政治历史学家西塞罗应用了“culture mentis”（耕耘智慧）一词，将文化的内涵与哲学等同。在我国，文化最初出现于《易·贲卦》：“刚柔交错，天文也。文明以止，人文也。观乎天文以察时变，观乎人文以化成天下。”这里的“文”是指一切现象或形相，“天文”是指自然现象，“人文”是指社会人伦，这句话的意思是指人类认识自然、运用自然，形成一套人所独具的生活方式，包括法规制度、风俗习惯等，也即“文化天下”。“文化”作为一个独立的词语出现于西汉文献《说苑·指武》中：“凡武之兴，为不服也。文化不改，然后加诛。”这里的“文化”是指宗法王朝为统治所实施的文治教化和社会伦理规范。

现代意义上的文化研究始于19世纪，英国人类文化学之父泰勒首次将“文化”作为专业术语来使用。1871年，泰勒在其著作《原始文化》中将文化界定为“由知识、信念、艺术、伦理、法律、习俗以及作为社会成员的人所需要的其他能力和习惯所构成的综合体”。

总的来看，文化是一种系统的存在，是由多种要素按照一定的方式组成的有机整体。从广义的角度看，文化由三个层面的要素构成：一是物质要素，包括生产生活工具以及其他各种物质用品；二是行为要素，包括社会的风俗习惯、人们的行为方式等；三是心理要素，包括思维方式、价值观念、道德情操、审美情趣、宗教信仰、民族性格等。有一些学者认为应将制度要素单列为文化要素的一个层面，即文化由物质要素、制度要素、行为要素、心理要素四个层面组成。

（二）什么是志愿文化

志愿文化是文化的重要构成部分，它是指志愿者群体长时间积淀形成的一套适合自身特点的共同的思维方式、行为准则、责任使命、审美标准以及相应的一套物质、符号、精神载体系统。

经历了几百年的沉淀，现代意义上的“志愿文化”意味着一个个体对于他人、对于志愿服务组织、对于社会的一种责任担当，一种坚定的、与权利和义务相当的承诺，一种自觉的公民精神。因此，志愿文化已经成为现代公民社会文化的一部分①。

二、志愿文化的思想根基

志愿服务思想源于悠久的历史文化积淀。从志愿服务的起源来看，无论东方还是西方，它都与慈善有着密切的关系，受助者多是处于不利状态的弱者。因此，早期的志愿文化蕴含了丰富的利他精神。现代意义上的志愿文化则与民主思想的广泛兴起密切相关，除了传统意义上的扶贫助弱，志愿服务已由“慈善”走向“公益”，志愿文化被赋予了更多公共责任和公共意识的内涵。

（一）我国志愿文化的思想根基

在华夏文明中，既有朴素的邻里互助传统，也有深厚的济世图强思想。这些优秀的传统文化和哲学思想为当代志愿服务事业的发展奠定了坚实的基础。

1. 仁者爱人

仁者爱人是儒家思想的重要内容之一，是指仁者是充满慈爱之心、具有大智慧的善良之人。仁者爱人的核心思想体现了早期朴素的慈善哲学观。我国古代伟大的教育家、思想家孔子以“仁爱”作为君子的首要道德情操。孔子认为：一个人在社会中行事为人，应遵守义务，这义务的本质就是“爱人”，即“仁”。一个人必须对别人存有仁爱之心，才能完成他的社会责任。因此，孔子教育弟子要“泛爱众，而亲仁”。儒家学派的另一代表人物孟子主张“善推其所为”。孟子认为人性本善，应该将个体的“恻隐之心”推行天下，主张“老吾老以及人之老”。孟子的这一主张在今天的社区养老事业中得到了充分体现。主张人性恶的荀子也认为个体是可以从善的，在《性恶篇》中，荀子写道：“然而涂之人也，皆有可以知仁义法正之质，皆有可以能仁义法正之具．然则其可以为禹明矣。”西汉时期，董仲舒提出的“罢黜百家，独尊儒术”为当政者所接受，儒家思想进

---

① 中国需要怎样的“志愿者文化”. 新华网，2014-08-15.

一步巩固发展，儒家学派提倡的“仁爱”思想得到进一步的传承发扬。公元10—11世纪形成的新儒家学派提倡：“一个人如果力求完善自己，他就会看到为此也必须同时完善他人。”这阐明了在社会生活中，不仅要独善其身，还要互帮互助。

仁者爱人的思想是当代志愿服务的思想出发点，它阐明了人们从事志愿服务的基点在于人类“善”的本性以及对于“善”的诉求。

案 例

香山慈幼院

香山慈幼院是由中华民国时期著名慈善家、教育家、爱国主义者熊希龄先生所创办。1917年9月，顺直省区（现河北、北京地区）发生大水灾，灾民遍地。熊希龄奉命督办水灾善后事宜，他看到灾民乏食，将他们的儿女遗弃到道路或标卖，熊希龄非常同情这些孩子，专门在北京设立了两所慈幼局收养灾民的儿女，一所专收男孩，一所专收女孩，总共收养了千余男女儿童。水灾过后，多数儿童被父母领回，但仍有200多名儿童没人认领。于是，熊希龄先生多方奔走，终将风景优美的香山静宜园拨出，建筑慈幼院的男女两校，并将城内外贫苦的孩子招进来一同教育。1920年9月，香山慈幼院开学。就这样，风景优美的香山静宜园成了穷苦孩子的避难所。新中国成立后，香山慈幼院逐渐发展成为一所集中学、小学、幼儿园于一体的全新的学校。后香山慈幼院更名为“立新学校”。1953年，学校迁到海淀区阜成路。现在，这所具有悠久历史的学校秉承着它优秀的传统文化在现代教育中继续发光发热。

资料来源：周秋光，曾桂林，向常水. 中国近代慈善事业研究. 天津：天津古籍出版社，2013.

【点评】

香山慈幼院的建立表明，近代中国的爱国知识分子继承了仁爱从善、济世利人的传统美德，扶贫济困，为社会文明做出了巨大贡献。

2. 兼爱非攻

“兼爱”“非攻”是墨家学派的思想主张。首先，“兼爱”是一种古老的博爱思想，也是对仁爱思想的继承发扬，它是指天下所有人都应当不分高低，彼此相爱，即爱无差等。其次，“兼爱”强调互利互爱，它带有一定的功利主义倾向，出自“夫爱人者，人必从而爱之；利人者，人必从而利之”，即要“得爱”便要“施爱”，要“得利”便要“利人”，在这一过程中，实现济世利人。最后，“兼爱”有不同的方式，有力者要施力，有财者要施财，有道者要施道，即“有力者疾以助人，有财者勉以分人，有道者劝以教人”。“非攻”即反对攻占，反映了社会和平的愿望。墨家认为，“兼爱”与“非攻”是相辅相成的哲学关系，只有“兼爱”才能“非攻”，“非攻”才能保障“兼爱”。

“兼爱”“非攻”扩展了当代志愿服务的思想根基。它阐明了人们从事志愿服务不仅基于“善”的本性，也可以因要“得善”而为之。该思想也有力地解释了志愿服务对于社会治理的意义，成为政府大力推动志愿服务事业的理论基础。

3. 兼济天下

“兼济天下”源自“穷则独善其身，达则兼善天下”，意思是说在不得志的时候，要修炼好自己的道德修养；在得志的时候，要努力让天下百姓都得到好处。在中国的传统文化中，“兼济天下”一直是有识之士追求的理想。这一理想追求体现了“天下为公”的社会责任感，为后来的慈善行为奠定了思想基础。明末清初著名思想家顾炎武提出了“天下兴亡，匹夫有责”的思想，标志着早期社会上层“天下为公”的精英意识开始向民间社会渗透，并演变为民众性的社会责任意识，极大地推动并形成了邻里互助的传统。上层社会的士绅贵人也在困难时期积极开展义仓、义米、义舍等活动。统治者也鼓励民间社会开展互助活动，朱元璋曾劝告人们，如遇婚姻死葬、疾病患难等，应当“富者助财，贫者助力”。

“兼济天下”的思想奠定了志愿服务发展的社会基础，解释了志愿服务如何由个人行动演化为社会行动，并推动志愿服务事业成为历史发展的潮流。

案 例

范仲淹捐宅兴学

范仲淹是北宋时期著名的思想家、政治家、文学家，也是历史上有名的慈善家。范仲淹年幼时家境贫寒，后苦读及第。博通儒家经典要义的他，很早就确立了慷慨兼济天下的抱负。在其名作《岳阳楼记》中，范仲淹就以“先天下之忧而忧，后天下之乐而乐”明志。

范仲淹身居高位后，依然勤俭，他把积攒下来的大量家财购置田地，以救济当地穷人，使他们“日有食，岁有衣”。后这些田地被称为“义田”。范仲淹还大力资助教育。据《范文正公全集》：北宋景祐二年（1035 年），范仲淹在苏州南园购得一处草木葱郁、溪水环绕的好地，在此建设自家住宅。房屋建好后，范仲淹请来一位风水先生。先生探查一番后，称久居此处“必踵生公卿”，即范家居此地可世世代代出高官显贵。范仲淹听后却说：“吾家有其贵，孰若天下之士咸教育于此，贵将无已焉。”（我家独享此处的富贵，不如让普天下的人都能来这里读书，这岂不是能出更多的贵人。）于是，范仲淹毫不犹豫地将此地捐出，奏请朝廷批准在此地设立苏州文庙，培养出更多的人才。范仲淹的捐宅兴学为当地诸多富户效仿，并推动了日后“吴学”的兴盛。

资料来源：周秋光，曾桂林，向常水．中国近代慈善事业研究．天津：天津古籍出版社，2013.

【点评】

在中国古代社会，以范仲淹为代表的诸多仁人志士，心怀天下，并以实际行动践行“天下为公”的理念。在功成名就后，他们仍勤俭节约，救济贫苦百姓。范仲淹捐宅兴学体现了中国古代知识分子“兼济天下”的理想情怀。

4. 宗教慈善

宗教的慈善精神是志愿服务萌芽并得以发展壮大的重要思想基础。在我国，自外传入的佛教、我国本土的道教等都蕴含着丰富的慈善精神。佛教主张“福报、修福”，基于“不忍众生苦”的情怀，“不为自己求安乐，但愿众生得离苦”。寺院通过设立悲田养病坊、福田院等公益慈善设施，开展慈善活动。道教秉持宽厚仁爱、乐善好施的精神，讲究内修真功、超凡度世，外行善德、济贫扶危。著名道教思想家葛洪在《抱朴子》中说：“欲求长生者，必欲积善立功，慈心于物，恕己及人，仁逮昆虫，乐人之吉，愍人之苦，周人之急，救人之穷……”

宗教慈善的思想具有广泛的社会影响力和深厚的社会基础，它以“慈悲为怀”的精神推动社会关注弱势群体、关注自然环境、关注生态保护。许多宗教慈善的行为和方式在当代志愿服务中仍有着丰富的展现。

总的来看，中国传统文化中的这些精神和价值理念奠定了当代我国志愿服务的思想基础，是如今我国志愿文化的主导构成，在此基础上，形成了具有中国特色的志愿文化。这些文化精髓对传播志愿服务思想、培育公共意识、推动志愿服务发展具有重要意义。

（二）西方志愿文化的思想根基

西方志愿文化的思想根基可追溯到古希腊古罗马时期，其代表人物包括古希腊时期的苏格拉底、柏拉图、亚里士多德和古罗马时期的西塞罗。随着文明的发展，形成了以“博爱”为核心的西方慈善文化。

1. 向善与博爱的慈善文化

在古希腊的哲学大师中，苏格拉底、柏拉图和亚里士多德对“美德”“向善”的论述为后世的慈善文化播下了种子。苏格拉底认为“德行就是知识或美德”，趋善乃是人的本性，“无人故意为恶”，要为人们普及善德。柏拉图认为，“善”是万物的本源，是真理的源泉，一切的理念都可以在这里取得其实在性。他说：“我们生下来并非只是为了自己，我们的国家、我们的朋友都有权要求我们尽一份责任。”他认为应当从“美德”与“知识”入手，重建美德，使人人向善。亚里士多德则在其老师柏拉图的基础上，对如何实现“善”进行了具体阐述，他认为仅仅知道何为“善”是远远不够的，真正重要的当是通过行动去实行“善”。

古罗马著名政治家西塞罗最早对慈善行为进行了系统的阐述。他的慈善思想明辨了三个问题①：一是社会为什么需要“仁慈和慷慨”？西塞罗认为，仁慈、博爱、宽厚、同情、怜悯、尊重和体谅他人，乃是“自然”赋予人的美德，应遵循“自然”，彼此关爱，相互授受，为公众的利益贡献出自己的一分力量。二是施惠者应当如何实施“仁慈和慷慨”？西塞罗认为施善不可对施惠对象和其他人带来伤害，施善不能超越自己的财力，施善要与受惠者本身值得的程度相称。三是受惠者应当如何回应“恩惠”？西塞罗认为回应恩惠首先是报答。他说：“难道我们不应当像肥沃的土地一样，回报的果实大大多于其收受的种子吗？”西方文化中对于“善”的普及推广有助于培育志愿奉献的社会精神，促进民众的志愿付出，尤其是其对如何施善的详尽分析为当代志愿服务实践提供了非常有价值的行动指南。

① 西塞罗．西塞罗三论．徐奕春，译．北京：商务印书馆，1998.

2. 基督教的慈善精神

基督教文化对西方国家的志愿文化发展具有重要影响。基督教中蕴含着丰富的慈善文化：一是博爱，即广泛地爱一切生命。基督教认为上帝创造了人类，是大爱，基督教徒应该回报“爱”，因此要求人们互爱、博爱，同时要“爱人如己”。二是奉献，基督教倡导要有一颗恩慈之心，像耶稣一样舍己为人，不分亲疏、不分等级差别地爱众人。例如在中世纪的英国，每一座修道院都有责任收容乞丐，救助老弱病残，并安排有劳动力的流浪者劳动自救①。三是罪感与救赎。基督教认为人是带着原罪来到世界上的，要通过行善立德获得救赎。基督教的这一信条使得信仰者们积极行动起来帮助他人，帮助社会。四是柔和与谦卑，即基督徒的内心是柔和与谦卑的。这一精神使得基督徒在帮助别人时，常怀谦卑之心、柔和之心，放低自己的姿态去爱别人。

基督教的慈善精神鼓励人们行善，并以自身的社会服务行动推动了慈善公益事业的发展，成为西方志愿服务事业的重要思想基础。

3. 近代资产阶级的利他思想

近代资产阶级产生时，资产阶级伦理思想体系也相伴而生。其中，个人主义和利他主义同时成为资产阶级思想体系的重要组成部分。在肯定利己主义的同时，新兴资产阶级也认识到了利他的重要性。经济学之父亚当·斯密就认为，人们在进行市场交换行为时，不自觉地会产生利他的作用。随着资本主义社会的发展，贫富分化严重，为保障社会稳定与良性发展，资产阶级（尤其是富人阶层）主动投入利他的公益事业。这种基于利己的利他主义形成了功利主义的伦理思想，对西方当代公益事业的发展具有重要影响。新兴资产阶级同时也具有仁爱的利他主义思想，认为促进共同幸福才是“善”，才符合道德标准。这种基于仁爱的利他主义也得到了许多哲学家的支持，如罗尔斯就认为正义应是在“无知之幕”下遵循的“平等自由原则”，违背了这一原则，便要进行补偿，这表现了罗尔斯对弱者的同情。

另外，资产阶级有关民主、自由、平等的伦理原则也有助于推动志愿参与。无论是出于仁爱、出于补偿，还是出于利己的利他行为，都表现了资产阶级追求自由、平等、民主的精神。

---

① 资中筠. 财富的责任与资本主义演变：美国百年公益发展的启示. 上海：上海三联书店，2015.

案 例

财富的福音

1889年，安德鲁·卡耐基在《北美评论》(*North American Review*)上发表文章《财富的福音》(The Gospel of Wealth)。该文被认为是美国公益事业的经典之作，同时也是欧洲传统和美国思潮、社会的和个人的因素的集大成。该文的主要观点如下：

第一，财富集中造成贫富差距扩大是文明进步不可避免的代价。在资本主义几百年的发展过程中，由于竞争法则，工商业逐渐集中到少数人手中，社会更加不平等，生产者和雇主之间更加不信任。但是，这是文明进步不可避免的代价，我们要做的是如何最好地利用这笔巨大的剩余财富。

第二，富人对社会负有不可推卸的责任。富人的责任是：树立一种简朴、不事张扬的生活方式的榜样，避免炫耀奢华。富人负有不可推卸的责任：把钱用于经过他深思熟虑、断定能够对全社会产生最佳效果的事业。处理剩余财富最好的方式就是把财富常年用于公众的福利事业。

第三，剩余财富的最佳使用途径：传给家族和子孙，死后捐给社会事业，由财富的主人在生前妥善处理。卡耐基认为，"拥巨富而死者以耻辱终"。最好是把富人的巨额剩余财产在他们生前通过适当的运作用于造福公众的事业。财富捐赠的重要原则是不能使接受者堕落。

第四，公益捐助的领域。剩余财富应该投向的最佳领域包括建大学、建公共图书馆、建医院、建公园等公共事业。

资料来源：资中筠. 财富的责任与资本主义演变：美国百年公益发展的启示. 上海：上海三联书店，2015.

【点评】

《财富的福音》是卡耐基关于公益事业的系统思想，它奠定了20世纪美国现代基金会发展的思想基础，是资产阶级对财富的反思以及富人利他行动的指南。

4. 当代的市镇精神

托克维尔在考察新英格兰乡镇时，发现当地居民有着一种浓郁的乡镇精神，这种乡镇精神源于他们在乡镇生活中的自由、独立以及共同参与乡镇管理而形成的“做主人的自豪感”，并因此而产生对乡镇的爱慕和依恋①。新英格兰的乡镇精神是美国市镇精神的典型代表。市镇居民具有高度的“主人翁”意识，不仅自觉主动地参与市镇管理，还通过积极组建社团的方式，或解决市镇居民面临的共同问题，如市镇环境卫生、停车秩序；或开展扶贫助弱活动，如社区养老，社区矫正；或建立兴趣小组，提升生活质量……美国的市镇精神一直延续至今，并培育了志愿参与的社会风尚，形成了这个“志愿者的国度”。在欧洲，因各国历史文化不同，市镇精神也有不同的表现方式。但总的来说，不同形式的社区自治（或地方自治）形成了各具特色的社区主义。这些丰富的社区精神成为民众志愿参与的深厚基础。

案　例

富有志愿精神的硅谷社区基金会

硅谷（Silicon Valley），位于美国加利福尼亚州北部的大都会区旧金山湾区南面，是圣塔克拉拉谷（Santa Clara Valley）的别称。1980 年之后，硅谷作为电脑基地繁荣起来，硅谷居民陡增。据统计，到 20 世纪末，整个硅谷社区有约 120 万居民。硅谷居民数量增加的同时也出现了许多新问题。于是，当地人利用“硅谷社区基金会”致力于社区生活品质提升的各项工作。80%以上的硅谷社区家庭将年收入的 2%捐赠给社区基金会，到 1998 年，该基金会资产已达 2.5 亿美元。硅谷社区家庭之所以愿意捐赠，除了出于普遍的公民义务感和道义责任感之外，许多居民表示：自己愿意对它（硅谷）的发展有所参与；对社区做出回报，并期待能影响其变化是一种乐趣；如果你不希望依靠政府解决问题，那么私人捐献和“志愿主义”就是其中之义；（捐赠）把价值观和原则传给下一代，才能推进文明发展。

硅谷社区基金会不负众望，它将资金用于提高居民的工资水平、帮助社区居民获得医疗保险、改善社区环境、教育青年、促进文化融合等。在硅谷，居民对社区价值有较强的信仰，对社区抱有较高的期望。硅谷社区基金会将其界定为“给予和志愿精神的硅谷文化”，并确定了 7 点共

① 托克维尔．论美国的民主．董果良，译．北京：商务印书馆，2004．

性特征：

（1）我们相信将所得返回社区至关重要；

（2）我们像社区的投资者一样思想和行动；

（3）我们在做出给予的决定时有极强的独立性；

（4）我们的联系超越硅谷，影响着我们的给予；

（5）我们与工作有坚固的纽带，影响着我们的给予和志愿精神；

（6）我们对硅谷的期待甚高而又心情复杂；

（7）我们的潜力还没有得到充分的发挥。

资料来源：资中筠．财富的责任与资本主义演变：美国百年公益发展的启示．上海：上海三联书店，2015：195-199．

【点评】

硅谷社区基金会展现出硅谷社区居民高度的社区认同感、社区责任感，是传统美国社会市镇精神的缩影。他们依靠自己，或捐赠，或志愿参与，共同建设美好家园。

综上所述，虽然中外志愿服务的思想根基是不同的，但是，其内涵的精神实质具有很强的相通性。中外志愿文化都根植于对“善”的诉求，都蕴含着对“美”与“和平”的追求，都饱含着“慈悲”情怀。这些具有相似价值的思想根基使得志愿服务成为一项没有国界的伟大事业。

三、我国当代志愿文化

志愿文化是中国特色社会主义文化的一种表现形式，是社会主义核心价值观的重要组成部分，是中国共产党为人民服务宗旨的生动体现，是社会主义精神文明的重要特征。“学习雷锋好榜样”“邻里守望”“关爱他人、关爱社会、关爱自然”等口号体现着集体主义精神、奉献精神和社会进步的精神，成为具有中国特色的文化现象。历届党和国家领导人都很重视志愿文化，也积极弘扬志愿文化。

（一）雷锋精神及其传承

1963 年 3 月 5 日，毛主席题词——“向雷锋同志学习”，掀起了学习雷锋精神的高潮。此后，每年的 3 月份成为“学习雷锋月”。改革开放后，雷锋精神得到进一步的传承发扬，志愿服务也在改革的大潮中迸发出新的活力。雷锋精神一直影响至今，雷锋也成为最具代表性的中国志愿者的形象，“学习雷锋”成为中国特色的志愿文化，“雷锋精神”也成为当代志愿文化的重要基础。

案　例

小巷雷锋·银耀慢城

“小巷雷锋·银耀慢城”是常山县“党建+”与“志愿服务”相融合的特色品牌。“小巷雷锋”志愿服务团队成立于2007年12月，成员以“五老”（老干部、老教师、老战士、老模范、老专家）为主体，起源于社区，后在县委宣传部指导下纳入全县关工委系统中，成为一支关爱青少年成长、推动社会精神文明建设的重要力量。10多年来，“小巷雷锋”队伍不断壮大，目前在册志愿者已达10 374人。“小巷雷锋”依托街道各级基层关工委，足迹已经遍布常山的大街小巷、村组田舍。

新时代，常山县全力打造“志愿之城”“孝老之城”，积极推进“慢城大花园”建设。“小巷雷锋”也紧扣城市发展脉搏，开启了新篇章。县委老干部局牵头将“小巷雷锋”五老志愿队进行整合重组，最大程度发挥“五老”的专业特长，最大范围地团结“五老”的智慧力量、独特优势，实现“小巷雷锋2.0版”的与时俱进。“小巷雷锋”穿行在楼栋间，解决的是“末梢”问题。他们开展党史宣讲、垃圾分类，保护青山绿水，社区巡逻，帮助政府进行危房改造等。现在，“小巷雷锋”已在常山县家喻户晓，成为群众的“知心人”。

【点评】

“小巷雷锋”展现了新时期人们秉承雷锋精神，为基层社会的和谐健康发展志愿付出、奉献所余的风采。

（二）当代志愿精神确立

随着志愿服务事业的快速发展，具有现代志愿意义的志愿精神逐渐形成：奉献、友爱、互助、进步。奉献是带有敬意的给予，表达了志愿服务的高尚性；友爱表达了志愿服务对“善”与“美好”的追求；互助展现了志愿服务的利他性；进步表现出志愿服务对于个体、对于社会的推动作用。1994年，中国青年志愿者协会成立。协会自成立起，开展了一系列具有时代意义的志愿服务活动，如“大学生志愿服务西部计划”“阳光助残行动”等，成为中国最具影响力的志愿组织。中国青年志愿者协会的成立推动了志愿服务活动向系统化、专业化的方向发展，并在全社会确立了“奉献、友爱、互助、进步”的志愿精神。当代志愿精神一经确立，便成为我国志愿服务活动的“灵魂”，引领了整个志愿服务事业的发展。

（三）志愿文化的普及

2008年北京奥运会和“5·12”汶川地震，极大地推动了中国志愿服务事业的发展，当代志愿文化开始步入一个崭新的发展时期。首先，志愿文化与社会主义核心价值观紧密结合，尤其是党的十八大以来，党中央对志愿服务组织发展和志愿者队伍建设做出一系列决策部署。习近平总书记多次给青年志愿者群体回信、寄语，对志愿者提出殷切希望，强调要弘扬奉献、友爱、互助、进步的志愿精神，用爱心温暖需要帮助的人，努力践行社会主义核心价值观，积极向上向善，为实现中国梦有一分热发一分光。党的十九大报告指出，要推进“志愿服务制度化，强化社会责任意识、规则意识、奉献意识”。其次，志愿文化已经深入民众的日常生活，甚至成为一些人的生活方式。以邻里守望志愿服务为例，这一活动秉承了中华民族“守望相助”的传统文化，深入城市和农村社区，成为居民生活不可或缺的元素。最后，志愿文化逐渐发挥起引领文化发展的重要作用。在社区、医疗、教育、环保等领域，不仅时时体现“志愿先行、无处不在”，而且它所衍生的志愿文化也为社会崇尚，一些志愿文化符号逐渐深入人心，甚至成为时尚元素。

案　例

嘉兴“睦邻”志愿服务队

近些年来，邻里守望志愿服务在大江南北迅速普及。嘉兴市为推动邻里守望活动的开展，依托“睦邻节”组建了“睦邻”志愿服务队。

嘉兴市以各个社区为据点，开展“睦邻节”活动。在“睦邻节”活动期间，积极发挥“睦邻”志愿服务队的优势，整合社区资源，开展丰富多彩的睦邻志愿服务活动。同时，社区还以此为契机，规划社区志愿服务活动，健全社区志愿服务的各项制度，推动社区志愿服务规范化发展。

“睦邻”志愿服务队借助“睦邻节”，创建志愿服务平台，创新志愿服务形式。他们积极搭建辖区企事业单位与困难群众的对接平台，开展扶贫帮困、扶老助残、心理疏导等志愿服务活动。同时，还积极推进社区文化建设，开展丰富多彩的社区文娱活动。现在，嘉兴市的“睦邻节”和“睦邻”志愿服务队已经成为社区文化与社区生活中不可或缺的一部分。

资料来源：中国志愿服务联合会．邻里守望在中国．北京：人民出版社，2017.

【点评】

嘉兴市的“睦邻”志愿服务队是全国邻里守望志愿服务的缩影。“睦邻”志愿服务队不仅开展扶贫济困等基础性的志愿服务活动，还积极进行志愿服务机制和形式的创新，反映了当下志愿文化在我国社会正逐渐普及。

四、志愿文化建设

志愿服务中的志愿文化元素、志愿文化产品、志愿者主题活动和志愿理念宣传等都是志愿文化的主要内容。

（一）志愿物质文化建设

志愿物质文化包括志愿服务过程中的物质表现形态以及志愿物质的有效组合所表现出来的文化形态。

在现代志愿服务上百年的发展历史中，已经积累了一套具有代表意义的物质体系，例如在国际志愿服务领域，已经形成了全球性的物资流动体系和专业化的服务队伍。在我国，一些志愿服务的物质形态已经系统性外化并形成广泛认可的符号体系等。因此，要进行志愿服务物质文化建设，第一，要建设现代化的志愿服务物质体系，包括志愿服务获取资源、分配资源以及志愿资源运作等。第二，要大力提升志愿服务的技术能力、工作效率和服务品质，提升志愿服务的专业性。将新技术与志愿服务结合起来，建立“志愿云”系统，应用大数据，形成更有效的志愿服务对接系统。第三，加强志愿服务符号系统建设。志愿服务符号系统是志愿物质文化的外显和文化凝聚，它以可见的文化方式展现志愿服务的凝聚力与感召力。当前，我国已经形成了一套规范性的志愿服务符号系统，例如中国志愿服务标识、青年志愿者标识、2008 年北京奥运会志愿者标识等。进行志愿服务符号系统建设，要有意识地建立志愿服务符号系统，包括项目标识、统一的服装及服装标识、道具标识等。要对志愿符号进行精心设计，使志愿符号喜闻乐见、深入人心，还要对志愿符号进行宣传推广，强化人们对志愿服务的认知。另外，在志愿激励系统，要将物质激励与精神激励结合，尤其是通过一些具有纪念意义的物质激励，例如纪念徽章、证书等形式激发志愿者的自豪感，提高志愿参与的吸引力。

案　例

2008 年北京奥运“志愿蓝”

2008 年北京奥运会 10 万名赛会志愿者以一抹“志愿蓝”点亮了整个赛会。志愿者们身着“志愿蓝”服装，热情积极地投入各项服务活动，为礼宾接待、语言翻译、交通运输、安全保卫、医疗卫生、观众指引、物品分发、竞赛组织支持、场馆运行支持等付出了大量时间和精力。

图 4-1　2008 年北京奥运会志愿者服装

“志愿蓝”服装是由北京服装学院设计。该系列服装以蓝色为主色调，在炎热的夏天，蓝色调给人以清新凉爽的感觉。在图案上，上衣正面和肩膀部位的图形设计是祥云，不但充分展现了中国元素，也显示出动感和流畅的时代感。背面是北京奥运会的会徽，展现出此次志愿服务的主题。

本届奥运会还为志愿者们配备了“微笑圈”。“微笑圈”是奥运志愿者佩戴、承诺为奥运服务的塑胶手环，分为红、蓝、黄、黑、绿五色。红色象征乐于助人，蓝色象征学习进取，黄色象征文明礼仪，黑色象征诚实守信，绿色象征保护环境。

“志愿蓝”和“微笑圈”将中国传统文化与时代活力进行了有机结合，展现出整个奥运志愿服务的生机活力。

资料来源：佘双好．志愿服务概论．武汉：武汉大学出版社，2013.

【点评】

“志愿蓝”和“微笑圈”是2008年北京奥运会重要的符号标识，不仅能够帮助人们快速地辨认出志愿者，快速地获得帮助，也展现了新时代的中国文化与中国精神，更加有力地提升了志愿服务的魅力。

（二）志愿制度文化建设

志愿服务需要一套规范有序的制度体系来保障行业本身的崇高性及其社会公信力。要大力建设志愿制度文化，以制度文化来保障、巩固、推动志愿服务事业的健康发展。

首先，以法的形式构建志愿制度的文化基石。加强志愿服务领域的政策与立法，以法的形式规范志愿者、志愿服务组织、志愿服务事业从业者以及受助者的行为，使志愿服务有法可依、违法必究，在全社会形成规范有序的志愿服务制度文化。

其次，建立诚实守信的志愿组织文化。建立规范有序的志愿服务项目运作体系，包括项目的立项、运作、评估、监督等程序，不仅要保障项目本身的效率与质量，更要以此形成具有高度社会公信力的项目制度文化。建立规范有序的志愿者管理体系，完善志愿者的招募、培训、评估、监督等，建立具有广泛社会认可的志愿者管理文化。在志愿组织内，大力加强组织建设，建立规范的组织结构体系，规范志愿组织的运营管理，提高志愿组织的社会透明度，加强对志愿组织的监管，树立志愿组织的社会公信力，形成诚实守信的志愿组织文化。

（三）志愿精神文化建设

志愿精神是志愿文化的灵魂和精髓。它是指个人或群体在不受名利驱动、不取物质报酬的前提下，自觉自愿参与社会生活和公益服务、促进社会发展和人类进步事业所体现出的坚定的人道主义信念、强烈的社会责任感和乐于奉献的崇高伦理精神①。当前，我国已经形成了“奉献、友爱、互助、进步”的志愿精神，这8个字高度概括了中华民族助人为乐、扶贫济困的传统美德与当代社会主义核心价值观的有力融合，是推动志愿服务有效开展的动力和精神支撑。

首先，培育公共精神与社会责任感。志愿服务体现出高度的社会责任感和人道主义精神，对德行有较高的要求。因此，要建立系统的公共精神培育体系，从爱护家园、爱护身边环境做起，培养个体的社会意识，使社会成员都能够意识到“社会属于大家，大家属于社会”，使社会成员具有社会自觉性、社会自主性，激发社会成员的社会责任意识和社会服务意识，鼓励人们参与到公共事务中来。同时，要培养民众具备“自己的事情自己做”的能力，例如在社区内，鼓励社区民众“自扫门前雪”，充分挖掘社区内部资源，大力推动社区自治。

其次，培育志愿价值观认同感。志愿服务是社会主流价值观的展现，也是社会文明的重要标志。当前，志愿服务内涵的价值观已经获得了广泛的社会认同。在此基础上，还要不断深化对志愿价值观的解读，加强民众对志愿价值观的认识，提升志愿价值观的社会感召力。同时，要通过建立有效的志愿激励体系，鼓励人们参与到志愿活动中，深化其对志愿服务事业的认知和认同。

最后，大力开展志愿精神的文化宣传推广活动。要加强对志愿服务的文化舆论引导，挖掘志愿文化与社会主义核心价值观以及优秀传统美德的内在联系，要大力弘扬“奉献、友爱、互助、进步”的志愿精神，激发社会正能量，形成“我为人人、人人为我”的社会风尚。加大对公益文化的宣传推广，借助央视等一批有影响力的媒体，投放公益广告，借助现代传媒渠道全方位宣传志愿人物事迹、志愿典型案例、志愿服务成就，使志愿文化深入人心。

志愿文化建设是系统性的工程，既需要公共机构的倡导、推动，公众人物的引领，也需要志愿者个人、志愿服务组织以及其他参与或从事志愿服务的人员及组织的躬身践行，同时，还需要社会大众的积极参与，维护、发扬志愿精神，在全社会建立起志愿的文化氛围。

---

① 张耀灿. 关于弘扬志愿精神的几个问题. 思想政治教育研究，2011（5）.

第二节 志愿服务伦理

案 例

挂布条的老大爷

在一次学雷锋“综合包户”活动中，大栅栏几个青年团员来到了胡同王大爷家，可是房门紧锁，窗上挂着一个布条，上面写着“有事情晚上7点半来”。大伙儿有点纳闷，于是相约晚上7点半再来老人家。老人看到大家后，推托说：“孩子们，你们以后别来了，我按时在记录卡上给你们画钩就行了。”大伙儿并不气馁：“大爷，我们可不是走形式，我们是真心来帮助您的，您有什么要求、困难只管说。”老人赌气说：“困难？困难多了！墙又脏又黑，夏天炉子没地方放，衣服脏了洗不动……”青年们一听立刻行动起来，房管所的青年们为老人粉刷了墙壁，并在屋檐下做了一个雨搭，安放好炉子；街道的青年们为老人打扫了房屋，缝洗了衣服。望着焕然一新的家和青年们满脸的汗水，老人感动了。以后，青年们再来，窗上挂的布条不见了，代之的是老人的笑脸和亲热的招呼。

学雷锋“综合包户”已经30多年了，志愿者们用真心、真情、真诚感动着街道的每一个人。面对服务对象的不理解，志愿者们都用热情的话语和实际行动改变了服务对象的认知，营造了浓厚的和谐氛围。

资料来源：《泉源》编委会. 泉源：大栅栏街道“综合包户”志愿服务30年. 北京：人民出版社，2015.

【点评】

老大爷挂布条说明在志愿服务中，志愿者和受助者之间也会存在“误解”，甚至也可能存在“不合理”之处。本案例中，志愿者们成功地化解了这些“误解”和“不合理”，不仅体现了志愿者的真心、真诚，更体现了志愿者提供志愿服务时遵守了志愿服务的伦理守则。

志愿者在提供志愿服务时，不仅要对受助者给予应有的尊重，还要恭敬地奉上为受助者提供的食物、财物等物资。志愿者的这些行为体现了志愿服务的伦理守则。那么，什么是志愿服务伦理呢？在志愿服务过程中，需要遵守哪些伦理守则？

一、什么是志愿服务伦理

（一）什么是伦理

伦理是指在处理人与人、人与社会、人与自然相互关系时应遵循的道理和准则。它不仅包含着处理人与人、人与社会、人与自然之间关系的行为规范，也包括一系列指导行为的观念与道理。伦理的内涵与“善”“美”“真理”“应该”等具有密不可分的关系。

中西方的哲学家和思想家很早就对社会伦理关系做了深入的思考，并据此建立了不同的社会制度，创造了各自的社会伦理体系。

（二）什么是志愿服务伦理

志愿服务伦理是社会伦理的重要组成部分，志愿服务对“真、善、美”的展示与追求更好地诠释了社会伦理的内涵。那么，什么是志愿服务伦理呢？陈武雄认为，志愿服务伦理是指志愿服务的相关人员在致力服务过程中，立身处世、律己律人之“有所为”与“有所不为”所应遵守的行为规范和道德标准①。也可以说，志愿服务伦理是调节志愿服务行动中主体间关系的行为规范和准则。从内容上来看，志愿服务伦理界定了如下几组关系中的行为：

（1）志愿者与服务对象：志愿者在为服务对象提供服务时，应该遵循哪些行为准则？服务对象在接受志愿者的帮助时，应该怎样与志愿者进行沟通合作？

（2）志愿服务与社会大众：志愿服务对社会的促进和推动作用使其面临社会的高度期待，志愿服务应该如何回应社会期待？社会民众该如何建立起对志愿服务合理合情的要求和期望？

（3）志愿者与志愿服务机构：志愿者在接受志愿服务机构的派遣时，对志愿服务机构负有什么样的职责和使命？志愿服务机构对志愿者又负有什么样的责任和义务？

（4）志愿者与家庭成员：志愿者的服务往往牺牲了一定的家庭服务时间，志愿者如何获得家庭成员的理解和支持？志愿者该如何平衡志愿服务和家庭服务的冲突？

（5）志愿者与志愿者：志愿者与志愿者之间应该保持怎样的关系？志愿者在工作时，应该如何沟通、如何协作、如何共同完成服务工作？

---

① 陈武雄．志愿服务理念与实务．台北：扬智文化事业股份有限公司，2004.

在这几组关系中，志愿者与服务对象之间的关系尤为重要。志愿服务伦理的主旨在于如何规范志愿行为，使得服务对象获得更好的服务，同时更好地彰显志愿服务对“真、善、美”的追求。

二、加强志愿服务伦理建设的意义

志愿服务过程中形成的一系列伦理规范对志愿服务事业的发展具有重要的现实意义。志愿服务伦理不仅能够确定“什么样的志愿行为是合理的，什么样的志愿行为是不合理的”，同时，志愿服务伦理还能帮助社会深化认知志愿服务，建立起志愿服务认同体系。

（一）有利于奠定志愿行为的价值基础

志愿服务伦理基于“慈善”“互助”“友爱”的精神，确立了一整套有关志愿服务行为的理念、价值观等。这些理念和价值观在志愿服务过程中发挥着重要的作用。首先，志愿服务伦理有利于志愿服务的参与者树立或深化“利他、奉献”的志愿精神。在现代社会，志愿服务的参与动机复杂。但是，在志愿服务的行动中，志愿服务伦理为统一的志愿行动界定了行动的理念、行动的精神、行动的价值观，这帮助志愿参与者建立起共同的价值观，在行动中深化对志愿精神的理解和认同，并推动更为广泛和积极的志愿参与。其次，价值观决定了人们是否会从事志愿服务。志愿服务是一种自主、自愿选择的利他行为，即人们在有余力、余财时，可以选择利己也可以选择利他，那些有着“慈爱、奉献”精神的人更倾向于选择利他行动，并推动这样的价值观成为志愿服务伦理的核心内容。

（二）有利于更好地维护服务对象的权益

志愿服务伦理以服务对象的最佳利益为优先考量。因此，在服务过程中，违反志愿服务伦理，对服务对象造成伤害或者损坏团队荣誉的行为应严厉禁止。此外，志愿服务伦理着重对志愿服务提供者的行为进行规范，要求服务提供者在整个服务过程中应具有奉献的精神、利他的理念、谦卑的行动。这些伦理守则不仅能够帮助服务对象获得具体的帮助，同时保障服务对象有尊严地获得帮助，切实保障服务对象的身心健康。

（三）有利于提高志愿服务的效果和满意度

志愿服务也有质量和效果的要求，因此，对志愿行为要有必要的规章制度和管理规范。尽管志愿服务是利他的自愿行为，但是，如果志愿者各行其是，无拘无束，不仅达不到志愿服务的效果，有时还会起到不利的作用。志愿服务伦理要求志愿者在提供服务时，应该遵守规则，服从管理，既要诚心奉献，又要持之以恒。这些伦理守则保障了志愿服务过程的规范有序，也保证了志愿服务的效果。

案　例

上海某福利院招募志愿者时遇到的尴尬

上海市闵行区一家民办福利院，为了丰富托养在院内的300多位残疾人的生活，特别邀请了一位有多年志愿者经验的老师，由其负责在大学校园招募志愿者，对来福利院服务的志愿者进行管理与协调。他们原计划招募300多位志愿者进行一对一的服务。招募信息一经发布很快得到了附近几所大学学生的热烈响应，应募人数翻了几番。自此，每到周末福利院就格外热闹，至少有一所大学的30多位志愿者前来服务。

但好景不长，因为很多大学生志愿者只是来了一两次就没有坚持下去，而更多的志愿者没有固定的时间来参加服务，因此，虽然大学生志愿者的总量一直在增加，但每次来福利院的志愿者都不一样，每次提供志愿服务的内容却基本相同。福利院与以前相比热闹了许多，但宁静有序的氛围却被打破了。院长说："热情太高涨了，也让人吃不消，别来那么多人了，老人需要休息。"因而福利院方面提出了减少志愿者活动的次数和来访的人数。与此同时，学校里越来越多的大学生报名参加福利院的志愿活动，并且要求增加服务次数。老师夹在中间，不知该如何是好，满足了院方的要求，就会伤害志愿者高涨的热情和受助人的期盼，满足了志愿者的要求又会破坏与福利院良好的合作关系，老师、受助人和志愿者都陷入了一种从未料到的尴尬境地。

资料来源：崔向华，张婷．非营利组织管理导引与案例．北京：中国人民大学出版社，2013：217-218.

【点评】

在志愿服务中，志愿者、志愿服务机构、受助者等都应该遵守一定的伦理守则。热情高涨的志愿者应持之以恒，福利院应明确需求，高校应做好志愿服务规划。若脱离了志愿伦理守则，将会导致"善意"变"尴尬"，反而达不到志愿服务的效果。

三、志愿服务的原则

（一）人人可参与

志愿服务的参与者不分性别、年龄、职业、职位、种族、宗教信仰等，只要有余时、余力、余财，并有志于为社会奉献的人士皆可参与。在实践中，志愿参与者有嬉乐孩童、青春少年，也有垂垂老者；既有拾荒生计者，也有商业大亨；既有普通大众，也有社会精英……

（二）事事可援助

志愿服务领域广泛，既有济贫帮弱、邻里守望，也有环境保护、动物保护、医疗救助、抢险救灾、法律援助等。在现代社会，几乎哪里有社会问题，哪里就有志愿者的身影。例如武汉百步亭社区，该社区成立了专为调解社区家庭矛盾、邻里矛盾的“百步亭社区‘管的宽’志愿服务队”。该队常年三管齐下，管家庭、管邻里、管心理。服务队的存在调解了矛盾，带来了文明和谐。

（三）时时葆爱心

志愿服务者要时时葆有一颗爱心、恒心。志愿服务的对象往往是社会弱势群体，或者是问题滋生繁杂之处，工作条件艰苦。这就要求志愿者有坚强的意志力，时时葆有仁爱慈善之心，持之以恒履行责任。

（四）物物可贡献

志愿服务既包括行动付出，也包括余财、余时、余物的贡献。早期，士绅达官者的“义仓”“义粮”救民于灾饿；现代社会，民众捐献钱款、衣物、知识以及智慧等帮助有需之人。

（五）处处见真情

志愿服务所到之处，时时可感受到“赠人玫瑰，手留余香”的真情。志愿服务以“利他、奉献”的精神，激发周边人群回归“向善”的本心，建立起互助友爱的文化磁场。

（六）严格履职责

志愿者要严格履行服务职责、完成服务任务、保证服务质量。尽管志愿服务非大多数人的本职工作，但是，对志愿者的要求和对本职工作的要求一样高，志愿服务既有严格的制度，也有服务的规范要求。志愿者应该以严肃认真的态度高效率地完成志愿服务工作。

四、志愿服务伦理守则

志愿服务对社会弱势群体的关怀、对社会问题的积极回应得到了社会大众的高度认可。就伦理层面来看，志愿服务基于社会需求，源于“利他、奉献”的精神。志愿服务伦理的重要意义便在于重塑社会道德文化①，

---

① 魏娜，刘子洋．论志愿服务的本质．中国人民大学学报，2017（6）：79-88.

以志愿行动和爱的付出，提振志愿精神，弘扬社会正气，提升社会正能量，建立互助友爱的良好社会风尚。根据志愿服务涉及的相关主体，志愿服务伦理守则主要体现在如下几组关系中：

（一）志愿者与服务对象间的伦理守则

1. 诚心服务，真心关怀

志愿服务基于志愿者的自主、自愿选择。志愿者在提供服务时，应该诚心服务、真心关怀，即志愿者在为服务对象提供帮助时，要有发自内心的热忱，对服务对象要有同理心，服务中要蕴含真心诚意。首先，志愿者在提供志愿服务时，既可能是出于慈善的目的，也可能受到私利的影响，无论出于何种目的，内心的热忱都是好的志愿服务的基础。其次，志愿服务的过程本身也是志愿者净化心灵、提升素养的过程。在这一过程中，“真、善、美”等精神素养会不断得到强化并内化于志愿者的行为中。最后，服务对象往往处于弱势，在心理上会有一定的自卑、受挫感、沮丧感等，这时，要求志愿者怀有同理心，真正理解服务对象的处境，学会换位思考，设身处地理解服务对象及其需求。只有基于此，志愿者提供的服务方显真心诚意。

2. 尊重自我，尊重他人

志愿服务过程中要尊重自我、尊重他人。尊重自我是指在提供志愿服务时要自尊、自强、自重。志愿服务不是一项可有可无的、非专业的工作，而是对国家、社会、受助者等具有重要意义的事业。因此，在提供志愿服务时，志愿者应该以专业的精神，尊重这份事业，在服务中传达自身向上、进步的正能量，展现积极的精神状态。尊重他人主要指尊重服务对象。服务对象的心理往往比较敏感脆弱，一些服务对象在接受帮助时比较自卑。这时，就要求志愿者以更加谦卑的姿态帮助服务对象。如台湾慈济的志工，在提供服务时，都会向服务对象鞠躬，双手奉上提供的实物。

3. 认真务实，保障品质

志愿服务需要务实的姿态、专业化的精神、严格的品质保障。务实的姿态是指志愿服务要基于自身所能，针对社会所需。志愿者要基于自身所能，在力所能及的范围内参与志愿服务活动，即不可在自身无所余力、无所余财、无所余能的情况下参与志愿服务。西塞罗认为，“慷慨要有限度，要量力而行”，“施舍无止境”①。因此，超越自身能力的志愿行为不仅无益，反而有害。务实的姿态还表现在对服务对象以及服务需求的甄别上。

① 西塞罗．西塞罗三论．徐奕春，译．北京：商务印书馆，1998.

志愿服务项目的设立应建立在认真调研的基础上，真正发现社会急需、社会所需，翔实了解服务对象，西塞罗认为还要了解服务对象的品格，品格好的对象更有资格获得帮助①。在当代社会，尽管志愿者与服务对象各有喜好，但是，总的来说，志愿者应该基于服务所需，平等对待服务对象。

专业化的精神是指志愿者要具备专业知识，以专业的精神为服务对象提供帮助。在现代社会，志愿服务不局限于为无家可归者提供食宿、为有难者伸出援手，志愿服务的领域已经扩展到许多专业化领域，如环境保护、法律援助、医疗救援、支教、专业扶贫等领域。要做好这些工作，需要具有专业知识的志愿者。此外，在服务过程中，不能因为志愿服务非本职工作而随意对待，要以专业的精神，遵守规章制度，认真负责。只有在认真务实的态度、专业精神的主导下，才能保障志愿服务真正解民所忧、解民所难。

严格的品质保障是指要向受助者提供精细化、高品质的志愿服务。首先，志愿服务不因是非职业行为而懈怠于服务质量，对志愿服务要有明确的服务流程、服务标准要求，违反这些标准、要求需要承担相应的责任。其次，要建立志愿服务质量管理体系，激励高质量的志愿服务，使志愿服务规范有序运行。最后，严格的品质保障还需要对志愿者进行事前培训，让志愿者了解志愿服务的相关知识，提高其志愿服务的技能水平。

4. 尊重隐私，恪守职责

在志愿服务过程中，志愿者与服务对象之间要建立起信任关系，使服务对象愿意向志愿者坦诚倾诉。与此同时，在志愿者与服务对象的直接接触中，应尊重彼此的隐私。就志愿者自身来说，没有义务向服务者谈及个人私事，同时，也要避免触碰到服务对象的个人隐私。在服务工作中，如果了解到一些服务对象的隐私，也要充分保障服务对象的隐私权，不随意向第三方透露服务对象的隐私，更不能背后揭人隐私。在服务工作中，志愿者要牢记志愿服务的使命，了解志愿服务机构的目标任务，遵循工作计划要求，恪守职责，按时保质地完成各项服务工作。还有许多服务工作非常艰苦，志愿者不能够半途而废、无疾而终，要持之以恒，不得消极怠工。

5. 施予勿念，非沽名钓誉

自古至今，慈善、助人的行为备受社会赞誉。今天，志愿者已经成为展现良好社会道德风尚的一张名片，为此，许多社会组织和机构都对志愿者以丰厚回馈，以赞扬他们高度的社会责任感，如著名高校更愿意招收有过志愿

---

① 西塞罗．西塞罗三论．徐奕春，译．北京：商务印书馆，1998.

服务经历的学生，一些著名公司更愿意吸纳参与过志愿服务的员工。但是，作为志愿者不能因为志愿服务带来的名利而沽名钓誉，更不能借助社会公益平台，一味追求个人名利，这是舍本逐末，也是不道德的行为。志愿者应当恪守本心，脚踏实地，践行志愿服务“奉献、利他”的精神，即施予勿念。

案　例

台湾志工伦理守则

一、我愿诚心奉献，持之以恒，不无疾而终。

二、我愿付出所余，助人不足，不贪求名利。

三、我愿专心服务，实事求是，不享受特权。

四、我愿客观超然，坚守立场，不感情用事。

五、我愿耐心建言，尊重意见，不越俎代庖。

六、我愿学习成长，汲取新知，不故步自封。

七、我愿忠心职守，认真负责，不敷衍应付。

八、我愿配合志愿服务运用单位，遵守规则，不喧宾夺主。

九、我愿热心待人，调和关系，不惹是生非。

十、我愿肯定自我，实践理想，不好高骛远。

十一、我愿尊重他人，维护隐私，不轻诺失信。

十二、我愿珍惜资源，拒牟私利，不牵涉政治、宗教、商业行为。

资料来源：陈武雄．志愿服务理念与实务．台北：扬智文化事业股份有限公司，2004：325.

【点评】

在台湾，志愿服务发展已相对成熟。在长期的志愿实践中，通过对志愿者服务行为的经验总结而形成的上述“志工伦理守则”具有非常高的现实意义。这套伦理守则不仅教志愿者们如何做服务，还能让他们更好地认识自我、认识社会、理解他人。

（二）志愿者与社会大众间的伦理守则

1．发挥志愿服务的影响力，维护社会公平正义

志愿服务承担的不仅是助人、互助的个人行动，还担负着发现社会问题、帮助社会弱势群体、维护社会公平正义的社会功能。迄今为止，志愿者们在环境保护、济贫扶困、重大赛事中，在巨大的灾害面前发挥了重要

作用，帮助化解了许多社会问题，有力地缩小了社会差距。志愿服务还促进了社会信任的提升，推动了普通社会成员间的互助合作，提升了整体社会福利，促进了社会和谐。

2. 社会大众对志愿服务予以合理期待

深化社会大众对志愿服务的认知，不可将志愿服务过度神圣化。志愿服务是利他的行为，但并非完全“无私”，应该正视人性中天然存在的“私”性，理性看待志愿参与的不同动机，对合理的动机应予以认可。社会公众要对志愿服务予以合理期待，不仅是指不对志愿服务进行“无私”的道德绑架，更是指社会公众要加强对志愿服务的社会监督，不因其“利他”性而放松或降低监管力度。社会大众要推动志愿服务运作的透明化，促进志愿组织运作的规范化，在志愿服务领域建立起高效、有序的管理体系。

3. 社会大众应大力支持志愿服务

社会大众对从事志愿服务的人员要给予大力支持。许多志愿服务活动不仅需要志愿者的付出，还需要社会大众的支持配合。在 2008 年“5・12”汶川大地震中，志愿者亲力亲为，在志愿者背后，许许多多社会大众捐钱捐物，他们对志愿者的歌颂是对志愿者的鼓舞，他们是志愿者辛苦付出的坚强后盾。

案　例

“大爱无碍”志愿者李嘉

李嘉是一名残奥会志愿者。他儿时因麻致残，拄双拐（重残）。在 2008 年残奥会期间先后在奥林匹克中心公园祥云小屋、残奥北航举重馆做志愿者。他的志愿故事，像是一阵清风，缕缕汇集，徐徐而来。

“作为残疾人志愿者，除了像普通志愿者那样恪尽职守，我还发挥了自己独特的作用呢。我在举重馆服务时，曾连人带车翻了两个跟头，都是因为新铺设的坡道接缝的地方有凸起、又被地毯盖住不易察觉造成的。想到这种安全隐患可能会对使用轮椅的残疾人运动员和媒体记者造成伤害，我立刻摇着轮椅在服务区体验一遍，找出各处的隐患，而后向有关部门做了汇报。场馆团队在第一时间做出改进，在所有有隐患的地方都做了有中英文的警示标志。

“在去做志愿服务的路上，有个老哥哥，头发全白了，跟着我走了一会儿，凑到我跟前小声问：‘你这是真的去服务啊，你自己都不容易，还能给别人服务？’我听了大笑，说：‘老哥哥，我这可不是拍电影，我要用最好的服务为咱们北京争光，您瞧好吧！’。

“为了支持我当志愿者，姐姐撂下刚刚考上大学的外甥女，来到我家替我照顾孩子，成了我家的志愿者；上公交车如果没有升降轮椅的装置，乘客们就抬着我上车；乘地铁，没有直升梯，四五个地铁工作人员用爬楼车护送我上下楼，我都不好意思了；就是开残疾人摩托车去举重馆，每次我也需要别人把我的轮椅搬上搬下，帮我搬轮椅的志愿者们我一个都叫不出名字；我要谢谢他们，谢谢他们帮助我实现了梦想，在残奥中快乐，在残奥中享受！”

资料来源：北京志愿服务发展研究会．助残志愿服务实务指南．北京：中国国际广播出版社，2017.

【点评】

残奥志愿者李嘉的故事，深刻体现了“大爱无碍”。李嘉身残志坚，在向社会提供志愿服务时，不仅获得了家人的大力支持，也收获了社会的关爱和人们的崇敬。

（三）志愿者与志愿服务机构间的伦理守则

现代社会的志愿服务主要是通过志愿服务机构完成的。志愿服务机构设计服务项目，招募并培训志愿者，向志愿者分解任务，完成项目目标。在这一过程中，志愿服务机构要对整个志愿服务流程进行管理，包括志愿服务中的人、财、物及信息。在这一过程中，志愿者与志愿服务机构要遵循如下伦理守则：

1. 共同愿景，一致目标

在具体的服务项目中，志愿者与志愿服务机构要保持共同的愿景和一致的目标。志愿服务机构在招募志愿者时，要将组织的使命与愿景作为重要考量因素。与组织使命和组织愿景相一致的志愿者更倾向于在服务中倾心而为，不认同组织价值观和使命的志愿者需要花费大量时间与志愿服务机构进行磨合，甚至难以磨合而终止合作。志愿者在选择服务项目时，也要考虑志愿服务机构的使命与愿景是否与其个人发展一致。此外，志愿者与志愿服务机构在项目目标上要有认同性，即项目既能够满足志愿者的发展需求，也能满足组织的发展需求，二者不能相矛盾。这就要求志愿服务机构不能够以志愿者的牺牲达成项目目标，志愿者也不能以志愿服务机构的牺牲达成个人目标。因此，在志愿项目开始前，志愿服务机构与志愿者之间首先要充分展示自我，以相互了解为前提进行双向选择。

2. 协商沟通，精诚合作

志愿者一旦确定进入志愿服务机构及相应的服务项目，二者便进入沟通、协商、合作的阶段。在志愿服务工作中，志愿者与志愿服务机构间需要一定时间的磨合。一方面，志愿者需要领会志愿服务机构的意图与目标，适应并配合组织目标的实现。另一方面，志愿服务机构也要了解志愿者，依据志愿者的特点和需求进行任务分配。在这一过程中，志愿者和志愿服务机构在共同的问题前，需要不断的沟通协商，甚至在一定程度上做出妥协让步。

志愿者和志愿服务机构要避免各显神通。作为志愿者，要在组织目标和项目目标之下开展活动，志愿服务活动要与志愿服务机构的使命相一致。当服务对象提出与志愿服务机构目标不相一致的要求时，志愿者应先行考虑组织目标，在与志愿服务机构进行协商后方可采取后续行动。作为志愿服务机构，要有明确的志愿者管理制度和项目管理制度，要让志愿者在项目实施中有章可循。志愿服务机构要对志愿者进行必要的培训，为志愿者成长提供相应的训练、知识与经验积累。在具体的服务工作中，要保障志愿者的安全。志愿服务机构与志愿者之间要保持密切联系，双方在重要事项上或出现分歧时，要积极沟通，达到合作共赢。

3. 虚心受教，严格履职

志愿者对志愿服务机构的指导应抱有虚心接受的态度。许多志愿者在各自的领域是行业翘楚或者具有丰富的专业知识和专业技能，但是，一些志愿服务工作并非志愿者的专长。这时，志愿者要虚心接受志愿服务机构的专业指导。通常，志愿服务机构会有专门人员负责对志愿者进行培训指导，例如佛山市的志愿服务星级培训体系（该体系于 2017 年 11 月 27 日发布），重点实施“师徒计划”，培育佛山本土志愿者导师和领袖，通过志愿服务训练营，对不同星级的志愿者开展“预约菜单式”培训，为佛山市 86 万名志愿者提供精准化培训①。服务机构的目的在于帮助志愿者更好地完成服务工作。

在志愿服务过程中，志愿者要严格履行职责。志愿服务是志愿者出于本愿的一种自我选择，它不是志愿者的本职工作，对志愿者的岗位考核、晋升以及职业发展没有强制约束。那么，在志愿服务中，志愿者是否可以

① http://fs.wenming.cn/zyfwhd/201711/t20171128_4897032.shtml.

脱离志愿服务机构的约束随意行动？答案是否定的。志愿服务既然是出于志愿者的自我选择，志愿者就应该“选我所爱，爱我所选”，对志愿服务机构安排的工作，要欣然接受，尽职守则，按时完成交付工作。

（四）志愿者与家庭成员间的伦理守则

1. 家庭成员的理解和支持

志愿者牺牲部分家庭生活或娱乐时间，对社会倾情奉献，是具有高度社会责任感的表现，家庭成员应对此给予理解、关心和支持。许多志愿者曾表述，他们能够投入志愿事业和家庭的大力支持是分不开的。具有社会责任感的志愿者往往也更爱家庭。志愿者这种向上的精神也会感染家人，一些志愿者甚至带动家人共同进入志愿领域。研究表明，在志愿参与度高的社区，家庭和谐度和社会和谐度都普遍偏高。

2. 志愿者要平衡“小家”与“大家”

志愿者的付出在一定程度上会影响其对家庭的付出，但是，我们并不提倡志愿者“舍小家顾大家”，而是提倡志愿者兼顾“小家”与“大家”。如果志愿者不顾及家庭状况、不履行家庭责任来参与志愿服务，不仅会给家庭带来非常大的困扰，而且不利于志愿者全身心投入志愿服务工作，反而影响其志愿服务效果。从宏观的层面来看，“小家”也是社会的重要组成部分，不顾及“小家”也是缺乏社会责任感的表现。因此，志愿者首先要关照好“小家”，有余力、余时、余财时积极参与志愿服务。

（五）志愿者与志愿者间的伦理守则

1. 平等

志愿者之间是平等的。志愿者在家庭、教育、职业等方面的差异非常大。但是，不论志愿者的出身如何，在志愿服务中，他们都具有同样的身份——志愿者。志愿者间不存在上下级的关系。资历深的志愿者对资历浅的志愿者不能发号施令，而是要循循善诱，扶助后辈。对新志愿者，不能漠视、欺负，而是要帮助新人及早熟悉工作，步入正轨。

2. 包容

志愿者之间要互相包容。在志愿服务中，志愿者也会犯错误。这时候，同伴要包容他，帮助他改正错误、克服困难。有时候，志愿者在服务过程中会遇到不理解，甚至会遇到诽谤等，这时候，作为同伴，不能互相揭短、相互数落，而是要包容，要互相激励、互相鼓舞。

3. 沟通

在志愿项目中，相互沟通能更好地理解项目的目标和使命，能更好地进行团队合作，更有效地完成任务。因此，在每一个志愿项目中，志愿者们都要开展沟通，加强对项目的理解和对同伴的认识。另外，在志愿服务中，难免会遇到意见不一致、行动不一致的时候。这时候，要就具体事宜，沟通商讨，交换意见，不可互相猜忌，不可唯我独尊。

4. 协作

在志愿服务中，志愿者间要相互协作、同心协力、步调一致，不可钩心斗角、暗中较劲。一些复杂的服务工作，要进行工作分工，志愿者间需要精诚合作、相互支援。另外，在志愿服务中，遇到难度大的工作，或者其他志愿者遇到困难麻烦时，大家也要给予协作支持。

5. 尊重

志愿者间要相互尊重。资历深的志愿者与资历浅的志愿者、男性志愿者与女性志愿者要相互尊重。在专业志愿服务中，专家成员与从事一般性工作的志愿者要互相尊重。在志愿者队伍或志愿服务机构中，尤其要尊重女性志愿者。最近，网络频繁曝出一些公益人利用公益机构平台以及个人在公益界积累的名誉，侵害女性志愿者的权益，大大损害了社会大众对志愿服务事业的信任。因此，在志愿服务机构中，要以制度的形式，保障志愿者间相互尊重，更要保障女性志愿者的尊严和安全。

志愿服务伦理是志愿服务的基石。在这块基石上，志愿者能够更加清晰地认识本心，更加深入地体会社会，更加欢喜地从事志愿服务，更加负责有效地完成服务任务。志愿服务伦理不仅需要认知，更需要身体力行，要以志愿者自身的德行和修养，以志愿服务内涵的精神文化，弘扬社会正气，推广社会公益，促进社会和谐。

志愿文化与志愿服务伦理是在长期的志愿实践中形成的，既是传统文化、慈善精神的积淀，也是当代文明发展的重要果实。志愿文化与志愿服务伦理是志愿服务事业的灵魂，具有引领、规范志愿服务事业发展的作用。志愿文化与志愿服务伦理对弘扬社会主义核心价值观、推动建立“正能量”的社会文化氛围、促进“善行善举”、提升社会整体道德水平具有重要作用。随着经济社会的发展，志愿文化和志愿服务伦理也处于不断的发展中，推动志愿文化与志愿服务伦理建设的发展是志愿服务事业的重要职责。

思考与讨论

1. 什么是志愿文化？

2. 志愿文化的思想根基是什么?

3. 什么是当代志愿精神?

4. 如何进行志愿文化建设?

5. 什么是志愿服务伦理?

6. 志愿服务的原则是什么?

7. 志愿服务的伦理守则有哪些?如何在志愿服务中遵守这些伦理守则?

第五章
志愿服务事业的发展与管理体系

引 例

中国志愿服务联合会

中国志愿服务联合会是在中央文明委指导下，在中宣部、中央文明办关心支持下，经民政部批准，由志愿服务组织、志愿者自愿组成的全国性、联合性社会组织。宗旨是：普及志愿理念，弘扬志愿精神，培育志愿文化，组织开展志愿服务活动，推动形成我为人人、人人为我的社会风尚。

联合会成立以来，以弘扬和践行社会主义核心价值观、推进中国特色志愿服务事业为目标，广泛宣传“奉献、友爱、互助、进步”志愿精神，倡导践行“行善立德”理念，扎实推进“邻里守望”项目，积极推广“志愿之城”“医疗扶贫”等品牌活动，努力加强组织建设，实现了志愿服务组织的31个省市组织区域及教科文卫等重点领域的全覆盖。截至2018年11月，全国志愿服务信息系统实名注册志愿者已经超过1亿人，注册志愿服务组织超过55万个，引领和带动了全国学雷锋志愿服务事业蓬勃发展。

中国志愿服务联合会的成立是我国志愿服务事业发展到新阶段的产物，也是汇聚各系统、各方面志愿服务力量的重要组织建设。随着全国各地志愿服务联合会的建立，在党的领导、政府负责以及社会各界的共同参与下，我国的志愿服务事业会不断发展壮大。

第一节 志愿服务的发展历程

新中国成立以来，我国志愿服务经历了五个重要的发展阶段。第一阶段：志愿服务的萌芽阶段（1949—1980年），第二阶段：志愿服务的起步阶段（1981—1990年），第三阶段：志愿服务的普及阶段（1991—2007年），第四阶段：志愿服务的全面发展阶段（2008—2012年），第五阶段：志愿服务的快速发展阶段（2012年至今）。

一、第一阶段：志愿服务的萌芽阶段（1949—1980年）

案 例

光荣的志愿垦荒队

1955年5月，毛泽东主席发表“农村是一个广阔的天地，在那里是可以大有作为的”指示，共青团中央为此向全国广大青年发出号召：“到农村去，到边疆去，到祖国最需要的地方去。”北京青年杨华、庞淑英、李连成等率先响应，向全市青年倡议：组成北京市青年志愿垦荒队，远征北大荒。团市委挑选60名青年，由杨华担任队长，组成全国第一支青年志愿垦荒队。垦荒队的原则是：第一，必须绝对自愿；第二，不要国家一分钱投资；第三，去了就扎根边疆不回来。

8月30日，北京市各界青年1 500多人举行欢送北京市青年志愿垦荒队大会。团中央第一书记胡耀邦做了题为《向困难进军》的讲话，高度赞扬北京市青年志愿垦荒队是“光荣的第一队，是中国青年的一个有意义的创举”，并代表团中央授予北京市青年志愿垦荒队大旗。从此，揭开了全国青年志愿垦荒的序幕。

资料来源：http://qnzs.youth.cn/2015/0706/1421958.shtml.

【点评】

青年志愿垦荒队是社会主义建设起步时期的一大创举。通过志愿服务的方式，青年扎根边疆、建设东北。志愿服务永远是时代精神和历史使命的体现，在那个时代，青年人成为“光荣的第一队”，体现了无私奉献的志愿精神和爱国主义情怀。

1955 年北京共青团带头发起的青年志愿垦荒队，是我国有组织地开展志愿服务活动的最早记录。此后，全国 16 个省市迅速推广，志愿垦荒队伍发展到 20 万人。1956 年秋天，垦荒队员共开荒 1 200 亩。1955—1958 年共开荒 6.3 万亩，生产粮豆 3 000 吨，为解决国家粮食紧缺做出了突出贡献。先后有 3 批青年团志愿垦荒队、213 名队员赴萝北青年垦区（现在的共青农场）开垦荒原，高举垦荒火炬，开始了开发建设北大荒的新篇章。这是新中国成立后最早的有组织的公益活动，也是当代青年志愿活动的萌芽①。

案　例

志愿者的楷模：雷锋

雷锋，原名雷正兴，中国人民解放军沈阳部队工程兵某部原班长。1940 年 12 月 18 日出生于湖南望城县安庆乡的一个贫农家庭，7 岁时成孤儿。在党和人民的培育下，雷锋从一个苦孩子成长为一名共产主义战士。1960 年参军，同年 11 月加入中国共产党。参军后，雷锋克己奉公、助人为乐，为集体、为人民做了大量的好事：把平时积存的 200 元钱无私奉献给抚顺人民公社建设和辽阳灾区人民，用自己的津贴费给丢了火车票的大嫂补票，主动帮助外出老人，利用闲暇时间担任校外辅导员……雷锋始终坚持“把别人的困难，当成自己的困难；把同志的愉快，看成自己的愉快”。

1962 年 8 月 15 日，雷锋因工作不幸意外殉职，年仅 22 岁。他英年早逝，却留给了人们一笔宝贵的精神财富。他的代表作品《雷锋日记》为“雷锋精神”做了生动的脚注。他在日记中写道：“人的生命是有限的，可是，为人民服务是无限的，我要把有限的生命投入到无限的为人民服务中去。”

雷锋逝世后，1963 年 3 月 5 日《人民日报》发表毛泽东的题词：“向雷锋同志学习。”从此，全国迅速掀起了学习雷锋先进事迹的热潮。由此，我国将 3 月 5 日定为“学雷锋纪念日”，全国各地每年在这个时候都会开展学雷锋纪念活动，宣扬雷锋的助人为乐精神。

资料来源：https://baike.baidu.com/item/%E9%9B%B7%E9%94%8B/5569?fr=aladdin.

---

① 魏娜. 我国志愿服务发展：成就、问题与展望. 中国行政管理，2013（7）：66-69.

【点评】

雷锋精神作为一种榜样和文化的力量，激励了几代中国人投身“为人民服务”的大潮之中。雷锋精神体现了朴素的社会主义核心价值观与志愿精神的相融相通。

1963年3月5日，毛泽东发出“向雷锋同志学习”的号召，在全国掀起了“学雷锋”活动热潮。雷锋精神的诞生是一个标志性的事件，开创了一代新风，它的实质和核心是一种为共产主义而奋斗的无私奉献的精神，忠于党和人民、舍己为公、大公无私的奉献精神，立足本职、在平凡的工作中创造出不平凡业绩的“螺丝钉精神”，苦干实干、不计报酬、争做贡献的艰苦奋斗精神，归根结底雷锋精神就是全心全意为人民服务的精神。雷锋精神体现出崇高的中国特色社会主义志愿服务品格，雷锋已经成为我国志愿者的形象代言人，3月5日已经成为具有中国特色的全国志愿服务日。雷锋精神影响深远，后来很多志愿服务组织和团队以雷锋命名。

二、第二阶段：志愿服务的起步阶段（1981—1990年）

案　例

我国第一个社区志愿者协会

天津和平区新兴街志愿者协会是我国第一个社区志愿服务组织。新兴街的社区志愿服务活动始于1988年10月，当时朝阳里社区为解决13户居民的生活困难，由13名社区积极分子自发组成了服务小组，开展了义务包户服务，也开启了社区志愿服务活动的先河。1989年3月18日，新兴街成立了全国第一个社区服务志愿者协会。2009年，在新兴街社区志愿者协会成立20周年之际，国家民政部确认新兴街为全国第一个社区志愿服务组织。

协会设有会员代表大会、理事会，实行会员制，凡在新兴街辖区内的机关、学校、企事业单位、社会团体和个人均可参加协会。现在已发展到1万余人，志愿者会员单位110多家，倡导“我为人人、人人为我”“民有所需，我有所帮”的理念。志愿服务内容讲究与时俱进，由成立之初帮助群众“送菜、送煤、送炉具”逐步发展为“送岗位、送知识、送健康”。志愿服务方式包括单项服务、双向服务、协调包户服务、大型集中服务、设点服务、邻里互助挂牌服务、信息网络服务等，涉及社区科教、文化、体育、卫生、治安、环境建设、再就业、便民服务8个系列，60多个种类。曾多次被评为全国社区服务先进集体。

资料来源：http://xinwen.eastday.com/a/180404101107268.html.

【点评】

社区志愿服务组织的建立是志愿服务扎根基层群众、服务基层群众的开始，天津和平区新兴街志愿者协会的成立具有示范和引领作用。

1971年，中国恢复了在联合国的合法席位，中国政府积极参与联合国志愿人员组织的全球性活动。志愿服务也成为社会领域对外开放、交往的窗口。1981年，联合国志愿人员组织与我国开展合作，决定互派志愿者，开展志愿者海外服务计划。联合国志愿人员组织向中国派遣了包括地理、环境、卫生、计算机和语言教学等领域的志愿人员来中国工作。这标志着我国的志愿服务事业开始融入国际社会整体发展。

这一阶段，志愿服务组织在全国范围内陆续出现。1983年，北京市大栅栏街道成立了学雷锋“综合包户”服务队，成为开展志愿服务常态化的典范。1987年，广州市诞生了全国第一条志愿者服务热线电话；1989年3月18日，天津市和平区新兴街朝阳里居委会的13名居民成立了第一个社区志愿者协会；1990年，深圳市诞生了全国第一个正式注册的“义务工作者联合会”。

三、第三阶段：志愿服务的普及阶段（1991—2007年）

这个时期，全国各个系统的志愿服务组织开始建立。如1994年12月5日，中国青年志愿者协会成立，这是我国最早促进志愿服务事业发展的全国性社会团体。1998年底，团中央青年志愿者行动指导中心（团中央青年志愿者工作部）正式成立，负责规划、协调和指导全国青年志愿者工作。

20世纪90年代后期，红十字志愿工作委员会、无偿献血志愿者协会等许多行业性志愿者协会也陆续建立起来，并开展各种类型的志愿服务活动。2005年3月，民政部门成立了中国社会工作协会社区志愿者工作委员会，专门负责全国社区志愿服务的组织协调工作。全国总工会、全国妇联、全国文联和文化部的相应志愿服务管理机构纷纷建立。这一时期，地方性志愿服务组织也开始成立，1993 年 12 月 5 日北京志愿者协会正式成立，成为全国首个省级志愿服务组织。同时，民间领域志愿服务组织也陆续成立。1994 年，第一个民间环保志愿服务组织——“自然之友”成立。

在志愿服务法制建设方面，1999 年 8 月 5 日，广东省颁布了第一部关于志愿服务的地方性法规——《广东省青年志愿服务条例》，标志着志愿服务法制进程的开启。

国际化志愿服务逐渐发展，团中央与联合国志愿人员组织共同举办国际志愿者劳动营。2001 年是联合国确定的“国际志愿者年”，中国 2001 国际志愿者年委员会、联合国开发计划署和联合国志愿人员组织共同举办了志愿服务国际会议和一系列庆祝活动，来自世界 29 个国家和地区的政府部门、志愿服务组织、青年团体、研究机构及相关国际组织的近 170 名代表参加大会，在会上充分交流对志愿服务的认知、支持和发展问题。此次大会通过并发表了《2001 国际志愿者年北京宣言》，这是我国在“国际志愿者年”期间最重要的活动之一。

全国性的重要志愿服务项目也陆续开展起来了。如 2003 年，共青团中央、教育部、财政部、人力资源和社会保障部共同实施了“大学生志愿服务西部计划”。

四、第四阶段：志愿服务的全面发展阶段（2008—2012 年）

2008 年有两个重大事件：汶川地震和奥运会，这两个事件极大地促进了志愿服务的发展，2008 年也成为志愿服务事业发展史册上具有里程碑意义的一年，被称为“中国志愿者元年”，各系统、各地区和民间志愿服务组织迅速发展。在汶川地震发生后，公众、企业和志愿服务组织参与紧急救援，深入灾区的海内外志愿者达 300 多万，在后方参与抗震救灾的志愿者更是多达 1 000 万。在举世瞩目的北京奥运会、残奥会期间，10 万赛会志愿者、40 万城市志愿者以及 100 万社会志愿者为奥运会提供了热情周到的服务，赢得了国际国内的广泛赞誉。在 2010 年的上海世博会、广州亚运会等大型赛会和活动中，志愿者也提供了热情、高效、优质的服务，赢得了海内外的广泛赞誉。

案 例

汶川地震中的志愿力量

2008 年 5 月 12 日，四川省汶川地区发生强震。地震发生后，四川团省委、省青年志愿者协会、省青年联合会、省学生联合会面向社会公开招募志愿者，启动抗震救灾“黄丝带行动”（寓意期盼亲人平安）。很多热心群众带着对灾区人民的关爱踊跃参加，全国各地志愿者疾驰支援灾区。5 月 14 日，共青团中央、中国青年志愿者协会首次建立了全团志愿服务支持体系，要求各级志愿服务组织在党委、政府的统一领导下，迅速行动起来，组织广大志愿者以及社会公众投身抗震救灾工作。当天全国报名人数超过 1 万。先后涌现了“北京青年医疗卫生志愿者抗震救灾服务队”“唐山宋志勇爱心志愿小分队”“陈光标工程机械救援队”等优秀志愿服务组织。

在抢险救灾中，民间志愿者力量发挥了重大作用。震后四川省政府在全国范围内表彰“抗震救灾模范”，首次单列“省外志愿者”群体，对包括赵培锋等 76 名省外来川抗震救灾的优秀志愿者授予“四川省抗震救灾模范”荣誉称号。这对于志愿服务工作和志愿者事业都有重大意义。

【点评】

汶川地震带来了是深重的灾难，但是也促进了中国各领域志愿服务力量的凝聚，催生了民间志愿服务力量的成长发展，更促进了应急救援志愿服务的成熟。加上北京奥运会、残奥会的顺利举办，志愿服务在不同领域发挥出了巨大的力量。因此，2008 年被称为“志愿元年”，在中国志愿服务发展史上成为具有里程碑意义的一年。

2010 年 9 月，共青团中央推进关爱农民工子女工作，开展“共青团关爱农民工子女志愿服务行动”，带动了青年志愿服务事业的新发展。2010 年 7 月，中国青年志愿者协会被联合国经济及社会理事会授予“特别咨商地位”，这标志着中国志愿服务开始走向世界舞台。

2011 年，中华志愿者协会成立，该协会是由志愿者、志愿服务组织以及关心支持志愿服务事业的单位或组织自愿组成的，全国性、非营利性的社会团体。同年，北京志愿服务发展研究会成立，旨在广泛联系社会各界研究力量，开展学术研究，深入推动志愿服务理论研究成果的固化、转化和推广。

2012 年，中华志愿者基金成立，主要致力于弘扬志愿服务精神，推动志愿队伍建设，提升社会志愿服务水平。

抗震救灾、大型赛会等活动推动志愿服务全面发展。据民政部《社会服务发展公报》统计，2012 年注册的社区志愿服务组织达到 9.3 万个，全年有 1 293.3 万人次在社会服务领域提供了 3 639.6 万小时的志愿服务。

五、第五阶段：志愿服务的快速发展阶段（2012 年至今）

具体介绍详见本章第二节。

第二节　党的十八大以来志愿服务事业的发展成就

党的十八大以来，我国志愿服务迎来了快速发展的新机遇，也取得了重要的成绩。

一、党和政府高度重视，志愿服务迎来历史发展新机遇

党的十八大以来，以习近平同志为核心的党中央团结带领全国各族人民，统筹推进“五位一体”总体布局、协调推进“四个全面”战略布局，努力培育和践行社会主义核心价值观，使志愿服务成为践行和实现社会主义核心价值观的重要组成部分。

党的十八届三中全会通过的《关于全面深化改革若干重大问题的决定》明确指出要“支持和发展志愿服务组织”。中共十八届五中全会也明确提出要“广泛动员社会力量开展社会救济和社会互助、志愿服务活动”。2016 年，中央深改组第二十四次、二十七次会议连续审议志愿服务议题，在一年内先后通过《关于支持和发展志愿服务组织的意见》《关于公共文化设施开展学雷锋志愿服务的实施意见》，连续、密集地颁布志愿服务领域深化改革文件。

习近平总书记多次给志愿者回信（给“本禹志愿服务队”“郭明义爱心团队”“河北保定学院西部支教”“南京青奥会”回信）、寄语。他曾深刻指出：“中国青年志愿者事业是我们党领导的共青团在新的历史条件下创新工作领域、服务社会需求的一大创举。”他在给青年志愿者的回信中，充分肯定了他们奔赴艰苦地区、服务他人、奉献社会的行为，鼓励广大青年志愿者“同人民一道拼搏、同祖国一道前进，服务人民、奉献祖国”，“青年一代有理想、有担当，国家就有前途，民族就有希望，实现中华民族伟大复兴就有源源不断的强大力量”；并号召更多青年人以他们为榜样，“到基层

和人民中去建功立业，让青春之花绽放在祖国最需要的地方，在实现中国梦的伟大实践中书写别样精彩的人生”。

二、志愿服务法制化建设步伐加快

《慈善法》是我国首部慈善领域的专门法律，是推动我国志愿事业发展的重要法律保障。《慈善法》第8条规定，慈善组织是“指依法成立、符合本法规定，以面向社会开展慈善活动为宗旨的非营利性组织”，该界定将慈善组织范围扩大，志愿组织也被纳入其中；第61条将“慈善组织和其他组织以及个人基于慈善目的，向社会或者他人提供的志愿无偿服务以及其他非营利服务”界定为慈善服务，因此志愿服务也是慈善服务。《慈善法》在第62条和第68条中对招募和使用志愿者、保护志愿者权益等方面都有具体的规定。所以，《慈善法》也成了我国志愿组织和志愿服务发展的基础法律。

2017年6月，国务院常务会议通过了《志愿服务条例》，并将其作为一部志愿服务领域专门的行政法规，明确了志愿服务的基本原则和管理体制，确定了志愿者权利义务、服务对象权益保障、鼓励发展专业志愿服务等，并规定了志愿者扶持和保障措施，促进志愿服务在全社会蔚然成风，使之成为推动文明进步、增进民生福祉的重要力量。

党的十八大以来，省级行政区和较大的市专门规范志愿服务的法规从十八大之前的34个增加到37个。目前31个省级行政区中，已开展志愿服务立法的有20个，其中出台地方性法规的有19个；在49个较大的市中，已开展志愿服务立法的有20个，其中出台地方性法规的有18个。尚未进行地方立法的部分省区市大多制定了行政规范性文件。这些法律法规的出台标志着志愿服务走向法制化。

三、全国性志愿服务枢纽型组织建立

2013年12月18日，经民政部批准，中国志愿服务联合会成立。联合会是由志愿服务组织、志愿者自愿组成的全国性、联合性、非营利性社会组织，成员主要包括省级志愿服务组织，部分文明城市、计划单列市志愿服务组织，志愿服务领域有重大影响的代表人物，重点领域行业组织及社会团体等，共计139个。

四、出台了一系列促进志愿服务发展的政策文件

党的十八大以来，各级机构出台了一系列关于志愿服务的政策文件，促进志愿服务向制度化、规范化发展，主要的政策文件有：

2013 年 12 月，共青团中央印发的《中国注册志愿者管理办法》；

2014 年 2 月，中央文明委印发的《关于推进志愿服务制度化的意见》；

2015 年 3 月，教育部印发的《学生志愿服务管理暂行办法》；

2015 年 8 月，中央文明办、民政部、教育部、共青团中央联合印发的《关于规范志愿服务记录证明工作的指导意见》；

2015 年 9 月，民政部出台的《志愿服务信息系统基本规范》，这是志愿服务的第一个行业标准；

2016 年 7 月，中央宣传部、中央文明办、民政部、教育部、财政部、全国总工会、共青团中央、全国妇联联合印发的《关于支持和发展志愿服务组织的意见》；

2016 年 12 月，中宣部、中央文明办、教育部、民政部、文化部、国家文物局和中国科协印发的《关于公共文化设施开展学雷锋志愿服务的实施意见》。

这些管理办法规范、政策意见等一系列文件的密集出台，进一步完善了志愿服务法制体系，使志愿服务资源得到进一步整合，形成了全社会推动志愿服务、参与志愿服务的新局面。

五、志愿服务的常态化及其专业化水平的不断提高

第一，社区志愿服务组织迅速增多。据民政部统计，党的十八大以来，社区志愿服务组织迅速增多，从 2012 年全国 9.3 万个到 2016 年的 11.6 万个，增长 24.73%。以北京为例，志愿服务组织从 2012 年的 1.67 万个发展到 2016 年的 5.69 万个，增长 240.72%，注册志愿者从 2012 年的 206 万人发展到 2016 年的 371.63 万人，增长 80.40%。

第二，注册志愿者数量稳步增加。《中国志愿服务发展报告（2017）》显示，截至 2017 年 6 月 30 日，全国志愿服务信息系统的志愿者人数为 4 242 万，根据全国志愿服务信息系统的数据，截至 2016 年底，全国注册志愿者占居民人口的比重为 2.56%，其中有 10 个省份的注册志愿者占居民人口的比重高于平均水平。占比最高的 3 个地区为北京市、重庆市和上海市①。北京市注册志愿者占居民人口的比重达 17.11%，为全国第一。

第三，社区志愿服务品牌深入人心。志愿服务深入社区、邻里，成为社会文明建设的重要组成部分。“邻里守望”志愿服务、“志愿家庭”、学雷

① 中国志愿服务联合会. 中国志愿服务发展报告（2017）. 北京：社会科学文献出版社，2017.

锋“综合包户”、“三关爱”志愿服务等志愿服务品牌深入人心、享誉全国，特别是围绕中国志愿服务联合会推出的“邻里守望”志愿服务，形成了“阳光助残”“姐妹相助”“青春伴夕阳”等一系列子品牌，推动了志愿服务逐渐融入人们的日常生活，成为一种生活新常态、时代新风尚。

第四，专业志愿服务快速发展。专业化的志愿服务组织纷纷涌现，志愿服务朝着专业化方向发展。随着志愿服务精细化水平的提高，大量专业志愿者参与到助残、助老、文化、城市应急等专业性强的志愿服务活动当中，有效提升了志愿服务本身的专业化水平。

案　例

专业志愿服务组织：北京博能志愿公益基金会

北京博能志愿公益基金会（简称“博能”）成立于 2016 年 12 月 6 日，是由北京市民政局批准设立的慈善组织，是中国大陆第一家专注于推动专业志愿服务的非公募基金会。博能的前身是惠泽人、友成基金会、英特尔、爱立信、蓝天救援队、百度等国内知名公益组织联合创办的 ICT 专业志愿者联盟及中国专业志愿服务联益会。联益会曾得到宝马基金会、福特基金会、中国公益研究院、南都基金会等机构的支持。

博能认为专业志愿服务对于志愿服务事业发展具有关键作用，主张让专业的人做专业志愿服务，实现自我社会价值。博能专注于资助扶贫、济困、扶老、救孤等公益项目，资助专业志愿领域的公益活动。博能的使命是“引领专业力量，推动跨界合作，实践社会责任，促进社会创新”，机构愿景是“人人乐意专业志愿”（ProBono，I Will）。

博能实施三大战略：一是平台化战略。打造专业志愿者大本营“菠萝之家”（www.chinaprobono.org），构建线上线下互动的专业志愿服务管理平台，为公益慈善行业发展进行供给侧赋能与创新。二是品牌化战略。确立与国际接轨的“IWILL”专业志愿服务标准品牌认证，资助和奖励专业志愿服务行动，激励和推动志愿服务行业的专业化发展。三是国际化战略。博能自成立之初就具备很强的国际化能力，作为全球专业的志愿服务联盟成员之一，博能推动中国专业志愿者参与全球社会创新浪潮，配合“一带一路”倡议，促使中国专业志愿者“走出去”。

资料来源：http://www.chinaprobono.org/.

【点评】

随着志愿服务的蓬勃发展，志愿领域同样出现了市场规律中的供需失衡现象。如何有效发现需求、满足需求成为志愿服务供给的难题。专业志愿服务无疑在志愿服务供给上呈现了一种精细化发展的趋势，促进专业志愿服务建设将成为我国志愿服务事业发展的大势所趋。

应急志愿服务是最具代表性的专业志愿服务之一，应急志愿者队伍是一支专业化程度高、机动能力强的特殊志愿者队伍。2008 年汶川地震之后，随着防灾减灾、公共安全突发事件法律体系逐步完善，应急志愿服务快速兴起。党的十八大以来，我国的应急志愿者队伍蓬勃发展，形成了政府应急救援体系与志愿服务应急救援体系的有效结合，建立了社会化的应急救援机制和政府互动机制。以北京为例，截至 2016 年，共有注册应急志愿者 14 万余人，各级各类应急志愿者队伍 537 支，他们在国内外抗震救灾、公共安全等应急事件中发挥了重要作用。

案　例

蓝天救援队：在灾难面前，竭尽所能地挽救生命

蓝天救援队（Blue Sky Rescue，BSR）是中国民间专业的纯公益紧急救援机构，成立于 2007 年，目前是中国红十字会国际救援队的重要力量。

蓝天救援队是一个以志愿服务为原则，以建立和推动国内民间救援体系的发展，使每个国民享有免费紧急救援服务为宗旨，以专业化、国际化救援机构建设为目标的志愿服务组织。蓝天救援队的任务是协助政府应急体系展开防灾减灾教育培训，参与各种灾害事故救援行动，减少灾害和事故造成的财产和生命损失。经过多年的发展与实际救援，蓝天救援队已经形成了建立在风险处理及预防基础上的综合性应急管理体系，成为一个涵盖生命救援、人道救助、灾害预防、应急反应能力提升、灾后恢复和减灾等各个领域的专业化、国际化的人道救援机构。

蓝天救援队自成立以来，参与了 2007 年以后国内几乎所有大型灾害的救援工作，每年救援案例超过 1 000 起。蓝天救援队在全国 31 个省、市、

自治区成立救援队，全国登记在册的志愿者超过 50 000 余名，其中有超过 10 000 名志愿者经过了专业的救援培训与认证。

资料来源：http://bbs.4006009958.org/.

【点评】

蓝天救援队同时具有双重属性：一是民间自发组建的志愿服务组织，二是应急救援领域的专业志愿服务组织。蓝天救援队瞄准社会的专业需求，在应急救援方面发挥了重要的辅助力量，同时引领了全国民间应急救援的一股热潮，对于更好地实现防灾减灾、满足服务群众需求发挥了至关重要的作用。

在各群团组织的支持下，志愿服务在专业化方面取得了长足进展。2013 年，在中国文联支持下，中国文艺志愿者协会成立，并成为中国志愿服务联合会的会员单位，凝聚文艺家、文艺工作者以及文艺爱好者积极投身文艺专业志愿服务，形成了“送欢乐下基层”等一批成熟的志愿服务项目，有力弘扬和传播了社会主义核心价值观。2015 年，在中国残联支持下，中国助残志愿者协会成立，成为全国助残志愿者的组织，确定了 50 个“全国志愿助残阳光基地”和 48 个“全国志愿助残阳光使者”，推动了助残志愿服务的标准化。之后，各政府机关、专业服务机构、企事业单位纷纷成立专业志愿服务组织，如作为中国志愿服务联合会团体会员的大医博爱志愿者服务总队等专业志愿者，在各自的领域中发挥着越来越重要的作用。

六、志愿服务培训工作广泛开展

2017 年 4 月，中国志愿服务联合会发布了《中国志愿服务培训工作“十三五”时期发展规划（2016—2020）》，这也是中国志愿服务联合会颁布的第一个“十三五”规划。该规划建立了通用培训、专业培训、岗位培训的培训框架体系。依托全国宣传干部学院建立了中国志愿服务培训基地，在山东青岛、河北石家庄和广东惠州建立了 3 个培训分基地，在湖北武汉百步亭建立了 1 个实践基地，形成了一系列志愿服务培训品牌。

七、志愿服务呈现国际化发展态势

案 例

青春无悔　造梦未来——中国海外志愿者的亮丽身影

从南苏丹到肯尼亚，从卢旺达到厄瓜多尔……来自中国的志愿者挥洒青春，用热血、激情和专业知识为当地人提供服务、解决问题，帮助他们创造美好未来。

灵魂工程师

2013年，重庆师范大学研究生苏文前往卢旺达孔子学院志愿教授汉语和武术，一干就是3年。今年9月，他回到国内，一是准备考取“IPA国际注册汉语教师资格证”，拿到汉语教师的专业资格认证；二是参加明年3月国家汉办、孔子学院总部举办的国际汉语公派教师面试选拔。如果一切顺利，明年7月他将作为一名汉语教师重返卢旺达。

在卢旺达期间，从小习武的苏文培养出大批武术爱好者和运动员，有的学员在东非国际武术比赛中屡次获奖。此次回国，他计划前往嵩山少林寺和武当山学习观摩，深入研习中国武术精髓，为重返卢旺达做准备。

“卢旺达是我为之奉献青春的地方，是汉语梦起航的地方，这片热土需要我们。”苏文说。

中国志愿者田敏娜同样难以割舍与卢旺达学生朝夕相处两年的感情。一位学生在电子邮件中说：“非常感谢您两年来的教育，我们很喜欢中文，它对我们的未来很重要，希望尽快再见到您。”田敏娜也打算重返卢旺达帮助更多学生。“那里有淳朴的民风、友善的人民、渴望知识的学生，这些都是我想回去的原因。”

无国界医生

来自甘肃兰州的儿科医生邹纬曾就职于原广州军区广州总医院，十几年前被公派至赞比亚执行官方援非任务时，她偶然结识无国界医生组织，并于2012年正式加入该组织。两年前，邹纬奔赴塞拉利昂抗击埃博拉，今年夏天又到南苏丹执行救援任务。她的下一个任务很可能是去阿富汗。

谈起这几年的海外经历，邹纬最大的感受是中国海外志愿者人数越来越多，有助于增进外国人对中国的了解。她说，一些外籍同事或当地病人对中国的认识比较片面、有限，如果有更多的国际志愿者走向世界，更多地和世界进行交流，会改善这种情况。

“过去我总是不太自信，担心自己做得不够好。但是时间和实践证明，咱们中国培养出来的医生，到哪儿都是不差的，我在海外遇到的每一位中国同事都是敬业和高效的典范。”邹纬自豪地说。

灾区最可爱的人

2016 年 4 月 16 日，厄瓜多尔西北部沿海地区发生 7.8 级强烈地震，造成重大人员伤亡和财产损失。在此危急时刻，成千上万青年人通过各种方式投身救灾一线，其中不乏中国志愿者的身影。

27 岁的张鹏飞就职于中工国际，目前常驻厄瓜多尔。4 月 20 日，得知中国救援队急需西班牙语翻译，张鹏飞自告奋勇提出去一线当志愿者，背上背包就随着救援队前往震中佩德纳莱斯。

震后 7 个多月，张鹏飞在接受记者采访时说，他 11 月参加中国无偿援助的民生工程——乔内医院重建项目的开工典礼，重新来到了灾区，发现这里已经发生了天翻地覆的变化，倒塌的建筑废墟已被清理干净，中国援助的救灾帐篷为灾民提供了临时住所，街道商店恢复了灾前的繁荣。

“经过这次救灾，我发现其实一切都有回报，不是物质上的回馈，而是精神上的满足。”张鹏飞说，“当看到因为你的努力而让人充满感激时，你会明白‘赠人玫瑰，手留余香’的真谛，明白无偿奉献的含义，激励自己力所能及地去帮助更多的人。”

资料来源：http://www.gov.cn/xinwen/2016-12/04/content_5142840.htm.

【点评】

海外志愿服务代表了一个国家发展壮大之后的方向。作为一个发展中国家，我国从单纯的受援国已经发展成援助国，从传统意义上的单纯经济、物质援助发展成通过志愿服务援助，从“授人以鱼”发展为“授人以渔”。海外志愿服务的价值不仅体现在服务本身，同时承载着“一带一路”民心相通、中华文化传播以及跨文化交流等功能。未来，各个领域的海外志愿服务力量实现有机整合，将能树立一个更加美好、自信、负责的大国形象。

当代中国志愿服务发展的一个重要体现就是中国志愿者以更加昂扬的姿态走出国门，成为国家公共外交的一张崭新的名片。在国内的外交场合，志愿者成为一道亮丽的风景线。2012 年以来，我国先后举办了 APEC 会议、G20 峰会、南京青奥会、“一带一路”国际合作高峰论坛，这些重要外交舞台上都展现了中国志愿者的风采，得到了国内外的高度赞誉。

在国际舞台上，我国志愿者继承了海外服务实践的光荣历史。

一是从 2002 年开始的中国青年志愿者海外服务计划，累计选拔派遣近 700 名青年志愿者，到亚非拉的 23 个国家和地区；孔子学院自 2004 年建立以来，在 140 个国家和地区建立了 512 所学院和 1 074 个课堂，学员总数超过 190 万，其中志愿者是重要的师资来源①；持续了 53 年、作为我国最早的对外援助项目——援非医疗队，队员多为医疗领域的志愿者组成，成为广获赞誉的一支重要的海外志愿服务力量。王毅同志曾经赞誉：“志愿者是中国在海外的一道亮丽风景线。”②

二是积极参与海外赛会志愿服务。大型国际赛会是国际志愿者交流合作的重要舞台，2012 年以来，我国志愿者积极参与伦敦奥运会、残奥会（受英国海外志愿服务社的邀请，北京市志愿者联合会定向招募了 9 名志愿者），里约奥运会、残奥会（200 余名中国志愿者），索契冬奥会、冬残奥会（13 名中国志愿者），平昌冬奥会、冬残奥会（113 名中国志愿者）等国际奥林匹克盛事，均展现了大国风采。

三是多元力量参与，促进国际合作和属地化发展。近年来，中国志愿者在海外更加活跃，在厄瓜多尔、巴基斯坦、尼泊尔等国抗震救灾中，中国志愿者奉献了中国爱心，讲好了中国故事，传递了中国声音，发挥了中国作用。中国电建等“走出去”企业率先成立企业海外志愿者协会，将志愿服务和海外社会责任相结合，摸索民心相通的新模式。继中国青年志愿者协会之后，中国扶贫基金会等中国志愿服务组织也被联合国经济及社会理事会授予“特别咨商地位”，这是对中国志愿服务事业国际化的高度肯定。

案 例

支教项目中的海归身影

由中国国际民间促进会主管的教育扶贫项目，开始于 2010 年 10 月，

① http://www.hanban.edu.cn/confuciousinstitutes/node_10961.htm.

② http://www.xinhuanet.com/politics/2016-02/02/c_128694026.htm.

第一届支教项目在四川省什邡市举行。以海归、海外学子为主力的志愿者来到了在地震中受到重创的四川省什邡市红白小学，为孩子们举办“英语周”活动。自此，支教的步伐不曾停下，项目陆续在安徽梁集、甘肃白银、云南泸西、河南尉氏、四川通江等地展开。

一开始，这个项目名为“海外学子支教项目”，旨在搭建国内外大学生与边远乡村孩子的交流平台，但其实在每一届支教人员中，除了海外学子，也都有海归的身影。他们将自己的所学、所见、所闻带到乡村，帮助孩子们增长知识、开阔眼界。尤其是利用自身优势，帮助当地学生提升英语教育水平。

近10年来，获得帮助与成长的不仅是山区的孩子，还有参与其中的志愿者。志愿者孙浩冉说：“‘乡村支教’似乎离我们这些生活在都市的人的生活很遥远，可是当我们投身其中，就会觉得一下子和那里的孩子融合在一起，从中更会明白爱与被爱的真谛。……与其说是我们在帮助山里的孩子，不如说是在帮助我们自己。我们的志愿者大多受过良好教育，有海外留学背景，但是作为独生子女，不懂得如何分享。现在我们聚在一起，带着爱和奉献之心做这个公益项目，感觉真的很棒。”

杨林长年生活在国外，是该项目的导师。她说：“我在参与了这个项目，接触到志愿团体后，已经下定决心：将来，让我女儿也来参与。我女儿现在正在加拿大读书。现在的孩子很多是独生子女，从小衣食无忧，很少去思考怎样帮助别人，要对社会有什么贡献和影响。所以我觉得这样的活动对志愿者本身也是一种帮助，帮助年轻人认识自己，引导他们思考问题。”

资料来源：http://world.people.com.cn/n1/2018/0811/c1002-30222764.html.

【点评】

我国志愿服务的国际化包括三个层次：外国志愿者的来华援助，我国志愿者赴海外进行志愿服务，我国海外人员归国后的志愿服务。前两者体现的是一种单向的文化输入或是输出，而第三个层次体现了新的发展趋势，那就是将国外的经验和视野带回国内，帮助国内青少年成长成才。这体现了我国志愿服务的国际交流水平正在稳步提升。

四是海外志愿服务融入“一带一路”总体格局，积极助力民心相通。在“一带一路”倡议的框架下，我国与联合国志愿人员组织等国际志愿服务组织合作持续深化。中国志愿服务联合会通过二十国集团民间社会会议等多边平台，有力传递了中国志愿者的声音。北京市志愿服务联合会与联合国志愿人员组织于 2016 年启动了“通过南南合作与‘一带一路’倡议促进中国参与国际志愿服务发展项目”，北京项目办派出 2 名志愿者参与泰国、缅甸联合国志愿人员组织办公室工作；在合作框架下，与中国扶贫基金会合作外派 10 名志愿者到缅甸、尼泊尔等“一带一路”国家，开展长期志愿服务活动。这些海外志愿者项目打开了我国志愿服务国际化的新局面，在国际社会面前展示了中国作为负责任大国的形象。2017 年 12 月，联合国志愿人员组织与北京市志愿服务联合会在北京共同举办“‘一带一路’志愿服务论坛暨第二届国际志愿者交流营”，来自 38 个国家和地区的 126 个志愿服务组织，共计 230 余名代表参加，论坛上成立了“‘一带一路’志愿服务联盟”。标志着我国的海外志愿服务事业已经成为“一带一路”倡议的重要组成部分，得到联合国和世界各国的认同。

第三节　志愿服务事业管理体系

我国志愿服务事业发展的组织领导体系是什么？这些组织的职能有哪些？它们之间的关系是什么？

一、志愿服务工作组织领导体系

《志愿服务条例》对全国志愿服务事业组织领导体系做了明确的规定。第 5 条规定：“国家和地方精神文明建设指导机构建立志愿服务工作协调机制，加强对志愿服务工作的统筹规划、协调指导、督促检查和经验推广。国务院民政部门负责全国志愿服务行政管理工作；县级以上地方人民政府民政部门负责本行政区域内志愿服务行政管理工作。县级以上人民政府有关部门按照各自职责，负责与志愿服务有关的工作。工会、共产主义青年团、妇女联合会等有关人民团体和群众团体应当在各自的工作范围内做好相应的志愿服务工作。”

因此，我国志愿服务工作组织领导体系可以理解为：党委政府领导，中央文明委部署，文明办发挥牵头作用，民政部门履行行政管理工作职责，相关部门、人民团体和群团组织共同推进志愿服务组织发展。各地区逐级按照这个领导体系落实。

二、志愿服务工作组织实施体系

在我国的志愿服务事业管理中，逐渐形成了具有中国特色的志愿服务动员组织实施体系。目前主要的志愿服务工作组织实施体系有以下几类：

1. 党政机关

国家和地方精神文明建设指导机构建立志愿服务工作协调机制，同时，各地精神文明办牵头组织志愿服务工作，助力文明城市创建工作。

民政系统负责志愿服务的行政管理工作，民政部作为全国志愿服务行政管理工作部门，主要负责志愿服务信息化、标准化、法制化建设，负责志愿服务组织登记、管理、监督等行政管理工作。同时，民政部负责管理国家一级志愿服务组织的标识工作。

另外，政府的其他职能部门也都有围绕本部门工作组织和开展志愿服务的职能。

2. 群团组织

共青团作为最早在全国范围内开展志愿服务的群团组织，1998 年在团中央成立了事业单位团中央青年志愿者行动指导中心（团中央青年志愿者工作部），负责规划、指导和协调全团青年志愿者工作，同时行使中国青年志愿者协会秘书处的职能。

工会系统在全国开展职工志愿服务活动，2014 年 11 月 27 日依托中华全国总工会宣传教育部成立了中国志愿服务联合会职工委员会，旨在立足工会和职工，在各行各业广泛、持久、深入地开展职工志愿服务活动，近年来涌现出“郭明义爱心团队”“公益律师法律援助”“劳模志愿服务队”等志愿者服务团队和优秀职工志愿服务者。

妇联在全国开展巾帼志愿服务品牌活动，全国妇联成立巾帼志愿服务工作委员会推进志愿服务工作。

3. 社会组织

中国志愿服务联合会作为全国性志愿服务组织，在促进中国志愿服务事业发展方面主要的职责有四个方面：

联合——加强与志愿服务组织、志愿者和社会各界的联系，汇聚志愿力量，推动联合，实现联动；

服务——积极为志愿者、志愿服务组织参与志愿服务搭建平台，营造氛围，优化志愿服务发展环境；

促进——推动志愿服务制度化、法制化，加强理论和实践研究，促进中国志愿服务事业长远发展；

交流——搭建志愿服务宣传阵地和交流平台，积极开展对外交流和合作，加强志愿组织间信息、经验和文化交流。

志愿服务事业得到了社会各界的关注和支持，逐渐形成了政府示范引导、民间专业运作、社会多元合作的发展态势。

三、志愿服务事业管理机制

1. 行业协调

志愿服务事业管理就是要对志愿服务领域行业组织进行扶持发展，充分发挥其在志愿服务组织管理中的先行规范和自我约束作用，引导行风建设，加强行业监督，为志愿服务组织监管提供有力辅助；充分发挥行业组织在志愿服务组织服务中的牵头和协调作用，促进行业沟通，反映行业诉求，推动行业创新；为志愿服务组织发展争取有力支持，建立健全与行业发展相适应、覆盖全面、运行有效、作用明显的行业自律体系。

2. 法治保障

在全面依法治国的格局下，志愿服务事业最基本的工作就是加快推进志愿服务的立法过程，促进全社会形成知法、守法的氛围，提升司法和执法实践水平。当前，在国家层面的志愿服务立法有作为法律的《慈善法》，以及作为行政法规的《志愿服务条例》。根据最新的立法要求，促进各省区市的法律法规与国家法律法规的衔接，推进各地区立法配套，做好法制宣传，为志愿服务的可持续发展提供坚实的法治保障。

3. 政策引导

志愿服务政策是在实践中落实志愿服务事业的重要文件。当前，国家层面出台了一系列政策意见，对全国范围内的志愿服务组织建设、项目建设、队伍建设、制度化和激励保障等进行了较为详细的规定。各系统、各地区要配套跟进适合本系统、本地区的政策体系，与群众需求有机结合，逐步建立志愿服务供需有效对接机制和服务长效机制，全面提高志愿服务水平，将志愿服务事业扎实落到实处。

4. 社会动员

志愿服务有很好的社会动员功能。2008 年汶川地震，抗震救灾志愿服务的号召一经发出，当天就有超过 1 万名志愿者报名赴灾区一线。在 2008 年北京奥运会、残奥会筹备过程中，志愿者的微笑成为北京最好的名片，由北京带动掀起了全国的志愿服务热潮。

为了提升志愿服务社会动员的效果，推进志愿服务事业的专业化发展，具备条件的地区要推广“社会工作者＋志愿者”协作机制。鼓励志愿服务组织招募使用社会工作者，鼓励社会工作服务机构等社会组织在开展公益活动时招募志愿者。建立志愿服务组织与社会工作服务机构等社会组织常态化合作机制，充分发挥社会工作者在组织策划、项目运作、资源链接等方面的专业优势，发挥志愿者热情高、来源广、肯奉献的人力资源优势，形成社会工作者和志愿者协调配合、共同开展服务的格局，促进志愿服务专业化规范化。

5. 行业标准

随着志愿服务的专业化、制度化、常态化发展，志愿服务事业管理中面临的很重要的一个方面就是要加强行业标准化建设。目前，民政部在信息管理标准化方面做出了一些探索，依托和完善全国志愿服务信息系统，实施应用《志愿服务信息系统基本规范》，实现志愿服务信息的互联互通和数据的有效汇集，为志愿服务组织管理志愿者、开展志愿服务记录工作提供技术支撑。各地有关部门要根据《志愿服务记录办法》和《关于规范志愿服务记录证明工作的指导意见》的要求，指导志愿服务组织及时、完整、准确记录志愿者参加志愿服务的信息，保护志愿者个人隐私，规范开具志愿服务记录证明，科学开展志愿者星级认定，建立健全志愿服务时间储蓄制度，不断提高志愿服务组织的服务效能和管理水平。

北京等一些地区积极开展志愿服务管理标准化研究，在大型赛会志愿服务行业标准等方面迈出了重要的一步。

6. 道德创建

学雷锋志愿服务是大规模的群众道德创建活动。志愿服务本身具有“助人自助”的教育实践功能、促进良好社会风尚的道德塑造功能。志愿服务事业要大力弘扬奉献、友爱、互助、进步的志愿精神，培育学雷锋志愿服务文化，坚持立足中国国情，体现中国特色，讲好中国故事，积极支持有利于中国志愿服务发展的研究、交流与合作。加强志愿服务经验总结和推广交流，广泛宣传志愿服务组织在提高国民素质和社会文明程度、加强社会治理创新、保障改善民生中的重要作用，为志愿服务组织发展营造良好氛围。

思考与讨论

1. 新中国成立以来志愿服务经过了哪些发展历程？

2. 党的十八大以来，你觉得身边的志愿服务发生了哪些变化?
3. 你知道本地区的志愿服务联合会等组织吗？它们是怎么运行的?
4. 志愿服务事业管理都有哪些内容?

第六章
志愿服务法制与政策

引例

志愿服务法律关系如何确认?

为更好地运作公益服务项目，上海某公益组织从志愿者库中选择严某，口头约定让严某以志愿者身份担任项目主要负责人。该公益组织每月向严某支付志愿者津贴，款项来源于该项目的专项拨款资金，但该公益组织没有与严某签订书面的志愿服务协议。2016年1月，该公益服务项目结束后，该公益组织终止与严某之间的志愿服务关系。不料，严某突然向上海某区劳动人事争议仲裁委员会申请仲裁，要求该组织支付未签劳动合同的双倍工资。最终裁决确认该组织与严某存在劳动关系，应支付其工资。

资料来源：刘创. 真实案例：社会组织应注意防范志愿者服务的法律风险. 公益服务网，2016-05-18.

本案的争议焦点为公益组织与严某之间存在的是志愿服务关系还是劳动关系。公益组织的非营利性并非认定劳动关系的挡箭牌。招募志愿者时，公益组织应做到以下几点：(1) 发布招募通告并存档留存；(2) 按照民政部《志愿服务记录办法》制作志愿者登记表，志愿者本人签字确认；(3) 建立规范的志愿者管理制度与流程，并且做好志愿服务记录；(4) 尽可能与志愿者签订书面志愿服务协议，明确双方权利与义务，约定志愿服务的内容、方式和时间，以及补贴、法律责任等事项。否则，一旦发生纠纷，如果没有书面的志愿服务协议、补贴领取证明等，往往难以调查取证，证明志愿者的身份和志愿服务的关系。司法实践中保护劳动者的倾向性也使公益组织要承担较大败诉风险。

第一节　志愿服务法制建设的必要性

一、志愿服务法制的含义和基本原则

（一）志愿服务法制的含义

志愿服务法制，是为了调整和规范志愿服务相关社会关系而制定的法律制度。广义的志愿服务法制包括宪法、法律、法规和规章以及各个效力等级的法律文件中有关志愿服务的法律规范，如2016年颁布的《慈善法》，狭义的志愿服务法制主要指冠以“志愿服务”名称的法律、法规和规章。在我国，狭义的志愿服务法制主要包括志愿服务法律、规章等，如国务院颁布的《志愿服务条例》、地方政府颁布的志愿服务条例以及志愿服务相关规章。2017年，国务院《志愿服务条例》的颁布实施，标志着我国的志愿服务法制体系已初步形成。

（二）志愿服务法制的基本原则

志愿服务法制的基本原则，是贯穿于全部志愿服务法律规范之中、志愿服务法律关系主体必须遵循的共同准则。概言之，志愿服务立法应遵守政社合作、刚柔兼济、平等自愿、权益保障等基本原则。

1. 政社合作原则

政府与社会合作共治是现代社会治理的基本格局，也是志愿服务立法的基本原则。志愿服务作为一种服务供给机制也会存在服务供给不足、服务的特殊主义、管理的父权主义以及服务的业余性等志愿失灵现象，而政府能够通过资金支持、辅导监督、统筹协调和法制规范解决志愿失灵问题。正是由于政府和志愿服务组织在组织特征上的互补性，政社合作才成为促进志愿服务发展的基本原则。政社合作原则具体体现在志愿服务法制中。例如，国务院颁布的《志愿服务条例》第4条明确要求县级以上人民政府应当安排志愿服务所需资金，促进志愿服务发展；第5条要求各级精神文明建设指导机构建立志愿服务工作协调机制，加强对志愿服务工作的统筹规划、协调指导、督促检查和经验推广。同时，志愿服务属于社会公益事业，具有自主性、自愿性、公益性等基本属性。政府既要促进志愿服务发展，又要尊重志愿服务组织的自主性。《志愿服

务条例》在志愿服务组织管理、志愿服务项目运作、志愿者管理等方面赋予志愿服务组织高度的自主性，例如《志愿服务条例》第25条明确规定，“任何组织和个人不得强行指派志愿者、志愿服务组织提供服务”。因此，志愿服务立法的重要功能之一就是厘定政府与志愿服务组织之间的关系，既要促进政社合作，又要保障志愿服务的高度自治、自主管理。

2. 刚柔兼济原则

法治是现代社会治理的基本方式。硬法与软法软硬兼施、硬性治理与柔性治理刚柔兼济是社会治理的基本策略。志愿服务法属于社会法的范畴，所谓社会法，是以增进社会福利，促进社会发展，维护公共利益为目的，规范与调整社会事业发展中的社会关系的法律。兼具公法“刚性”和私法“柔性”因素的社会法在规范社会关系方面具有刚柔兼济的特征。也就是说，从法律规范的性质和效力来看，社会法既有强制性规范，也有任意性规范。因此，刚柔兼济是志愿服务立法的基本原则。

从“刚性”方面来看，全国和地方的志愿服务条例中，对政府发展志愿服务的职责以及维护志愿服务法律关系主体合法权益等方面都做出了强制性规范，对一些侵权行为还苛以相应的法律责任。从“柔性”方面来看，《志愿服务条例》中相当比例的条款都属于“软法”规范，主要表现出倡议性、指导性、激励性等法律功能。这些法律功能的实现在很大程度上要依赖“软力量”，例如政府鼓励、舆论引导、社会促进、行业内部监督和个体自律等。

3. 平等自愿原则

平等原则，即法律地位平等原则；自愿原则，即法律关系主体基于自由意志做出自主选择的原则。自愿原则以平等原则的存在为前提。只有在法律地位平等的基础上，才能保障当事人的意志自由。在志愿服务活动中，志愿者、志愿服务组织以及志愿服务对象之间是一种平等自愿的关系，彼此基于自愿结成志愿服务关系，可以通过签订协议的形式自主约定相互间的权利与义务。志愿者参与志愿服务、志愿服务组织开展志愿服务活动以及志愿服务对象接受志愿服务都是自主自愿的，而非强制性的。

4. 权益保障原则

权益保障原则是志愿服务立法目的的重要体现。首先，在志愿者合法权益保障方面，全国和地方的志愿服务条例大都明确规定了志愿者的知情权、培训权、免于风险权、荣誉表彰权等权益。其次，在服务对象合法权益保障方面，全国和地方的志愿服务条例大都规定志愿服务组织、志愿者应当尊重志愿服务对象的人格尊严，不得向志愿服务对象收取或者变相收取报酬。最后，在志愿服务组织合法权益保障方面，志愿服务条例也大都规定政府应为志愿服务组织提供资金支持、指导和帮助，不得强行摊派志愿服务活动等。

政社合作原则设定了政府与社会在发展志愿服务中的法律关系框架，刚柔兼济原则规范了志愿服务的法律调整方式，平等自愿原则反映了志愿服务的法律关系的本质，权益保障原则凸显了志愿服务立法的价值目标。上述基本原则有机联系、相辅相成，共同塑造了志愿服务立法的内在精神品格，对志愿服务法制体系的构建与实施具有重要指导意义。

二、志愿服务发展中存在的问题

（一）政府与社会对志愿服务的认同不高

志愿服务事业的发展需要得到政府与社会的广泛认同，但现实生活中志愿服务遭人误解的情况时有发生。这些误解包括：志愿者是无偿劳动的，因此，志愿服务工作不需要资金的支持；志愿服务是消遣活动，没有多大意义；等等。这些误解在严重挫伤志愿者积极性和参与热情的同时，也会使志愿服务组织很难得到政府与社会的支持。因此，志愿服务事业的发展需要以法制的形式明确政府与社会在弘扬志愿服务理念、推动志愿服务事业发展方面的义务和责任。

（二）志愿服务组织缺乏有效的协调机制

在我国，随着志愿服务事业的发展，形成了青年志愿服务组织、社区志愿服务组织、巾帼志愿服务组织、科技志愿服务组织、文化志愿服务组织、企业志愿服务组织等，既有官方色彩比较浓的志愿服务组织也有民间志愿服务组织。在缺乏有效志愿服务协调机制的情况下，各志愿服务组织系统在志愿服务的宣传推广、制度建设、项目设计、人员招募、组织管理以及表彰激励等方面几乎各行其是，缺乏有效的统筹协调，志愿服务组织之间缺乏服务信息与资源共享的机制与平台。因此，整合政府和民间各种志愿服务力量共同促进志愿服务发展、创设志愿服务协调机制、为志愿服务的全面协调发展奠定体制性基础，就成为志愿服务法制建设的目的。建立全国性的志愿服务协调机构也是各国志愿服务立法规范的主要内容。

（三）志愿者合法权益得不到有效保障

志愿服务服务内容与服务项目的不同，使得其具有的风险性也不同。

如抢险救灾活动具有很强的风险性，会危及志愿者的生命财产安全。在这种情况下，如果志愿者遭遇人身伤害甚至死亡，谁来补偿？如何补偿？同时，志愿者在服务过程中对服务对象造成了伤害，这个责任由谁来承担？参加普通的志愿服务，志愿者有哪些权利？通过什么样的法律和措施保护这些权利，这都是目前志愿服务过程中存在的问题，亟须通过立法的方式得以解决。

（四）志愿服务活动缺乏规范性

近年来，志愿服务活动日趋常态化、规模化，但志愿服务法制建设相对滞后，造成志愿服务蓬勃发展与失范无序现象并存，如一些地方志愿者管理无章可循，随意招募志愿者、强制摊派志愿服务、滥用或擅用志愿者名义开展商业活动等乱象时有发生。关于谁能组织志愿活动，谁能招募和管理志愿者，谁能使用志愿者等相关问题，在很多地方都缺乏明确的法律规定，严重影响志愿服务事业的健康发展。

联合国将志愿服务法制化水平作为评估各国志愿服务发展成效的一项重要指标，并积极倡导各国通过立法、规划为志愿服务发展提供良好的制度环境。从中国志愿服务发展实践来看，上述现实问题亟待通过健全的志愿服务法律和政策体系为志愿服务事业发展提供制度化保障。

三、志愿服务法制的功能

（一）保障志愿服务法律关系主体的合法权益

由于志愿服务具有无偿性、公益性特征，涉及志愿者、志愿服务组织和志愿服务对象三方关系，志愿服务法律关系有别于传统的民事法律关系，民事法律难以有效保障志愿服务关系主体的合法权益。近年来，除了一般性志愿服务活动，大型赛会志愿服务、救灾应急志愿服务以及文明城市创建志愿服务日益普及，志愿服务活动的规模日益庞大，如何保障志愿者的合法权益成为志愿服务立法工作的当务之急。厘清志愿服务主体之间的权利与义务关系，保障志愿者、志愿服务组织和志愿服务对象的合法权益是志愿服务事业健康发展的基石。综观国外志愿服务法制，无一不把保障志愿服务法律关系主体权益，尤其是志愿者权益奉为立法宗旨。我国的全国和地方志愿服务条例也均把保障志愿者、志愿服务组织、志愿服务对象的合法权益列入其宗旨条款。

（二）规范志愿服务活动

通过健全志愿服务法律和政策体系，实现志愿服务范围、志愿服务协调机制、志愿服务组织的资格、志愿者招募、志愿者培训、志愿者注册、志愿者考核、志愿者档案、志愿服务证明等运行机制法制化，对于推动志愿服务持续健康发展具有十分重要的意义。因此，全国和地方志愿服务条例均把“规范志愿服务”作为一项重要的立法宗旨。

（三）促进志愿服务事业深入发展

通过制定法律规范，明确志愿服务发展的主体及其责任。志愿服务法制主要是通过如下途径实现其“促进志愿服务”功能的：其一是建立志愿服务协调机制，强化志愿服务的统筹规划、协调指导、法制监督及经验推广；其二是政府合理安排志愿服务所需资金，促进志愿服务广覆盖、多层次、宽领域发展；其三是鼓励企事业单位、基层社区组织以及其他组织为志愿服务互动提供便利条件；其四是鼓励家庭、学校和社会培养青少年的志愿服务意识和能力；其五是对先进志愿服务组织和优秀志愿者予以表彰和奖励；其六是鼓励用人单位优先招录优秀志愿者，鼓励公共服务机构等给予优秀志愿者优待。

第二节　国外志愿服务立法

案　例

美国是如何激励志愿者的

美国通过志愿服务立法为志愿者激励提供制度保障。以《爱德华·肯尼迪服务美国法》为例，该法确立了如下志愿者激励措施：（1）青少年志愿者激励措施。该法设立了一系列志愿服务计划鼓励青少年参加志愿服务。如“服务之夏”计划规定，6～12年级的学生完成100小时社区服务者有资格领取500美元教育奖励；“服务学期”计划规定，参加社区志愿服务满75小时者可计算学分。（2）“美国志愿服务队”激励措施。该法将“美国志愿服务队”志愿者的“服务后现金补贴”提高到125～150美元（如果他们不选择教育奖励），教育奖励金额提高到至少5 350美元。（3）老年志愿者激励措施。将“养祖父母计划”和“老年伴侣计划”的志愿者每小时最低津贴从2.65美元提高到3美元；设立金额为1 000美元的银发奖学金，奖励55岁以上完成350小时志愿服务的志愿者；设立“再上场”奖学金，专门奖励“国家与社区服务机构”派出的55岁以上志愿者。此外，所有 55 岁以上志愿者获得的教育奖励均可以转让给子女。

资料来源：徐彤武. 联邦政府与美国志愿服务的兴盛. 美国研究，2009 (3).

【点评】

志愿者不以获取报酬为目的，并不意味着志愿者不能获取津贴和奖励，但志愿服务的非营利性又要求志愿者津贴或奖励不能高于其所提供服务本身的成本和市场价值。津贴和奖励可以保障志愿者的基本生活需求，让有公益心的贫困群体免于生计奔波，全身心地参与志愿服务。

考察国外志愿服务立法情况，可以为完善中国志愿服务法律体系提供经验借鉴。

一、国外典型国家志愿服务立法

从全球范围来看，美国、西班牙、德国、日本的志愿服务立法具有典型性，下面分别予以介绍：

(一) 美国的志愿服务立法

美国对志愿服务立法非常重视，先后颁布了 5 部志愿服务法律，分别是《志愿服务法》(1973 年)、《国家和社区服务法》(1990 年)、《联邦志愿者保护法》(1997 年)、《公民服务法》(2002 年)、《爱德华·肯尼迪服务美国法》(2009 年)。

(1)《志愿服务法》于 1973 年通过，是美国最早通过的一部志愿服务法案。该法案确立了美国的志愿服务政策：设立“全国与社区服务组织”，并设助理主任委员若干名，统筹辅助各地志愿服务组织执行志愿服务项目，其统筹的项目主要有三个：“美国志愿服务团”“长者志愿服务团”“服务与学习”。此外，该法还对志愿者征募、甄选与福利等事项予以具体的规定①。

(2)《国家和社区服务法》于 1990 年乔治·赫伯特·沃克·布什总统任内通过。该法志愿服务相关条款主要包括：设立了美国联邦独立机构——国家与社区服务委员会，负责协调志愿服务工作；详细规定了专职

① http://uscode.house.gov/download/pls/42C66.txt.

和兼职志愿者的工作时间、年龄、报酬和培训要求；从法律上界定了“服务学习”的概念，强调志愿者将学校学习与社区服务相结合，通过服务进行学习并满足社区需要，以培养学生的公民责任意识。

（3）《联邦志愿者保护法》于 1997 年美国总统克林顿任内通过，旨在保障志愿者的权益，使其免受责任追究滥用的损害。此法把志愿者界定为“为非营利组织或政府机构提供服务，不收取任何报酬（实际发生费用的合理补偿或津贴除外）或者作为主管、理事以及直接提供服务者每年不超过 500 美元补偿的个人”①。

此法还规定了志愿者免责条款。在下列情况下，志愿者从事志愿服务时有伤害发生，将不予追究责任：其一，志愿者行为属于其所服务的非营利组织或政府机构的职责范围；其二，志愿者持有该活动所需要的执照或认证；其三，损害不是由故意或构成犯罪的不当行为、严重疏忽或者对受害者权利及安全公然的不重视所造成的；其四，伤害不是因志愿者驾驶车辆、船只或飞行物所造成的。此外，该法还规定，志愿者下属的不当或犯罪行为不适用志愿者免责条款：其一，暴力犯罪或者构成国际恐怖主义行为；其二，伤害性犯罪；其三，性侵害事件；其四，违反联邦或州民权法的不当行为；其五，受酒精或药物影响而做出的不当行为。

（4）《公民服务法》于 2002 年由美国总统乔治·沃克·布什提请美国国会通过，同时增修了《志愿服务法》与《全国与社区服务信托法案》，并调整了全国与社区服务组织的功能，制定了五年发展规划。依据该法，美国成立了自由服务团，旨在培养青少年服务文化，并善尽公民的责任②。

（5）《爱德华·肯尼迪服务美国法》于 2009 年 4 月 21 日由奥巴马总统签署。该法主要内容包括：1）鼓励青少年参加志愿服务，通过设立教育奖、计入学分等方式激励 6～12 年级的学生参与社区志愿服务。2）促进大学生参加志愿服务。政府选定并资助 25 所高等院校作为示范单位，通过各种志愿服务活动吸纳大学生志愿者。3）扩展美国志愿服务队计划。将志愿服务队年度名额提升至 2017 年的 25 万人；新设 5 个有关教育、医疗、清洁能源、退伍军人服务和经济机会的服务团；扩大美国志愿服务队的服务领域；把志愿者的津贴提高到 125～150 美元，将志愿者的教

① http://www.doi.ne.gov/shiip/volunteer/pl_105.19.pdf.

② USA Freedom Corps (2002). USA freedom corps policy book. Retrieved June 29, 2003.

育奖励提高到至少 5 350 美元。4）发掘老年志愿者。将参加“养祖父母计划”和“老年伴侣计划”的志愿者年龄从 60 岁降低到 55 岁，将每小时最低津贴提高到 3 美元，可领津贴的志愿者收入标准调高至联邦贫困线的 200%以下，增加“退休老年人志愿者”计划在年龄上的灵活性。此外，还设立各类奖学金鼓励老年人参与志愿服务。5）把每年的 9 月 11 日设为“全国爱国服务纪念日”，发起全国性志愿服务宣传活动。6）培养应急志愿服务能力。创建“全国志愿服务预备队”，在突发事件发生时领受紧急救援抢险任务。7）设立“社会创新基金”“志愿者培育基金”“非营利组织能力建设资助”计划，增强非营利组织开展和支持志愿服务活动的能力。8）扩大“国家与社区服务机构”理事会和首席执行官的自主权，在资助公益项目的过程中引入竞争机制，改善对联邦志愿服务计划的绩效评估等。

（二）西班牙的志愿服务立法

西班牙国会于 1996 年 1 月 15 日通过了《志愿服务法》，以促进与规范志愿服务事业的发展。该法在对志愿服务和志愿者的内涵与外延做了明确、具体界定的同时，还详细罗列了志愿者的权利和义务，以区别志愿者与领薪雇员。为明确志愿者和志愿服务组织双方的权利和义务，此法还要求志愿者和其所服务的志愿服务组织签订志愿服务契约。该法还规定了一系列有利于促进志愿服务的相关措施，例如：规定行政部门负有制定发展志愿服务的相关规划，为志愿服务提供技术援助、教育训练、资讯服务，宣传以及表彰志愿者的义务；给予志愿者享有使用公共交通工具和博物馆的打折优惠或津贴；志愿服务可折抵兵役；为志愿者开具服务证明书；等等。

在全国性志愿服务法出台之前，西班牙就有一些规范和管理志愿服务组织方面的相关法律。此外，西班牙不同的自治地方还出台了地方性志愿服务法，确立了志愿服务发展的法律框架。因此，西班牙志愿服务法仅适用于全国性和跨区域性志愿服务以及政府专属管辖权区域内的志愿服务。很多地方性志愿服务法强调志愿服务管理的分权性。这些法律还创设了协调性机构履行志愿服务促进职能，如为志愿者和志愿者组织提供资格认证等①。

---

① Nelson，T. A comparative look at national volunteerism legislation. The inter-American initiative for social capital，ethics and development inter-American development bank，June 2005.

（三）德国的志愿服务立法

传统上，德国的非营利组织承担了大部分的社会服务职能，而政府为有效提供社会服务，特别重视志愿服务工作①。为此，德国分别于1964年与1993年颁布了《奖励志愿社会年法》和《奖励志愿生态年法》。前者以“推介社会经验与提高公益责任与意识”为目的，后者以“提供发展人格及环保意识，创造为自然环境奉献心力的机会”为宗旨。首先，这两部法案都鼓励16～27岁的青年暂时离开校园或工作岗位6～12个月从事社会或环保领域的志愿服务。志愿者在提供服务的同时也要接受定期的教育与督导，以加强对该服务领域的认识并保证服务品质。其次，其《志愿服务法》还规定志愿者可享有税收、交通或社会保险等方面的优惠奖励，并可领取必要的服务津贴及适量零用钱。最后，法案对志愿者的权利及义务进行了明确规定，特别是在有关志愿者个人资料的运用方面，要求志愿服务组织遵守保密与尊重个人隐私的原则。

上述两部法案在2002年7月17日做了修正，修正案扩大了志愿者的志愿服务范围。除原有的社会服务外，志愿者也可参与体育、文化、古迹维护以及图书馆、博物馆等领域的志愿服务工作。此外，新法还规定中学生毕业后，可直接参与志愿服务，并取消了年龄下限②。

（四）日本的志愿服务立法

日本在二战失败之后，开始萌发现代志愿服务活动。日本于1951年创设社会福祉协议会，该协议会是日本最早开始促进志愿服务发展的社会组织。在社会福祉协议会建言下，日本先后制定了三项重要的志愿服务政策：一是1968年制定的《志愿服务者养成基本要领》，该政策包括以下五个主要章节：志愿服务的理念，志愿者养成的方向，志愿服务活动场地的提供与准备，志愿服务养成机构的机能，善意银行、志愿服务局的组织。二是1993年策划的《推动志愿服务活动七年计划》，该计划建立了志愿者督导制度。三是2001年制定的《第二次志愿服务市民活动推动的五年计划》。以上政策为日本志愿服务的发展创造了良好的制度环境。

---

① Zimmer, A. Corporatism revisited: The legacy of history and the Germany nonprofit sector. Voluntas: International journal of voluntary and nonprofit organization, 1999, 10 (1): 37-49.

② 莫于川. 中国志愿服务立法的新探索. 北京：法律出版社，2009：101.

目前，日本促进志愿服务的主要法案有以下两部：一是1990年颁布的《志愿服务振兴法》。随着日本社会的老龄化，越来越多的健康老人想参加志愿服务，政府为此颁布《志愿服务振兴法》，以促进日本志愿服务的发展。二是1998年颁布的《特定非营利活动促进法》。此法在总则中明确规定，日本所指称的非营利组织是指从事特定非营利活动的法人团体，以及人民基于志愿而进行社会贡献活动的团体，同时，这些团体必须以增进社会公益为目的。而这个法律也是目前日本判定哪些团体为非营利组织，可以招募、使用志愿者的重要依据。

二、国外志愿服务立法的功能

（一）界定志愿服务的概念

不同国家和地区的志愿服务法对志愿服务的定义虽有差异，但大致都包括自愿性、非营利性、公益性和组织性等要素。

（1）志愿服务的自愿性。西班牙《志愿服务法》强调志愿服务是“基于自由意志，非基于个人义务或法律责任”。

（2）志愿服务的非营利性。对于志愿服务的非营利性，西班牙《志愿服务法》将其描述为“无酬劳，然而从事志愿服务的经费可核实报销”；意大利《志愿服务基本政策法》规定，志愿服务不需要各方甚或受惠之人支付任何报酬，仅需志愿服务组织为其报销在从事志愿服务期间实际支出的各项费用，相关额度由各组织自行决定。

（3）志愿服务的公益性。为凸显志愿服务的公益性，各国志愿服务立法大都把志愿服务范围界定为公益领域。如西班牙《志愿服务法》定义志愿服务为符合公众利益之工作，罗马尼亚《志愿服务法》要求志愿服务以公众利益为目标。

（4）志愿服务的组织性。各国志愿服务法大都把志愿服务定义为有组织性的活动，而非亲朋之间的互助或偶发、零星的志愿服务活动。

（二）创设志愿服务协调机制

创设一个全国性的志愿服务协调机构是各个国家和地区推展志愿服务的通行做法。例如美国的官方志愿服务协调机构是“全国与社区服务组织”；在西班牙，则有内阁统筹志愿服务工作推展计划，整合劳动暨社会、环保、教育、文化暨体育、内政和卫生暨消费等部门，一起推展志愿服务工作；在澳大利亚，志愿服务活动则是由联邦家庭和社区服务部秘书处项目资助的“志愿澳大利亚”来统筹协调的；在日本，则有社会福祉协议会；韩国《志愿者活动基本法案》明确规定成立由直属国务总理的各部门、民间团体以及相关专家组成的志愿者活动振兴委员会。

此外，还有一些民间志愿服务协调组织，在协助政府统筹民间志愿服务，沟通政府与志愿服务组织等方面也发挥着重要的作用。例如，在美国，民间性的志愿者中心通过志愿服务方案把社区需求和人力资源联结起来；在英国，全国性的民间志愿服务协调组织则是全国志愿服务组织委员会；在韩国，民间性的志愿者活动合作会负责志愿服务组织间的合作，提供与志愿者活动相关的信息等。

（三）保障志愿者合法权益

志愿者的权益保障是志愿服务法的核心内容。在国外志愿服务立法中，志愿者合法权益的保障方式主要有两种：

（1）通过立法规定志愿者应享有的权利。西班牙《志愿服务法》在志愿者权利部分规定：志愿者有获取相关信息、训练、引导与支持等权利；一视同仁，尊重志愿者的自由、尊严、隐私与信仰；享有因从事志愿服务直接造成的意外及疾病保险；报销志愿服务相关费用；拥有志愿者身份证明；在适当安全与卫生条件下从事活动；等等。波兰《志愿服务法》规定，受惠者应告知志愿者从事志愿服务的风险以及防护办法；为志愿者提供安全和卫生的服务环境，包括医疗检查、人身保护以及安全和卫生事务培训，给予志愿者相关津贴，志愿者如遇意外有权获得赔偿等。德国《志愿服务法》则规定志愿者可享有税收、交通或社会保险等方面的优惠奖励，并可领取必要的服务津贴等。

（2）建立志愿者免责机制来保障志愿者权益。所谓志愿者免责机制，是指在志愿服务中志愿者侵害他人权利时，由志愿服务组织或政府承担相应的民事赔偿责任。如上所述，美国1997年通过的《联邦志愿者保护法》就明确规定，在法定情形下，志愿者对其参加志愿活动时所带来的损害享有豁免权。在澳大利亚，大多数州的法律规定把志愿者在志愿服务中所引起的民事法律责任转移给组织志愿服务的公共部门承担。

（四）制定志愿服务促进措施

为促进志愿服务事业的发展，有些国家如英国专门出台相关政策促进志愿服务发展；一些国家和地区在志愿服务立法中还单独设立“志愿服务促进措施”一章，集中规定促进志愿服务发展的具体措施，如西班牙等。例如，西班牙在《志愿服务法》的“志愿服务促进措施”部分规定：政府部门应为志愿服务提供技术援助、教育训练、信息服务，宣传以及表彰；志愿者在使用公共交通工具以及进入国营博物馆时，享有折扣或津贴，以及其他社会福利；志愿服务年资可折抵兵役；为志愿者开具志愿服务证明书；等等。

在韩国，1996 年国家教育改革委员会规定，在中、小学实行学年综合生活记录制度，要求记录学生参加志愿服务活动的情况，以作为升学选拔和考核的资料。公立大学必须以此为考核依据，私立学校参照执行。在大学则将志愿服务作为教育科目①。

为促进志愿服务发展，新加坡设置了三个等级的社会服务奖，每年国庆日由总统或总理为优秀志愿者颁奖。此外，新加坡还规定每年的 7 月是志愿服务月，4 月为关怀分享月，以弘扬志愿服务精神，推进志愿服务发展②。

第三节　我国志愿服务法制建设

案　例

政府部门安排志愿服务属强制摊派吗

2014 年 11 月 26 日，广州市花都区根据《花都区司法局开展一村（社区）一法律顾问工作的实施方案》，在各律师事务所自荐的基础上，遴选备选村（社区）法律顾问人员。然后按照“属地优先，就近服务”的原则，根据 10 个镇街下属的村（社区）数量和全区律师数量，综合统筹安排村（社区）与律师事务所对接工作。同年 12 月 3 日，古谷律师事务所认为该方案有失公允，要求撤销村居法律顾问配对方案，重新公平分配。花都区司法局没有接受其撤销配对方案的请求。古谷律师事务所不服，向法院提起行政诉讼，请求撤销被告关于村居法律顾问的律师配对方案。

资料来源：广东古谷律师事务所与广州市花都区司法局其他二审行政裁定书，中国裁判文书网，2015-07-20.

① 冯英，张惠秋，白亮．外国的志愿者．北京：中国社会出版社，2008：89-90.

② 同①86-87.

【点评】

一村（社区）一法律顾问工作属于法律志愿服务的范畴。依据《志愿服务条例》第25条规定，任何组织和个人不得强行指派志愿者、志愿服务组织提供服务。因此，花都区司法局做出的村居律师配对方案属于政策指导性文件，并不具有强制力。是否参与法律顾问工作由律师事务所自荐，律师自愿。依据最高人民法院关于《行政诉讼法》的司法解释，不具有强制力的行政指导行为，不属于人民法院行政诉讼的受案范围。

如果司法局以志愿服务为名，强制向律师事务所摊派法律服务，依据《志愿服务条例》第40条规定，有关部门强行指派志愿者、志愿服务组织提供服务的，由上级机关或者监察机关责令改正；依法应当给予处分的，由任免机关或者监察机关对直接负责的主管人员和其他直接责任人员给予处分。

一、我国志愿服务法制建设的历程

（一）地方志愿服务法制建设

地方志愿服务法制，主要是指具有立法权的地方人民代表大会颁布的地方志愿服务法规。中国志愿服务法制建设始于地方志愿服务法规，1999年《广东省青年志愿服务条例》的出台，标志着地方志愿服务法制建设的开端。

1. 地方志愿服务法制建设的起步期

世纪之交，志愿服务，尤其是青年志愿服务的快速发展，促使志愿服务法制建设拉开帷幕。1999年，当代志愿服务发源地之一的广东省，历经3年酝酿，正式颁布实施了全国第一部志愿服务地方性法规——《广东省青年志愿服务条例》。该条例共27条，主要内容包括立法宗旨、青年志愿者协会、青年志愿者的基本条件、青年志愿者的权利和义务、志愿服务的范围、志愿服务的保障和激励以及志愿服务的法律责任等。该条例将青年志愿者的年龄限定为16周岁到35周岁，还规定新闻媒介应当无偿开展青年志愿服务的公益性宣传工作。

2001年，一系列国际志愿者年活动的开展有力促进了我国志愿服务事业的发展，也加速了志愿服务法制建设的进程。同年，《山东青年志愿服务规定》颁布实施，该条例共 16 条，主要内容包括立法宗旨、基本概念、服务范围与重点、青年志愿者的权利与义务、绩效评价、保险、表彰奖励以及法律责任等。该条例首次规定捐赠人捐赠财产用于青年志愿服务活动，依法享有税收优惠；县级以上人民政府应当为青年志愿服务活动予以表彰和奖励。

2002 年，《宁波市青年志愿服务条例》颁布，次年实施。该条例共 23 条，主要内容包括青年志愿者协会，志愿者的条件、权利和义务，经费，奖励，注册等。该条例规定青年志愿者的年龄下限为年满 16 岁，无上限规定。

2003 年，《福建省青年志愿服务条例》颁布实施，该条例共 19 条，其主要内容包括志愿服务发展中政府与社会的责任、志愿服务的范围、志愿者组织的职责、经费、注册等。该条例确定了青年志愿者注册制度，鼓励青年志愿者注册登记成为注册青年志愿者。同年，《河南省关于深入开展青年志愿服务活动的决定》出台，该决定共 10 条，其主要内容包括青年志愿服务、志愿者、志愿者组织等基本概念，志愿者的权利义务，经费，激励等。该决定在地方志愿者服务立法中首次明确规定了一系列奖励志愿服务活动的措施。

早期的地方志愿服务立法，从规范对象来看，主要是针对青年志愿服务的，在名称上也都冠以“青年志愿服务”；从内容上看，条款较少，简单笼统；在立法结构上仅有条款，不分章节。这反映出当时志愿服务立法无先例可循、经验不足的现实，但这毕竟为以后的地方志愿服务条例的制定做出了可贵的立法探索。

2. 地方志愿服务法制建设的发展期

2003 年，《黑龙江省志愿服务条例》颁布实施，该条例共 9 章 46 条，基本内容包括总则、志愿者组织、志愿者、志愿服务范围、志愿服务经费、社会支持、表彰奖励、法律责任和附则 9 个部分。在名称上，该条例首次取消“青年”这个限定词，将志愿服务的范围从青年志愿服务拓展到全民志愿服务；在立法结构上首次采用分章的形式；从立法质量上看，该条例可被视为早期地方志愿服务立法的典范。此后，地方志愿服务立法进程加快，志愿服务法制建设进入发展期。

2004 年，《杭州市志愿服务条例》施行，该条例首次将青年志愿者协会的法律地位确定为社会团体法人；同时，对志愿服务管理体制进行创新，首次规定市和各区、县（市）应当建立志愿服务工作委员会及其办事机构志愿者工作指导中心，对本行政区域内志愿服务活动进行组织、指导和协调；此外，还规定志愿者组织应当发给志愿者志愿服务证、志愿服务记录册和志愿者标志。同年，《抚顺市志愿服务条例》《银川市青年志愿服务条例》先后颁布实施。

2005 年，成都市、深圳市和南京市均施行了地方志愿服务条例。《成都市志愿服务条例》限定志愿者最小年龄为年满 14 周岁；未成年人志愿者应征得监护人同意方可参加与其年龄、身心状况相当的志愿服务；志愿者组织与志愿服务对象之间应当订立志愿服务协议。《深圳市义工服务条例》首次采用“义工”和“义工服务”的称谓。《南京市志愿服务条例》将每年的 3 月 5 日设立为南京市志愿者日。2006 年，吉林市、宁夏回族自治区、湖北省和济南市施行了地方志愿服务条例。2007 年，江苏省、北京市先后施行志愿服务条例。

这一时期，不少地方志愿服务条例开始采用分章的结构形式，一般包括总则、志愿者、志愿者组织、志愿服务、支持与保障（或表彰与激励）、法律责任和附则等 7 个部分，立法结构更趋严谨；在立法规范范围上，大多数地方志愿服务法规冠名以“志愿服务条例”，不再局限于青年志愿服务。

3. 地方志愿服务法制建设的深化期

2008 年北京奥运会有力促进了北京、天津和青岛等承担奥运会赛事的城市的志愿服务法制建设进程。为促进志愿服务事业发展，并为奥运会志愿服务提供法制保障，2007 年《北京市志愿服务促进条例》颁布实施。该条例首次在名称中使用“促进”一词，标明该法主要功能在于促进志愿服务事业的发展。同年，作为奥运会赛区城市的天津市和青岛市也先后颁布志愿服务条例。北京奥运会前后，江西省、浙江省、广州市、淄博市也先后通过地方志愿服务条例。

2008 年 5 月 12 日汶川特大地震发生，数十万名志愿者迅速从全国各地涌向灾区，积极投身抗震救灾和灾后重建工作。自发的救灾志愿服务存在着零散、无序等现象，暴露出志愿服务管理工作法制保障不足的问题。针对突发事件中志愿服务管理无序的问题，2009 年 9 月 25 日颁布的《四川省志愿服务条例》第 22 条明确规定：“自发开展突发事件志愿服务活动的志愿者应当及时与突发事件发生地的人民政府及其委托的志愿者组织联系，并接受突发事件发生地的人民政府的统一指挥、安排和管理。突发事件发生地的人民政府及其委托的志愿者组织，应当在当地设立志愿服务接待机构，根据需要安排使用和管理志愿者。”这是地方志愿服务立法中首次对突发事件志愿服务活动做出规范。

2009年，为给2010年广州亚运会志愿服务提供法制保障，推进广州市志愿服务事业深入发展，《广州市志愿服务条例》颁布实施。同年，《上海市志愿服务条例》颁布实施，为2010年上海世博会志愿服务提供了有效的法律保障。同年，新疆维吾尔自治区、海南省也先后颁布并实施了地方志愿服务条例。

2010年，汕头市、昆明市、唐山市和陕西省先后出台地方志愿服务条例。广东省则修订了志愿服务条例，对志愿者的条件做了最宽泛的界定，鼓励未成年人参加志愿服务，新增了关于志愿服务协议的规定。2011年，《南宁市志愿服务条例》颁布实施。2012年，宁波市、黑龙江省志愿服务条例先后修订，湖南省、珠海经济特区志愿服务条例先后颁布。

党的十八大以来，地方志愿服务法制建设持续快速发展，合肥市、山西省、大连市、福州市、包头市、西藏自治区、重庆市、武汉市、河北省先后颁布地方志愿服务条例。目前31个省级行政区中，已出台志愿服务立法的有20个，其中出台地方性法规的有19个；在49个较大的市中，已出台志愿服务法规的有20个，其中出台地方性法规的有18个。尚未进行地方立法的部分省区市大多制定了行政规范性文件。这些地方志愿服务条例的出台标志着志愿服务走向法治化。

（二）全国性法规：《志愿服务条例》的出台

2017年8月22日，国务院颁布了全国性志愿服务法规——《志愿服务条例》（2017年12月1日施行）。作为一部志愿服务领域专门的行政法规，条例明确了志愿服务的基本原则和治理体制，确定了志愿者权利义务、服务对象权益保障、鼓励发展专业志愿服务等，并规定了扶持和保障措施，促进志愿服务在全社会蔚然成风，成为推动文明进步、增进民生福祉的重要力量。

从立法内容看，与地方志愿服务法规相比，《志愿服务条例》有如下亮点：（1）在志愿服务协调机制方面，该条例明确规定由各级精神文明建设指导机构建立志愿服务工作协调机制。（2）在志愿者管理方面，该条例要求志愿服务组织应当如实记录志愿者基本信息、志愿服务相关信息，按照统一的信息数据标准录入国务院民政部门指定的志愿服务信息系统，实现数据互联互通。（3）在志愿服务专业化方面，该条例鼓励和支持志愿服务组织和专业志愿者开展专业志愿服务活动。（4）在志愿者及其服务对象权益保障方面，该条例规定，不得公开或者泄露志愿者有关信息以及服务对象的个人隐私；不得强行指派志愿者、志愿服务组织提供服务。(5) 在志愿服务促进措施上，该条例规定各级政府应当制定志愿服务事业促进政策和措施，为志愿服务提供指导和帮助；建立健全志愿服务统计和发布制度等。(6) 在法律责任方面，该条例专门针对泄露志愿者有关信息、侵害志愿服务对象个人隐私，收取服务对象报酬，不依法记录志愿服务信息或者出具志愿服务记录证明等违法行为，以及志愿服务管理部门强行指派服务、未依法履行监督管理职责等滥用职权、玩忽职守、徇私舞弊的行为，明确规定了具体的追责方式。

二、《慈善法》对志愿服务的影响

2016 年 9 月 1 日，《慈善法》正式施行，这是我国首部慈善领域的专门法律。《慈善法》第 8 条规定，慈善组织是“指依法成立、符合本法规定，以面向社会开展慈善活动为宗旨的非营利性组织”，该界定将慈善组织范围扩大，志愿服务组织也被纳入其中；第 61 条将“慈善组织和其他组织以及个人基于慈善目的，向社会或者他人提供的志愿无偿服务以及其他非营利服务”界定为慈善服务，因此慈善服务也是志愿服务，《慈善法》也成了我国志愿服务组织和慈善志愿服务发展的重要法律保障。作为一部规范慈善活动的基础性、综合性法律，《慈善法》涉及志愿服务的条款共有 13 条，分布于第一章“总则”、第七章“慈善服务”和第十一章“法律责任”。从这些法律条款可以看出，《慈善法》具有保障志愿者权益、规范志愿服务项目管理、提升志愿服务质量等功能，必将引领我国志愿服务事业持续深入发展。

（一）保障志愿者权益

《慈善法》的第 1 条就表明，保护志愿者合法权益是立法目的之一。概言之，《慈善法》主要保障志愿者的如下权益：(1) 隐私权。《慈善法》第 62 条规定不得侵害受益人、志愿者的隐私。个人隐私主要包括慈善组织对志愿者实名登记的姓名、住所、联络方式等个人信息。未经志愿者同意，慈善组织不得泄露其个人隐私。(2) 培训权。《慈善法》第 63 条规定，慈善组织招募志愿者参与慈善服务，需要专门技能的，应当对志愿者开展相关培训。要把志愿服务做好，志愿者仅靠热情还不够，还需要掌握一些基本的服务技能，尤其是一些专业志愿服务。(3) 知情权。志愿者只有了解了慈善组织和慈善项目的基本信息，才可以充分行使是否参与志愿服务的自主决定权。《慈善法》第 64 条规定，慈善组织招募志愿者参与慈善服务，应当公示与慈善服务有关的全部信息，告知服务过程中可能发生的风险。

(4) 人身保障权。《慈善法》第 68 条规定，志愿者参与可能发生人身危险的慈善服务前，慈善组织应当为志愿者购买相应的人身意外伤害保险。通过对慈善组织设定强制性法律义务，要求慈善组织为志愿者购买相应保险，有利于防范和化解志愿服务过程中的风险，免除志愿者参与志愿服务的后顾之忧，保护志愿者权益①。

（二）规范志愿服务项目管理

志愿服务项目管理主要包括志愿者的招募注册、管理培训、服务记录和证明出具、安全保障和人身保险等环节。其中，慈善组织通过志愿者招募，逐步建立起长期稳定、结构合理的志愿者队伍，为开展志愿服务提供了人员保障。志愿者相关信息的注册登记，使慈善组织可以根据志愿者的服务意愿、专业特长，为其安排合适的服务岗位，达到人事相宜。同时，注册登记也有助于增强志愿者对慈善组织的归属感、荣誉感、责任感和使命感，促进其积极改进服务态度、增强服务技能、提高服务质量。志愿服务记录和证明是对志愿者参与志愿服务的相关信息的记载，在志愿者因升学、就业等有需要时，志愿服务组织应为其出具志愿服务记录证明。这为志愿者激励回馈提供了依据，体现了社会对志愿者服务价值的认可和尊重。志愿者的管理培训可以提升志愿者的服务专业性和服务质量。志愿者的安全保障可以抵御志愿服务的潜在风险，提高公众参与志愿服务的积极性。《慈善法》第七章“慈善服务”用 8 项条款确立了上述志愿服务管理制度，为规范志愿服务项目管理提供了有力的法制保障②。

（三）提升志愿服务质量

志愿者参与志愿服务往往会出现热情有余而能力不足的情况，影响志愿服务质量。对志愿者进行必要的基础培训和专业培训、使其掌握志愿服务的基本知识与理念，是强化志愿者服务精神、培养其专业技能、提高其服务质量的重要途径。《慈善法》第 63 条规定“慈善组织招募志愿者参与慈善服务，需要专门技能的，应当对志愿者开展相关培训”；《慈善法》第 67 条规定“志愿者接受慈善组织安排参与慈善服务的，应当服从管理，接受必要的培训”。通过建立志愿者培训制度，《慈善法》有效提升了志愿服务的质量。

---

① 吕晓莉．慈善法与志愿服务的新发展．中国民政，2016（13）．

② 郑章树．慈善法与志愿服务的新发展．大社会，2016（7）．

案　例

志愿者在志愿服务中意外受伤怎么办

2016 年 7 月 25 日，岳阳市志愿者叶柒荣在乘坐摩托车去华容县发放防汛救灾物资途中因路面颠簸，不慎从摩托车跌下受伤，后住院治疗花费 7 849 元。因志愿组织为其购买了人身意外伤害保险，叶柒荣顺利获得保险公司医疗费用理赔。据悉，《湖南省志愿服务条例》和湖南省文明委、省志工委明确要求，要建立健全志愿服务保险制度，为志愿者购买必要保险，并委托吉祥人寿保险股份有限公司专门为湖南志愿服务网实名注册的志愿者办理人身意外伤害保险业务。

资料来源：王颖奇，陈昱伶．岳阳志愿者首获公益保险理赔 保障志愿者合法权益．岳阳日报，2016-09-12.

【点评】

参与志愿服务，一旦受伤谁来负责？从劳动法角度看，志愿者既不是志愿服务组织的工作人员，也不是拿报酬的劳动者，所以在志愿服务中受到人身损害，不能构成工伤。从民法角度看，若是第三方造成志愿者的人身伤害，应由第三方承担赔偿责任；若是意外事件没有明确的第三方责任人，则往往只能由受伤者自己承受。因此，对于有人身危险的志愿服务，购买人身保险是十分有必要的。2014 年 2 月 19 日，中央精神文明建设指导委员会印发的《关于推进志愿服务制度化的意见》中提道，要根据志愿服务活动的需要，为志愿者购买必要保险、提供基本保障。2017 年 12 月 1 日实施的《志愿服务条例》也规定：“志愿服务组织安排志愿者参与可能发生人身危险的志愿服务活动前，应当为志愿者购买相应的人身意外伤害保险。”

三、《志愿服务条例》的主要内容

从立法结构上看，《志愿服务条例》分为“总则”“志愿者和志愿服务组织”“志愿服务活动”“促进措施”“法律责任”“附则”，共 6 章 44 条，以下择要介绍其立法内容。

（一）志愿服务治理体制

《志愿服务条例》第 5 条规定：“国家和地方精神文明建设指导机构建立志愿服务工作协调机制，加强对志愿服务工作的统筹规划、协调指导、督促检查和经验推广。国务院民政部门负责全国志愿服务行政管理工作；县级以上地方人民政府民政部门负责本行政区域内志愿服务行政管理工作。县级以上人民政府有关部门按照各自职责，负责与志愿服务有关的工作。工会、共产主义青年团、妇女联合会等有关人民团体和群众团体应当在各自的工作范围内做好相应的志愿服务工作。”也就是说，各级精神文明建设委员会是本级志愿服务工作的协调机构；各级民政部门是本级志愿服务工作的行政管理机构，县级以上地方政府职能部门按照各自职责负责与志愿服务有关的工作；有关人民团体和群众团体在各自的工作范围内开展志愿服务工作。《志愿服务条例》以法律的形式确立了“党委领导、政府负责、社会协同、公众参与”的志愿服务治理体制，赋予了志愿服务鲜明的中国特色。

（二）志愿者权益保障

保障志愿者权益是《志愿服务条例》的立法宗旨之一。条例赋予志愿者如下权益：(1) 选择权。第 11 条规定，志愿者可以参与志愿服务组织开展的志愿服务活动，也可以自行依法开展志愿服务活动。(2) 知情权。第 12 条规定，志愿服务组织招募志愿者时，应当说明与志愿服务有关的真实、准确、完整的信息以及志愿服务的风险。(3) 拒绝权。第 15 条规定，志愿服务组织不得要求志愿者提供超出其能力的志愿服务，这意味着志愿者有权拒绝其无法胜任的服务。第 25 条规定，任何组织和个人不得强行指派志愿者、志愿服务组织提供服务，也就是说，志愿者可以拒绝摊派。(4) 培训权。第 16 条规定，志愿者参与需要专门知识、技能的服务，有权获得教育和培训。(5) 求助权。第 17 条规定，志愿者参与志愿服务过程中遇到困难时，志愿服务组织应提供必要条件予以解决。(6) 隐私权。第 20 条规定，未经志愿者本人同意，不得公开或者泄露其有关信息。(7) 获取证明权。第 19 条规定，志愿者需要志愿服务记录证明的，志愿服务组织应当依据志愿服务记录无偿、如实出具。(8) 监督权。第 26 条规定，任何组织和个人（包括志愿者）发现志愿服务组织有违法行为，都可以向有关部门投诉、举报。(9) 获得表彰权。第 32 条规定，对做出突出贡献的志愿者，政府或者有关部门予以表彰、奖励。(10) 就业优先权。第 32 条规定，国家鼓励企业和其他组织在同等条件下优先招用有良好志愿服务记录的志愿者。公务员考录、事业单位招聘可以将志愿服务情况纳入考察内容。(11) 优待权。第 33 条鼓励公共服务机构等对有良好志愿服务记录的志愿者给予优待。

（三）志愿服务促进措施

促进志愿服务发展是《志愿服务条例》的立法目的之一。纵览《志愿服务条例》，促进志愿服务发展的措施主要包括：(1) 县级以上人民政府应当制定促进志愿服务事业发展的政策和措施，为志愿服务提供指导和帮助；将志愿服务事业纳入国民经济和社会发展规划，合理安排志愿服务所需资金，促进广覆盖、多层次、宽领域开展志愿服务。（2）建立志愿服务工作协调机制，加强对志愿服务工作的统筹规划、协调指导、督促检查和经验推广。（3）学校、家庭和社会应当培养青少年的志愿服务意识和能力。高等学校、中等职业学校可以将学生参与志愿服务活动纳入实践学分管理。（4）各级政府及其有关部门可以依法通过购买服务等方式，支持志愿服务运营管理。（5）自然人、法人和其他组织捐赠财产用于志愿服务的，依法享受税收优惠。（6）对做出突出贡献的志愿者、志愿服务组织依法予以表彰、奖励。（7）国家鼓励企业和其他组织在同等条件下优先招用有良好志愿服务记录的志愿者。公务员考录、事业单位招聘可以将志愿服务情况纳入考察内容。（8）鼓励公共服务机构等对有良好志愿服务记录的志愿者给予优待。（9）建立健全志愿服务统计和发布制度。（10）媒体应当积极开展志愿服务宣传活动，传播志愿服务文化，弘扬志愿服务精神。

（四）志愿服务法律保障

《志愿服务条例》第五章单列“法律责任”，对侵犯志愿者隐私权、利用志愿服务营利、志愿服务记录与证明方面违法以及行政部门失职渎职进行问责，为规范志愿服务提供法律保障。问责事项主要包括：

（1）侵权问责。第 36 条规定，志愿服务组织泄露志愿者有关信息、侵害志愿服务对象个人隐私的，由民政部门予以警告，责令限期改正，逾期不改正的，责令限期停止活动并进行整改；情节严重的，吊销登记证书并予以公告。

（2）营利问责。第 37 条规定，志愿服务组织、志愿者向志愿服务对象收取或者变相收取报酬的，由民政部门根据情节予以警告，责令退还收取的报酬，对有关组织或者个人并处所收取报酬一倍以上五倍以下的罚款等行政处罚。第 39 条规定，对以志愿服务名义进行营利性活动的组织和个人，由民政、工商等部门依法查处。

（3）志愿服务记录与证明违法问责。第 38 条规定，志愿服务组织不依法记录志愿服务信息或者出具志愿服务记录证明的，由民政部门根据情节予以警告，责令限期改正，责令限期停止活动等行政处罚。

（4）行政部门失职渎职问责。第 40 条规定，各级民政部门和其他有关部门及其工作人员有下列情形的，由上级机关或监察机关责令改正。1）强行指派志愿者、志愿服务组织提供服务；2）未依法履行监督管理职责；3）其他滥用职权、玩忽职守、徇私舞弊的行为。依法应当给予处分的，由任免机关或者监察机关对直接负责的主管人员和其他直接责任人员给予处分。

第四节　我国志愿服务的基本政策

案　例

志愿服务证明能网购吗

每逢暑假，就有不少大学生选择参加支教等志愿服务活动，大学的奖学金评定、研究生保送、出国留学机会也多少与学生志愿服务有所关联。新闻披露，在一些购物网站上，输入“志愿证明”四个字，就能出现不少商家信息。除了“志愿证明”，商品关键词还附加了学分、支教、志愿工时证明等字眼，更有商家称“用这加分、评优、考研、找工作挺好的”。在销售量里，一家网店的月销售量近300，还收到了很多“好评”。有记者调查发现，除了纸质证明外，在全国最知名的志愿者管理服务信息系统以及志愿中国下面的“志愿汇”App上，一些淘宝商家还能够为购买者录入志愿时长，志愿活动时间、志愿地点也能随意填写。

资料来源：陈方．网购“志愿证明”背后有何猫腻．光明日报，2017-08-07(2).

【点评】

网购志愿服务证明，借公益之名行营利之实，已触犯了国家相关法规。如果是商家制造伪造志愿服务证明、加盖假章，在网络上贩卖牟利，涉嫌伪造印章罪；购买者如果用这种志愿服务证明求职，则涉嫌编造履历，违反劳动合同法，有被用人单位解除劳动关系的危险；如果是志愿服务组织与商家合谋虚开志愿服务证明，依据《志愿服务条例》第38条规定，志愿服务组织不依法记录志愿服务信息或者出具志愿服务记录证明的，由民政部门予以警告，责令限期改正；逾期不改正的，责令限期停止活动，并可以向社会和有关单位通报。2015年，中央文明办、民政部、教育部、共青团中央联合下发《关于规范志愿服务记录证明工作的指导意见》，要求按照“谁证明谁负责”的原则，逐步建立志愿服务虚假证明责任追究制度和监督检查制度，对出具、伪造虚假志愿服务记录证明的单位或个人，分别做出处罚，探索将其纳入单位或个人诚信体系，并以适当方式向社会公布。

志愿服务的基本政策，主要是指中央党政机关、人民团体发布的、尚不具有法律效力的规范，但能够促进志愿服务发展的规范性文件，具体表现为志愿服务的发展规划、管理办法以及指导意见等。志愿服务基本政策与志愿服务法制相辅相成，具有功能的共同性、内容的一致性和适用的互补性，二者共同促进志愿服务事业的发展。党的十八大以来，中宣部、中央精神文明建设指导委员会等党中央有关部委，民政部、教育部、财政部等中央政府部门，以及团中央、全国妇联、中国残联、中国红十字会等组织团体，发布实施了一系列关于志愿服务的政策文件，有力推动了全国志愿服务事业的发展。

一、党的系统（机关）颁发的志愿服务政策性文件

在党中央层面，2013 年，党的十八届三中全会提出“支持和发展志愿服务组织”；2015 年，党的十八届五中全会也明确提出“广泛动员社会力量开展社会救济和社会互助、志愿服务活动”。党中央以政策文件的形式强调志愿服务的重要性，支持志愿服务发展，标志着志愿服务政策发展迈入深化阶段。此外，党中央各部委也单独或联合其他部门出台了不少政策文件推动志愿服务发展，主要包括以下几个方面：

（一）《关于推进志愿服务制度化的意见》

2014 年 2 月，中央精神文明建设委员会印发了《关于推进志愿服务制度化的意见》，规范志愿者招募注册、加强志愿者培训管理、建立志愿服务记录制度、健全志愿服务激励机制以及完善志愿服务的政策和法律保障。该意见的实施全面深入地推动着我国志愿服务事业走向制度化建设时期。

（二）《关于规范志愿服务记录证明工作的指导意见》

2015 年 8 月，中央文明办、民政部、教育部、共青团中央四部门联合印发了《关于规范志愿服务记录证明工作的指导意见》，明确了志愿服务记录证明出具主体，统一了志愿服务记录证明格式，规范了志愿服务记录证明工作流程，建立了志愿服务虚假证明责任追究制度，加强了对志愿服务记录证明工作的组织领导等内容。

（三）《关于支持和发展志愿服务组织的意见》

2016 年 7 月，中共中央宣传部、中央文明办、民政部、教育部、财政部、全国总工会、共青团中央、全国妇联联合印发了《关于支持和发展志愿服务组织的意见》，对加强志愿服务组织培育、提升志愿服务组织能力、深化志愿服务组织服务、加强对志愿服务组织发展的组织领导等进行了具

体的规定。意见明确提出，到2020年我国要基本建成布局合理、管理规范、服务完善、充满活力的志愿服务组织体系，为促进志愿服务组织的全面发展提供政策和战略支持。

（四）《关于公共文化设施开展学雷锋志愿服务的实施意见》

2016年12月，中宣部、中央文明办印发《关于公共文化设施开展学雷锋志愿服务的实施意见》，要求以公共图书馆、博物馆、文化馆、美术馆、科技馆和革命纪念馆为实践平台，到2020年基本建成公共文化设施志愿服务组织体系、志愿服务项目体系和志愿服务管理制度体系；要求广泛吸引志愿者参与文化志愿服务，努力推动志愿服务事业在与公共文化服务的融合中深入发展。

二、国务院系统关于志愿服务的相关政策

除了与党中央各部门联合发文，国务院部委也单独制定了一些与志愿服务相关的政策，主要包括：

（一）教育部：《学生志愿服务管理暂行办法》

2015年3月，教育部印发《学生志愿服务管理暂行办法》，要求各地教育部门、各级各类学校要把志愿服务作为加强大学生思想政治教育和未成年人思想道德建设的重要举措，努力提升学生志愿服务管理水平，并且规定了相应的志愿服务学分制度。自此，志愿服务正式成为国民教育的重要内容。

（二）民政部：《志愿服务信息系统基本规范》

2015年7月，民政部出台《志愿服务信息系统基本规范》，这是志愿服务的第一个行业标准，对志愿者、志愿团体、志愿服务项目、志愿服务时间等志愿服务相关信息进行了规范，以解决因业务流程不规范、数据标准不一致等原因导致的各系统之间不能互联互通、信息不能共享的问题。

（三）文化部：《文化志愿服务管理办法》

2016年7月14日，为推动文化志愿服务规范化、制度化，构建参与广泛、内容丰富、形式多样、机制健全的文化志愿服务体系，文化部印发了《文化志愿服务管理办法》。

三、人民团体关于志愿服务的政策性文件

除了与党中央、国务院各部委联合发文，中国残疾人联合会、共青团中央等团体组织还单独印发了一些规范与促进志愿服务发展的政策性文件，主要包括：

（一）中国残疾人联合会：《中国助残志愿者注册管理办法（试行）》

2013 年 6 月，中国残疾人联合会发布《中国助残志愿者注册管理办法（试行）》，对助残志愿者的招募和注册、权利和义务、服务与对接、组织与管理、评价与表彰进行全面规范，有力地促进了助残志愿服务的发展。

（二）共青团中央：《中国青年志愿者行动发展规划（2014—2018）》等

（1）2013 年 12 月，共青团中央和中国青年志愿者协会发布《中国青年志愿者行动发展规划（2014—2018）》，全面深化青年志愿服务，推动青年志愿服务事业科学发展。共青团中央、全国妇联、全国总工会、中国残疾人联合会等社会团体合力推动志愿服务发展的局面逐渐形成。

（2）2013 年 12 月，共青团中央颁布《中国注册志愿者管理办法》，对注册志愿者、权利与义务、志愿服务、组织与管理以及激励与表彰等做了具体规定。

总的来看，党的十八以来，从志愿者的注册管理、记录证明、信息系统基本规范，到志愿服务组织发展、志愿服务制度化和志愿服务发展规划等一系列政策文件密集出台，让志愿服务法制体系得到进一步完善，使志愿服务资源得到进一步整合，形成了全社会推动志愿服务、参与志愿服务的新局面①。

思考与讨论

1. 志愿服务法制的基本原则是什么？
2. 志愿服务法制建设的意义是什么？
3. 国外志愿服务立法的功能有哪些？对我国有什么启示？
4. 《中华人民共和国慈善法》的颁布对志愿服务的影响有哪些？
5. 《志愿服务条例》的颁布有什么意义？如何贯彻《志愿服务条例》？

① 魏娜. 党的十八大以来我国志愿服务的机遇、成就与发展. 中国志愿，2017（3）.

第七章
志愿者管理

引 例

“井喷式献爱心”，老人有点累

重阳节前后，某市老年公寓有四拨爱心人士前后来给老人们献爱心，有位老人甚至一天被志愿者洗了 7 次脚。对于这样的井喷式献爱心，不少老人都说受不了。

王奶奶住在“夕阳情”老年公寓。当日 7 点半吃完早饭，公寓便迎来了第一拨爱心人士，他们主要是帮老人们打扫卫生、洗头洗脚、剪指甲和掏耳屎，并发放零食。王奶奶很开心，带着零食回到房间。不久，第二拨爱心人士来了，依然是同样的工作。午休之后，又有志愿者来了，主要是和老人联欢，表演节目。之后，最后一拨爱心人士要和老人们一起包饺子。

这一天，王奶奶被梳了两次头，被剪了两次指甲，被洗了两次脚，被掏了两次耳屎……养老院好几位老人都享受了同样的“待遇”。下午 4 点，王奶奶已经累得不得不耷拉着脑袋。工作人员说，最近每天都有志愿者来献爱心，打破了老人们的作息习惯，老人们可能有点累了。王奶奶的经历还算好的。有时，因为人太多，工作人员忙着组织，一时疏忽，有的老人一天甚至被洗了 7 次脚。

爱老敬老是中华民族的传统美德，但志愿者们在节假日的扎堆献爱心活动已成为一些养老院“甜蜜的烦恼”，极少数志愿者的行为甚至透露出功利化和形式主义色彩。此种现象不得不引人反思。

第一节　志愿者管理的重要性

志愿者管理是指志愿者的招募、培训、使用、评估、激励等一系列工作的总称。对志愿者进行管理是为了激励志愿者，促使志愿者高效地投入组织的工作中，以提高志愿服务工作的质量，并帮助志愿者获得发展①。

志愿者作为非营利组织的重要人力资源，若不能进行良好的志愿者管理，不但会造成人力资源的浪费，更会造成社会资源的浪费②，还有可能成为服务对象的负担。因此有效的志愿者管理无论是对志愿者、志愿服务组织还是对服务对象甚至社会，都有其独特的重要性。主要体现在以下四个方面：

一、有助于提高志愿服务的计划性

案　例

某院校“爱心义工”的志愿活动安排

1. 第一期

活动主题：“手牵手——传递敬老爱老之火炬，心连心——分享孤寡老人之阳光”。

活动对象：丹江里养老院、马三立敬老院。

活动方式：(1) 到敬老院打扫卫生，大约需要30分钟。(2) 陪老人聊天，大约需要1个小时。(3) 文艺表演。

活动时间：12月11日。

2. 第二期

活动主题：“凝聚你我，燃点爱心”。

活动对象：益寿养老院、利安敬老院、太阳村。

活动方式：(1) 在敬老院做投篮游戏。(2) 到太阳村帮助孩子们打扫卫生，清理垃圾。(3) 去敬老院和太阳村包饺子，送去节日的温暖。

活动时间：1月1日。

---

① 北京志愿服务发展研究会. 中国志愿服务大辞典. 北京. 中国大百科全书出版社，2014(9)：48.

② 张远凤. 德鲁克论非营利组织管理. 外国经济与管理，2002，24(9)：2-7.

3. 第三期

…………

资料来源：崔向华，张婷. 非营利组织管理导引与案例. 北京：中国人民大学出版社，2013：228-229.

【点评】

此院校的“爱心义工”志愿服务组织对每期的志愿活动都做了细致的安排，明确了将开展的志愿活动的主题、服务对象、方式和时间，提高了“爱心义工”志愿服务的计划性。

志愿服务的管理活动皆由计划所衍生，通过志愿者管理提高服务的计划性对志愿服务尤为关键，这里的“计划”指志愿机构的服务计划，即确立志愿服务机构的目标，并预先设计适当的行动去实现目标的过程。如在志愿者招募前需要充分了解志愿者与志愿服务组织的情况以便于计划和准备相应的活动安排。通过合理的志愿规划，进而围绕志愿者的招募、培训、使用、评估、激励等一系列的管理过程，对志愿服务机构的人力与其他资源进行有效组织，从而提高机构所开展的服务的计划性。

二、有助于提高志愿服务的规范性

志愿者管理工作有助于提高志愿服务的规范性，避免由于招募、培训、管理机制不完善而影响服务效果的专业性。志愿者不是随时拉来的队伍，而需要系统的管理规划。比如在北京奥运会期间，就对志愿者的管理进行了一系列严格的规定，以此保证了志愿工作的高质量完成。国内学者也指出志愿者管理中的一些行之有效的基本规范性原则：招募前充分了解以便计划和准备，对目标志愿者的分析和定位，平等承诺，公开招募、择优录取，教育和训练，指导和协助，及时记录，鼓励和重用，提供必要的经费，绩效评估等。

三、有助于提高志愿服务的动员力

案　例

“时间银行”让志愿服务流动起来

近日，上海市嘉定区南翔镇社区卫生服务中心迎来了15名社区居民志愿者，他们主要为门诊患者提供咨询服务和帮助，在就诊高峰期做好患者的秩序维护工作，为方便居民就医发挥了积极的作用。据悉，中心通过设立“时间银行”，形成志愿服务的“反哺”机制，吸引了越来越多的社区居民加入志愿服务。

“时间银行”是指中心为志愿者开设的“时间账户”。采用这种方法的意义在于：首先，志愿者的积极性可以被充分调动起来；其次，通过量化的时间管理有助于管理者考核志愿者在志愿服务中的表现，为考核其志愿服务工作提供科学合理的依据；最后，对下一步开展志愿服务工作有指导修正的意义。

嘉定区南翔镇社区卫生服务中心在对“时间银行”的管理理念进行综合考量之后制定了一套合理的措施。中心为15名志愿者分别开设了“时间账户”，在志愿者为他人提供服务的同时，自己时间账户中的积分也会不断累积。在达到一定数额后，志愿者可以用积分享受免费健康体检、免费使用康复器材、兑换日常生活用品等多项“感恩”福利。同时，通过举办“志愿服务在医院”专题培训会，加快志愿者对中心环境的适应，使其更好地融入中心志愿服务。先进的理念和配套的措施双管齐下，使志愿服务受到了来自医院、患者及家属的普遍好评。

资料来源：http://www.zgzyz.org.cn/.

【点评】

“时间银行”既是一种以人为本的管理理念，更是一种对志愿服务的管理行为。“时间银行”的管理办法，提高了志愿者的动员力，让志愿服务真正流动起来了。

成功的志愿者管理将产生持续不断的凝聚力，吸引越来越多的志愿者参与社会公益事业，如管理过程中的志愿者激励、志愿者培训以及志愿者保障都是提高动员力的重要手段，它不仅有利于激励志愿者的服务意识、降低志愿者流失率，同时也有利于提升组织效率，缓解志愿服务动力不足的问题。

四、有助于提高志愿服务的质量，帮助志愿者成长

志愿者管理中涵盖的计划、规范极大地缓解了无偿性所带来的服务专业性偏低、人员调配失衡、活动杂乱无序等问题，通过志愿者培训、激励与督导，志愿服务组织的人力资源得到开发，志愿者有知识、技能和动力为受益群体提供更好的志愿服务。不仅服务的质量提高了，志愿者对组织的愿景与使命也有了更深的了解，既帮助了志愿者完成硬性技能和软性情感的双线提升，也使其获得了个人的成长。

第二节　志愿岗位规划与志愿者招募

案　例

2008 年北京奥运会志愿者的岗位需求如何确定

2008 年北京奥运会的志愿者有 7.5 万人，其中 2 万是观众服务志愿者。那么这些观众服务志愿者的岗位需求具体该如何确定呢？

第一步，先定岗。根据整体工作的安排，先规划志愿者岗位。第二步，定体系。要建立能够迅速响应的组织机构体系，即每下一个命令都会特别快地传达到所有的场馆。第三步，确定人员配备的标准和确定人员数量预测的原则。比如检票员在不同场馆的人员应派分的具体人数。

奥组委志愿者部在做定岗规划时，还发明了一个特别的工作方式——“点计划”，在公共服务和安保工作方面发挥了重要作用，即用图纸做标注，门口站一个人就在图上画一个点，一个一个摆好具体位置，使奥运会所需的志愿者岗位变得十分明晰。在奥运会 7.5 万名志愿者岗位的确定过程中，组委会通过由各个场馆上报、组委会的志愿者部再根据实际需求进行协商、调整的方式，出色地完成了志愿者整个的岗位规划。

资料来源：魏娜，等. 经验・价值・影响：2008 北京奥运会、残奥会志愿者工作成果转化研究. 北京：中国人民大学出版社，2010：245.

【点评】

由这个案例我们可以看到，北京奥组委志愿者部新颖、完善的定岗方式和流程，使北京奥运会 7.5 万志愿者的岗位需求都得到了很好的安排，为其他志愿服务组织确定志愿者岗位需求提供了经验。

一、志愿岗位规划

（一）志愿岗位规划的定义

据《现代汉语词典》解释，“岗位”现泛指职位，是根据组织目标设置的、具有一个人工作量的基本组织单元，是职权和责任的统一体。志愿岗位即志愿服务岗位，指不以报酬为目的、自愿为社会弱势和困难群体提供社会照顾，为社会、环境与人类的发展等提供无偿服务的位置。

“规划”即全面而长远的发展计划。在志愿服务组织的管理领域，志愿岗位规划指的是根据志愿服务组织的项目服务宗旨，科学预测在未来内外环境变化中志愿者的供给和需求状况，制定必要的志愿者获取、利用、保持和开发的策略，确保志愿者组织对志愿者在数量和质量上的需求，使志愿者供应与志愿组织对志愿者的需求相适应①。

（二）志愿岗位规划的必要性

志愿岗位规划作为志愿者管理的第一步，是招募志愿者的前提条件。志愿岗位规划是一个综合性发展计划，其主要目的是使志愿组织在恰当的时间、适当的岗位获得适当的志愿者，从而实现志愿者资源的有效配置②。实践经验表明，合理的、系统的规划能保证组织的下一步工作顺利进行，从而取得预期效果。

（三）志愿岗位规划的步骤

志愿岗位规划需要按照一定的步骤进行，一般而言，具体制定和实施的步骤主要有：调查分析、供需预测、制定规划及实施评估（见图7－1）。

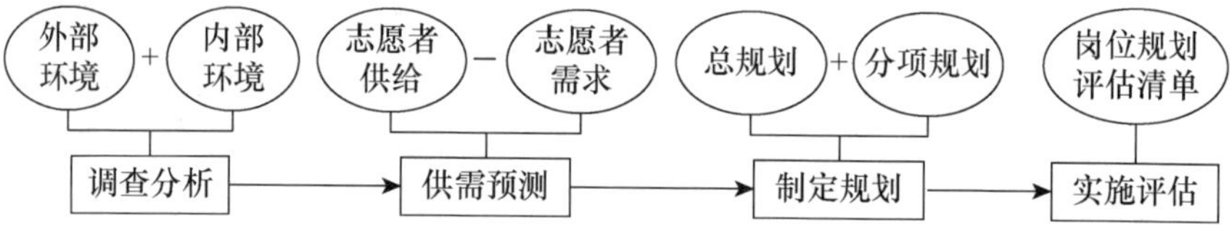

图7－1　志愿岗位规划的步骤

1. 调查分析

通过调查收集有关志愿者规划所需要的信息资料并进行分析研究，是志愿服务组织了解资源现状、认清战略目标方向和内外环境变化趋势的过程。具体实施过程如下：

（1）把握外部环境，了解资源现状。

把握志愿岗位规划的外部环境不仅要了解与组织相关的宏观环境，如社会环境、政治环境、经济环境、文化环境及法律环境等，还需熟悉直接

① 王忠平．志愿服务管理理论与实务．北京：北京交通大学出版社，2015：9．

② 同①．

影响志愿者供给和服务的特定环境，如志愿服务事业所得到的社会支持、社会公众对志愿服务的态度与评价、社会公众对志愿服务的认知度等，这些因素都影响了志愿服务组织所需志愿者的可获得性，制定志愿岗位规划的负责人可以通过在当地实施小范围的社会调查，了解当地民众的志愿者参与意愿。

（2）收集内部环境信息，明确组织目标。

志愿岗位规划的内部环境中有两类信息决定着志愿服务组织对志愿者的需求与供给，第一类是以志愿服务组织的目标与使命、发展战略、活动领域、人力资源现状及成长机制等组成的组织环境的信息；第二类是管理环境的信息，如组织结构、组织文化、服务内容、服务对象等。结合组织内部状况和目标，可以为合理预测志愿岗位的需求打下基础。

2. 供需预测

志愿岗位规划本质上是一个预测与分析的过程，即对未来一定时期内志愿者的状况进行假设的过程。作为志愿岗位规划工作最为重要的环节，首先，它需要对现有志愿者的供给状况进行充分了解，包括志愿者的人数、动机、年龄和知识结构、技能和基本素质等；其次，做出对志愿者需求的基本状况评估：了解机构对人力资源需求的方向、调查所需的人力及目前志愿者参与的动机与形态；最后，综合供给预测与需求预测，二者的差值即志愿岗位的需要。

3. 制定规划

供需预测的结果是制定志愿岗位规划的重要参照，为了使组织对志愿者资源的需求得到正常的满足，志愿服务组织需要制定志愿者资源的总规划和分项规划，实现志愿者资源的总量平衡与结构平衡。总规划即整体的方案规划，是志愿机构根据其宗旨制定的志愿者方案。分项规划则有两种类型，一种是以时间为标准，设定长期、中期、短期的阶段性志愿者发展与管理目标；另一种是以业务为标准，细化到志愿者的具体岗位。总规划和分项规划都是对未来一定时期内志愿服务组织人力资源的需求量、需求质以及需求结构进行推测分析后的结果，这将成为志愿服务组织教育与培训、选拔与使用、配置与评估等志愿者后续管理工作的前提与依据。

4. 实施评估

对志愿岗位规划进行评估是志愿岗位规划的最后一个阶段。它通常依据一份具体的岗位规划评估清单实施评估，如：志愿者的工作性质及内容，志愿岗位规划的预算情况，志愿者招募程序的科学性，志愿者培训的有效性，工作内容的明确性，工作考核的规范性等。

同时应注意，志愿岗位规划是一个长久持续的过程，对规划进行评估是为了及时反馈与调整。完成评估后，需及时反馈调整，根据问题和需要，做出局部调整、集中调整或紧急调整。

二、志愿者招募

当志愿岗位规划确定后，志愿者的招募工作就可以开始了，它通常包括工作分析和岗位说明书、确定招募标准和计划、进行招募宣传、选拔志愿者以及评估和总结招募工作等一系列过程。

（一）工作分析和岗位说明书

案　例

瓷娃娃关怀协会罕见病翻译项目的岗位说明书

各位亲爱的志愿者：

长期以来，罕见病在国内受到忽视，国内关于罕见病的文献资料十分匮乏，这导致患者和公众难以接触到最新的权威信息。欧美等发达国家在罕见病领域的研究、医疗、药物等方面有大量成果积累。如能通过翻译将其介绍给国内患者，将为患者的诊断治疗带来福音；如能将更多、更新的罕见病知识介绍给公众，也能增进社会对罕见病的了解。如果你有比较好的英文翻译能力，并有意愿参与这项开创性的工作，欢迎加入我们的翻译团队。

招募要求：

1. 热心公益慈善，愿意为弱势群体贡献智慧和力量。
2. 良好的英文阅读和翻译能力。
3. 能在规定的时间内完成翻译工作。
4. 每周能够协调2～3个小时投入翻译项目。

工作内容：

1. 搜索罕见病领域网络信息资源。
2. 翻译罕见病相关权威报告或书籍。
3. 整理发布翻译内容。

工作形式：

主要通过网络在线交流、分配翻译任务，也可能有少量线下交流。

报名方式：

请有意愿参与的志愿者填写申请表发送至：＊＊＊@163.com。欢迎亲爱的志愿者报名参与！欢迎有医学背景的志愿者参加！

【点评】

瓷娃娃关怀协会通过发布招募通知的方式，将罕见病翻译项目的志愿者岗位要求进行了清晰的说明，志愿者的岗位名称、职能要求、具体的工作内容和志愿者义务都一目了然。

招募者首先要考虑的是：要志愿者来干什么？这就要进行工作分析——描述志愿者的工作，即对志愿者所要从事的志愿服务的工作任务、职责要求、工作保障及工作收获等方面进行具体说明[①]。

一份好的志愿岗位说明书应包括：岗位名称，岗位所涉及的职能领域，岗位所需要的资格（如技能、知识、经验、个人态度等），工作时间，工作内容和形式，与岗位相关的保障与激励措施。

一份好的志愿岗位说明书需要使志愿者岗位的设定与项目计划相协调，即能使志愿服务组织、志愿者及志愿服务对象都受益，实现招募目标与服务要求相配合的最佳效果。

（二）确定招募标准和计划

岗位说明书明确了志愿服务组织对志愿者数量和质量的需求，是确定招募标准和计划的重要凭证。

志愿者招募标准有基本标准和关键标准两大类。基本标准用来确定志愿者能否做这项工作，关键标准则用来考量志愿者能否做好这项工作。基本标准是关键标准的基础，关键标准是基本标准的递进，二者缺一不可。

志愿者招募的基本标准即志愿者胜任应募岗位的最基本要求，可以从三个匹配的角度来定义：

（1）人员技能与岗位职责相匹配。高质量的志愿服务活动需要专业技能做基础，如果盲目追求志愿者数量，忽视了志愿者与岗位职责和任职要求的匹配情况，不仅会打击志愿者的参与积极性，还有可能造成志愿者的流失。

（2）人员个性与团队角色相匹配。只有正确匹配志愿者个性与组织角

① 北京志愿服务发展研究会. 中国志愿服务大辞典. 北京：中国大百科全书出版社，2014：96.

色，志愿者自身的价值才能充分发挥。

（3）人员价值观与组织价值观相匹配。价值观支配个体行为，在志愿者身上体现得尤为明显，志愿者与志愿服务组织不存在经济契约和从属关系，他们从事志愿服务活动往往是基于对志愿精神的认同和对志愿服务组织、志愿服务工作的认可。招募与组织的宗旨、使命、文化特点、服务对象和内容相匹配的志愿者可以带来更高的稳定性。

志愿者招募的关键标准即岗位胜任能力，如沟通能力、组织协调能力。灵活性、主动性是志愿者领袖的关键胜任能力，因为他们经常需要协调各类关系、处理突发事件。而对于直接提供服务的一般志愿者，需要更加关注他们的奉献精神、服务意识、责任心等。除此之外，岗位胜任能力还包括系统思考能力、决策能力、激励能力、人际交往和自我控制能力，这些能力对不同岗位的重要性往往不同，志愿服务组织可以通过权重设计突出最重要的胜任能力，从而完成对志愿者招募的关键标准的设计。

（三）进行招募宣传

案　例

瓷娃娃关怀协会的志愿者招募宣传

瓷娃娃关怀协会在招募志愿者时采用了多种多样的宣传方式，如：与相关学校、学生社团、各专业俱乐部联系，在重要的公益网站或者论坛上发布公告；在社区宣传活动时进行招募；通过志愿者邮件组发布新的招募通知；等等。一份具体的招募通知对志愿者招募宣传十分关键，以“北京沃尔玛义卖活动志愿者招募通知”为例：

各位亲爱的志愿者大家好，上个月底我们在沃尔玛望京店进行的科普宣传和慈善义卖取得了不错的成绩，时隔半月，在接下来的端午节假期6月14—16日，我们将在沃尔玛知春路店进行今夏第二波罕见病的科普宣传和瓷娃娃系列创意产品义卖，为瓷娃娃筹集医疗费用。为此，招募此次活动志愿者，要求和注意事项如下：

在6月14日、15日、16日，有一天或者两天或者三天时间为瓷娃娃筹集医疗费用（时间最好可以持续）。

对于志愿者没有额外的补助，会提供午餐和晚餐。

工作时间：11:00—20:00，地点：沃尔玛知春路店。

招募人数：每天10人次。

报名截止日期：13日下午14点。

报名的志愿者，我们会通知具体的注意事项。

请编辑："姓名＋我会按时参加＋参与时间（写明参与的天数和日期)＋电话＋职业＋邮箱"发信息到135＊＊＊＊或发邮件到＊＊＊@163.com。

【点评】

瓷娃娃关怀协会在招募志愿者时采用了多种多样的宣传方式，其中在网站或论坛上发布志愿者招募通知的宣传方式较为常见，也产生了很好的招募效果。

进行招募宣传的第一步是撰写招募公告，公告中将介绍志愿者组织的使命和背景、详细描述志愿者项目和相关工作情况、明确应募者需要准备的材料并注明应募方式与联系方式。一份合格的招募公告要求信息真实合法、清楚简单，说明志愿者的收获，有明确的组织宗旨和使命，对志愿者的承诺不要超出组织的能力范围。

招募公告完成后就可以正式进行招募宣传了，志愿服务组织应根据志愿活动大小和志愿者需求数量确定招募公告的发布范围和宣传工具。通常来说，发布的范围越广，应募者越多，从而可能获得的合适人选的概率也就越大。当招募范围小，仅面向某社团甚至某组织的一部分人时，只需采用内部通知、散发传单等低成本工具；而如果需要的发布范围大，则应考虑网络、电视等受众广泛的媒介。综合来说，招募的宣传工具包括：微博、微信、报刊、电视、电台、海报、宣传单、讲座、志愿者招募会、电子邮件、展览板或板报墙、口碑相传、通信栏、开放日和服务参观等。

（四）选拔志愿者

案　例

红枫中心和它的志愿者选拔

北京红枫妇女心理咨询服务中心，简称"红枫中心"，是由妇女问题专家王行娟和一些热心妇女事业的知识女性自愿组织起来的、国内最早的一家民间非营利妇女组织。红枫中心以全面提升妇女地位、关注妇女身心健康、促进妇女全面发展为愿景，秉承"用生命影响生命、爱人、爱生命、爱社会"的理念，关注女性身心健康，促进女性的成长和发展，以心理辅导为主要服务方式，对弱势妇女儿童开展心理与社会服务。

红枫中心对志愿者选拔规定了较为严格的资格条件。以妇女热线接线志愿者招募的基本条件为例，基本要求包括：认同红枫中心的使命和理念，年龄在25岁到45岁之间，是国家二级或三级心理咨询师（或具有医师证），有公益心，愿意利用自己的时间和专业通过红枫热线为需要帮助的人提供咨询和服务，能保证每月在工作日时间至少有一次上线时间，每次3～4个小时。

在选拔程序上，自愿是第一原则，所有志愿者都必须由本人自愿申请填写表格报名后，经过心理咨询专业人员心理测试，以考察申请者是否具有健康人格，然后由督导采用个别或集体的方式对其进行面试，最终通过督导集体决议决定是否录用。

资料来源：崔向华，张婷．非营利组织管理导引与案例．北京：中国人民大学出版社，2013：208-210.

【点评】

红枫中心较为严格的志愿者选拔规定和程序提高了红枫中心志愿者队伍的质量，保证了志愿服务活动的有效进行。

当志愿服务组织在发布招募公告和接受报名之后，就需要对应聘者进行适当筛选，以选拔出最合适的志愿者。完整的志愿者选拔过程包括：

（1）初步筛选：志愿组织以招募标准为依据对应聘者的材料进行选择，在具体操作中，应全面审核应募者申请材料中所包含的信息。

（2）面试环节：面试环节主要是从志愿者的动机、经验、知识、能力、个性、行为等方面对应聘者进行综合考察，以确定应聘者是否与所申请的岗位要求相符合。

（3）其他测试：除了之前的简历和申请表分析、面试环节，还包括笔试、心理测验等其他测试。例如，出于某些考察需求，部分志愿服务组织会采用笔试、技术测试或笔试与面试相结合的方式来选拔志愿者。

选拔完成后，志愿服务组织需要进行最后的志愿岗位与人员的匹配工作，并与通过选拔的志愿者签订书面的志愿服务承诺书，承诺志愿者本人按要求参与志愿服务和服从管理安排，最终为志愿服务组织选拔出能做、愿做且会做得好的志愿者。

（五）评估和总结招募工作

志愿者选拔工作结束后，需要及时进行全过程的评估与总结。志愿者招募评估是指对志愿者招募过程的信息、数据进行收集、记录、统计和分析，评价招募效果，并将所收集的信息和数据进行保密化处理，将经验与教训进行总结，提出改进建议的过程。在实务操作中，组织者应该从应聘者、招募成本和招募工作效果等多方面进行评估。

第三节　志愿者培训

培训是志愿者管理必不可少的组成部分。它是指志愿服务组织为志愿者传授、讲解完成志愿工作所需的知识、技能、能力和态度的过程①，通过专家、学者、专业志愿者的培训，即将上岗的志愿者能够从中掌握志愿服务的基本知识、理念，拥有良好的沟通能力、合作精神以及专业的服务技能，使自身的服务更专业、更贴近服务对象的内在需求，从而达到使志愿服务更理性、质量更高的目的。

一、培训内容

（一）通识培训

案　例

北京奥运会志愿者的通识培训

自2006年8月28日北京奥运会、残奥会志愿者招募工作启动以来，志愿者通识培训即面向全体志愿者申请人开展。由高校、区县和其他志愿者来源单位组织落实志愿者通识培训工作。通识培训以《北京奥运会志愿者读本》《北京奥运会英语口语读本》《北京残奥会知识读本》等为基本教材，授课方式以课堂讲授、影像观摩为主，鼓励培训对象进行课外自学，并由各单位组织开展课外培训活动。具体来说，北京奥组委志愿者部做了如下工作：

（1）设计培训大纲。志愿者部制发了《北京奥运会、残奥会志愿者通用培训大纲》，分发到80所高校、18个区县和其他志愿者来源单位，并对志愿者通用培训设计了10讲20学时的授课任务。

① 北京志愿服务发展研究会. 中国志愿服务大辞典. 北京：中国大百科全书出版社，2014：100.

（2）编制培训教材。2006 年 8 月，北京奥运会志愿者通识培训通用教材《北京奥运会志愿者读本》正式出版。自 2007 年 2 月起，志愿者部共录制“北京奥运会、残奥会志愿者通用培训精品课程”20 门，邀请主讲专家 25 人。

（3）组建专家队伍和师资队伍。志愿者部成立了 16 个专家课题组参与志愿者通识培训。专家课题组分课题研究志愿者培训的教学大纲、内容设置、学习方法等。此外，聘请残奥培训专家 30 多人、语言类专家 135 人。1 012 名高校教师、300 多名奥组委工作人员经过培训获得培训师证书。

（4）建立培训基地。志愿者培训基地包括：一是北京各高校；二是志愿者实践培训基地，包括残疾人体育训练中心、残疾人服务中心、残疾人温馨家园等场所。这些基地为志愿者参加扶残助残实践培训提供了场地和师资等资源。

（5）提供网站资源。2007 年 5 月，志愿者部开通志愿者远程培训测试系统，志愿者通过该网络平台可以学习各类培训教材，收看奥组委发布的公共活动信息。

资料来源：魏娜，等. 经验·价值·影响：2008 北京奥运会、残奥会志愿者工作成果转化研究. 北京：中国人民大学出版社，2010：38-39.

【点评】

北京奥组委为志愿者制订了完备的培训计划，志愿者通过通识培训提高了对志愿服务的整体认识、储备了服务知识、提高了服务技能，从而保障了奥运会志愿服务的圆满完成。

通识培训是以帮助志愿者掌握基础的服务技能，尽快适应志愿服务岗位为目标的活动。它对志愿者提出了如下要求：

（1）掌握服务对象的基本情况，如他们的基本需求如何、服务注意事项有哪些。

（2）熟知志愿服务的相关知识，如志愿服务与志愿者的基本概念、志愿者参与志愿服务的意义与价值、志愿者的角色与责任、志愿服务的目的及内容、志愿者的权利与义务，让志愿者领悟志愿精神的实质，更好地投身志愿服务工作。

（3）了解志愿服务项目的具体计划，使志愿者对其工作的流程和内容有一个基本的了解。

具体培训可以从以下方面入手：

（1）志愿服务知识培训。传授志愿服务基础知识，使志愿者对志愿服务及所在的志愿服务组织有基本的了解与掌握。其内容包括志愿服务历史沿革，世界发展现状及未来趋势，志愿服务的宗旨和理念，志愿服务的意义与价值，志愿者角色与责任，志愿者职权范围，机构的发展历史、组织架构、政策、制度等。

（2）志愿服务技能培训。主要是指志愿者按照志愿服务岗位的专业要求所应掌握的相关专业知识和技能的培训。

（3）志愿者心理辅导。又称志愿者心理健康辅导，指的是心理辅导者与志愿者之间建立一种具有咨询功能的融洽关系，以帮助志愿者正确认识志愿服务的功能和价值，以及志愿者自身在志愿服务过程中的价值，从而使志愿者接纳自己，进而欣赏自己，并克服志愿服务过程中的障碍，充分发挥个人潜能，更好地参与社会服务。

（4）志愿者团队培训。它通过协调志愿者所在团队成员的个人绩效来实现志愿服务的共同目标。志愿者团队培训重在协调为实现志愿服务目标而努力工作的不同个人进行合作。

（二）专业培训

专业培训是建立在通识培训基础之上的，是针对志愿服务活动所需的专门技能所做的培训，是对志愿者的进一步要求，如会议服务技巧、健康护理知识、如何面对临终病人和死亡。培训内容在设置上通常具有针对性，例如：

（1）针对特殊服务群体进行培训，当服务对象为精神病患者、伤残人士、行动不便的老人、小孩及慢性病患者时，对志愿者专业技能的要求会更高，志愿者的培训课程也会相应增加。

（2）针对特殊服务内容进行培训，如北京奥运会组委会对奥运会颁奖礼仪志愿者的专业培训内容不仅包括芭蕾形体、颁奖仪式流程、化妆、舞蹈表演、形体梳理、礼仪基础、礼仪理论等必修课程，同时还开设了安保知识讲座、中西文化比较、涉外文化礼仪等课程。

（三）拓展培训

拓展培训是志愿者培训的重要内容，它关注志愿者素质能力与管理知识的拓展，既是促进志愿者能力提升的重要环节，也是提高志愿者吸引力的重要途径。主要有以下两类：

（1）素质拓展培训。主要有两个方面的内容：一是志愿服务伦理价值观的培训，包括志愿精神培养、尊重服务对象、保护隐私及自我防护等；二是志愿者素质能力提升培训，包括沟通聆听技巧、建立关系技巧、运用社会资源、处理突发事件、自我了解及自信心提升等。

（2）志愿者管理能力培训，即管理工作中所需的计划、组织、协调等方面的知识及方法的拓展培训，要求志愿服务组织管理人员掌握招聘、面试、培训、上岗、督导、评估等一系列的管理内容及技巧。具体培训方法有：志愿者、志愿服务的个案研究或专题讨论，定期举办咨询会、服务总结会，邀请培训讲师举办关于工作分配、监督、团体合作的管理知识讲座等。

二、培训流程

（一）培训前：需求分析，制订计划

1. 确定培训需求信息

（1）组织分析：分析组织目标、资源、环境等因素以准确找出组织存在的问题，如培训目标与组织目标是否匹配？组织的资金、时间、人力等资源如何？志愿者组织内部和外部环境中是否存在影响培训成果转化的因素？

（2）任务分析：确定培训的内容，详细描述志愿者执行的培训任务和完成培训任务所需的知识、技能等。

（3）人员分析：帮助组织确定需要培训的志愿者，通过计算志愿者目前的实际工作绩效与预期工作绩效的差别，以判断培训的必要性。如考察志愿者是否具有顺利完成工作的基本技能、志愿者是否对自己能够胜任一项工作或学习一项培训内容有信心、志愿者是否对培训需要和工作兴趣及目标有清醒认识、志愿者自身技术的优劣点及过往培训经历。

2. 制订培训计划

（1）培训对象：确定培训对象是管理型志愿者、日常型志愿者还是项目型志愿者。

（2）培训规模：培训规模通常与培训策略紧密结合，例如：网络远程教育——大规模集体培训，能提高效率、节约资源；面授、讨论、个案分析——人数适中的中等规模培训；对那些网络覆盖不了但又不能参加线下集体培训的志愿者，考虑分散培训，分别发放自我培训资料或提供视听材料，让他们通过观看光盘完成培训。

（3）培训时间、地点：依据培训内容、培训费用以及受训生源的具体情况确定培训时间和地点。

（4）培训教师：对于志愿者自我发展的训练，有经验的组织管理者或志愿者均可作为培训教师；而涉及志愿服务的培训则需要专业教师、经验丰富的管理者、督导或相关专家进行培训。

（5）培训费用：培训教师劳务费、教学用具费、场地费、材料费等费

用的总和。

3. 确定组织培训结构及分工

针对培训的供需结构，为志愿者培训配备相应的组织队伍，保障各阶段培训工作的顺利进行。

（1）在培训机构上，成立培训领导小组、培训业务指导小组、培训评估小组，分管志愿者培训工作的各项事宜。

（2）在培训分工上，应在各小组的基础上，将志愿者培训工作的具体内容细化到个人，如培训业务指导小组的B某的职责为：落实志愿者培训领导小组的培训决定，及时反馈志愿者的培训需求，组织志愿者的知识、技能培训。

（二）培训中：选择方法，开展培训

为实现培训目标，培训方法应符合志愿者组织人力资源管理的基本特征，符合志愿者人员特征，注重实效；应利用现代科学技术以低成本完成高效益的培训项目。志愿服务组织在选择培训方式时，一般尽量选择生动活泼的形式以利于互动，通过营造气氛激发志愿者参与志愿服务的积极性。在实际操作中，可以根据培训需求、培训目标和现实情况灵活选择以下几个培训方法：研讨培训法、讲授培训法、场景模拟培训法、网络培训法、案例培训法等。

（三）培训后：评估培训，提高绩效

评估培训实质上是对志愿者培训活动的价值进行判断的过程。科学有效的评估能提高培训的针对性和实效性，进而提升志愿者的整体素质，为社会提供更加优质的志愿服务。具体的评估内容如下：

（1）评估培训方法：可将志愿者的反应作为衡量标准，即志愿者对课程内容、方法、实用价值等的态度反应，以及对方案目标、时间框架、人数、讲师、训练方案执行过程的看法。

（2）评估学习绩效：通过测量受训者在行为上的具体变化和探讨志愿者受训后对组织绩效是否有积极的正面影响来验收志愿者在学习中的具体收获。

（3）评估讲课效果：讲课效果的发挥可从互为因果的四个层次上开展评估，包括：反应层次，即受训志愿者对讲课内容是否做出了积极的反应；学习层次，即受训者在课程学习中是否有所收获；工作行为层次，即听课后志愿者的工作行为是否有所改进；组织绩效层次，即组织绩效在课程的开设中是否得到了提升。

综上，可以看到，对志愿者培训工作进行需求调查、培训开发、计划准备、实施和检测评估等一系列高效的培训管理是十分有必要的，可以行之有效地提高培训的针对性和实效性，进而提高志愿者的整体素质，为社会提供更加优质的志愿服务。

第四节　志愿者督导

案　例

红枫热线的督导制

作为专业的心理咨询机构，红枫热线从建立开始就设立了督导制，但是由于经费原因，无力聘请专职督导，于是采取了红枫热线特有的督导制。

1. 督导构成

（1）从志愿者中聘任督导员。志愿者中有一部分人是专业从事心理咨询工作的，他们既是志愿者，又从事督导工作。

（2）实行集体督导。这样做，每位督导的负担都不会太重，还可以发挥集体智慧。另外，热线的督导员，以心理学专业为主，还有社会学专业的，以满足多学科指导的需要。

（3）实行新老交替、新老搭配原则。一些督导由于工作繁忙，无暇再到红枫热线参与督导工作，热线需要及时调整人员，补充新的力量。

2. 督导职责

（1）招聘、培训新咨询员；

（2）主持业务研讨会；

（3）为教练及志愿者提供理论、技术及情感支持；

（4）集体讨论决定不合格咨询员劝退名单。

3. 督导权利

（1）获得学习与交流机会的权利；

（2）选择与免去志愿者上线服务的权利；

（3）参与制定热线有关规定和守则的权利；

（4）向中心提意见和建议的权利；

（5）双向选择，申请退出督导委员会的权利。

1996 年 8 月，红枫热线得到联合国开发计划署的资助，为全国 9 个省市 29 名热线咨询员骨干举办了一期为时 6 天的高级培训，培训班的课程安排和部分课程是由督导们讲授的。这期培训班取众培训班之长，用全新的、参与式的教学方式，赢得了学员普遍的好评。结业时，调查问卷显示的满意度为100%。

【点评】

红枫热线的督导制不仅提升了志愿者的培训效果、服务质量，同时通过互相沟通、互相支持、共同探讨解决问题的办法，促进了志愿者的自我成长。

志愿服务组织往往通过志愿培训来保证志愿者的服务质量。可如何持久地保证志愿者的服务质量并维持其较高的工作效率呢？这就需要志愿者督导。志愿者督导是指社会服务机构和志愿服务组织中进行指导、协调、增强和评估志愿者工作的行政专务人员。他们通常与志愿者进行经常性的沟通并监督其志愿服务过程，尽全力满足志愿者与服务对象的需求，以保证项目或活动的顺利推进和目标的实现。

一、督导的重要性

志愿服务组织越来越关注志愿者督导在志愿服务管理工作中的重要性，通过督导，志愿服务组织不仅可以了解志愿者的工作成果、工作能力与技巧，也可以了解其工作态度、工作动机与情绪，以及团队的士气。当发现工作绩效与目标存在差距时，督导可以针对原因，采取多种策略予以解决。如督导可以提供额外训练以提升志愿者的工作能力和其对机构的认同度，修正工作说明以促使其职责更加明确，改变人员训练的方式与内容，调整适合个人专长的工作，改变或增加工作资源，改善督导关系，鼓舞工作情绪，提供更多的参与机会等。

总体来说，志愿者督导具有以下三大功能：

（1）行政功能：要求督导在被督导者的招募与选择、被督导者的引导与安置、工作计划与分配、工作监督、回顾与评估、工作授权与协调等方面担负指导责任；

（2）教育功能：要求督导对被督导者完成任务时所需的知识与技能给予指导，协助被督导者达成专业上的发展目标；

（3）支持功能：要求督导向被督导者提供心理和情感上的支持，促使被督导者感受自我的重要性与价值感，增强志愿者持续参与的动机，降低志愿者流失率与训练的成本。

在行政督导、教育督导和支持督导的共同帮助下，志愿服务组织为服务对象提供最佳服务的终极目标将得以实现。

二、督导工作内容

一般来说，志愿者督导的工作内容主要有以下六个方面①：

（1）根据志愿者的基本需求，协助志愿者培养适当的服务价值观与工作态度；

（2）把握志愿者督导与志愿者双方的角色职责与期待，建立彼此信任的督导关系；

（3）确保志愿者在服务机构的目标与行政程序之内提供服务，做好志愿者与志愿机构间的沟通工作；

（4）切实做好工作安排与分配，随时帮助志愿者补充专业知识与服务技能；

（5）及时表扬志愿者优良的工作表现，对不良工作表现要给予建设性的批评；

（6）妥善处理志愿者间的冲突。

三、督导的工作方法

志愿者督导的工作效果如何，很大程度上取决于督导的工作方法。志愿者作为个体与组织的统一体，是不同个性的集合，因此，督导所选用的工作方法也具有多样性与针对性。概括来说，主要有以下四种：

1. 个人面谈

个人面谈属于个人沟通的范畴，一般通过讨论个案、自陈报告、书面日志、个案记录、札记、录音录像、角色扮演的方式对志愿者的个人情况进行辅导，了解他们的个人需求，针对具体问题提出中肯的建议。

2. 小组督导

小组督导属于多人沟通的范畴，往往由各个部门的负责人对该部门的志愿者进行督导，针对小组定下的工作计划，适时检查其计划的完成情况，此方法强调对小组各成员的审核，组内每个志愿者的表现与发言都将受到督导的关注。

---

① 全国社会工作者职业水平考试辅导教材编写组．社会工作综合能力（中级）．北京：中国建材工业出版社，2010.

3. 集体讨论

集体讨论是指督导人员和志愿者相互讨论工作中的不足，并客观分析以寻求改进的办法，它侧重于志愿者各自发言，重视成员间的互动，有利于建立志愿者之间的情感支持和凝聚力。

4. 现场督导

现场督导的客体不再局限于志愿者，督导除了要对志愿者进行观察，还应与志愿服务对象沟通，从而准确掌控志愿服务项目的实时情况并评估其成效。这种即时性的工作方法十分利于突发事件的解决，能够及时发现无法事前沟通的问题，使之得到及时处理。

对于不同的志愿者，督导选用不同的工作方法以满足志愿者及其所遇到问题的差异性。但在这个工作方法的实施过程中，督导的工作态度应是相同的，即采取支持态度。具体有以下四个要求：

（1）把志愿者当作机构共同工作的伙伴。它要求志愿者督导把志愿者视作机构整体的一分子，认可其地位与重要性，而非将其看作某一专职人员的下属。这就需要督导以同理心为基础，在与志愿者彼此平等的伙伴关系中共同商讨如何解决难题，从而为服务对象提供最佳的服务。

（2）把志愿者视为机构应提供的服务对象。此“服务”非彼“服务”，它强调的是机构应该给予志愿者必要的服务和训练，然后再让其正式提供志愿服务。志愿者督导应协助志愿者认清自己，掌握专业伦理原则，提升服务动机，学习服务中应有的态度，培养专业知识与提高专业技能，让志愿者能够在接受服务时实现自我成长。

（3）正确认识志愿者的基本心理需求与服务的局限性。每位志愿者参与志愿服务的动机不同，它是个人内在心理因素与外在人际、情境交织互动的结果，兼有利他与利己因素。督导应因势利导，尊重志愿者个人意愿，尽量配合其兴趣、专长、时间要求为其安排服务。

（4）对志愿者不能过于放任，也不能过分苛求。由于志愿者是本着自由意志、自由行动及选择的价值来参与志愿服务的，很难以定型化的管理过分规范其服务工作。但志愿服务对志愿者的管理需求是不容忽视的，志愿者的角色已从支持性转变为训练有素、专业的、不支薪的工作人员，对于志愿者工作也不能过于放任。当志愿者工作出现重大疏忽与过失，督导应给予劝导、指正和适当的惩处，当发现志愿者确实难以胜任时应委婉予以解职。

第五节　志愿者保障与激励

案　例

“为志愿者服务日”完善志愿者激励保障机制

普陀区人民医院为庆祝建院 80 周年回馈社会——“为志愿者服务日”暨“百、千、万”志愿服务活动启动。市文明办、市卫计委、区文明办、各有关街道的领导以及志愿者和家属出席了会议。

自 2011 年 1 月于井子志愿者工作室成立以来，社会各界人士纷纷走进医院，加入为病人服务的志愿者行列。他们不计得失、无私奉献，弘扬了志愿精神，为构建和谐医患关系、提高患者满意度和提升医院形象做出了重要贡献。今年暑期，上海遭遇持续罕见高温，广大志愿者仍然冒着酷暑来院参加志愿服务，为服务病人和保障医院工作的正常运行发挥了积极作用。

为了感谢广大志愿者的奉献、完善志愿者激励保障机制、深入探索志愿服务文化建设，普陀区人民医院将每年 8 月设立为医院“为志愿者服务日”，回馈广大志愿者。这一天，医院将为志愿者提供如下服务：一是组织高年资专家为志愿者及其家属提供医疗咨询服务；二是开展志愿者联谊活动；三是对志愿者进行暑期高温慰问以及其他各类活动。同时，医院还将拨出专款建立“志愿者专项基金”，专门用于探望和慰问生病的志愿者及其家属、开展志愿者联谊活动、表彰优秀志愿者等。

【点评】

在庆祝建院 80 周年之际，普陀区人民医院不仅为广大市民、病人提供服务，还对长期以来辛勤工作的志愿者举行了多种回馈活动，保障了志愿者的服务热情和动力。

一、志愿者保障

随着我国社会组织志愿服务规模的扩大和发展，志愿者队伍不断壮大，为志愿者提供保障就变得尤为重要了。何谓志愿者保障？志愿者为何需要保障？保障的内容与范围是什么？关于志愿者保障有太多需要回答的问题。

志愿者保障是指为保障志愿者工作有序开展，志愿服务组织根据本组织的情况，对志愿者的权利与义务、奖励与处罚等基本政策做出的具体规定。

为达到规范志愿者行为、提高志愿服务质量、为志愿者积极参与公共服务清除障碍并建立保障的目标，志愿者保障工作通常从以下五个方面着手：

（一）法律保护

法律保护，即完善相关的法律法规。在 2017 年 6 月 7 日国务院会议通过的《志愿服务条例》不仅包括了志愿服务的基本原则、管理体制、志愿者的权利和义务、服务对象的权益保障、鼓励发展专业志愿服务等内容，志愿者扶持和保障措施也得到了规定。在法律保护下构建志愿者、志愿服务组织以及志愿服务对象的三方纠纷解决机制，明确志愿者的权利、义务与法律地位。

（二）技能培训

技能培训，即开展帮助志愿者提高技能和掌握新技能的培训，为志愿者提供向督导、同事学习更多专业知识和技能的机会。

（三）健康和安全保障

志愿者在参与志愿服务活动的过程中，可能会遇到与人身健康与安全相关的各种问题，因此志愿组织应该为志愿者购买相应的医疗保险和人身意外伤害险，建立起较为完善的志愿者健康和安全管理制度。

（四）物质保障

志愿者通常容易由于参与志愿服务而加重生活负担，此时为志愿者提供合理、必要的资金支持不仅为他们参与志愿服务提供了方便，同时也保护了志愿者的公益热情。一般来说，资金支持至少应包含必要的伙食费、通信费和差旅费等。

（五）志愿者个人发展的支持机制

为志愿者构建良好的个人发展支持机制，可以吸引更多的人投身志愿服务事业，提升志愿服务的社会影响力。

二、志愿者激励

案 例

北京奥运会的志愿者激励

2008 年北京奥组委对奥运会的志愿者们进行了物质和精神的双重激励。

物质激励上，由奥组委提供奥运会志愿者系列纪念封、IOC明信片、志愿者纪念徽章、微笑圈、志愿服务证书、岗位标志、绿色奥运护腕、国际奥委会纪念卡、奥运志愿者纪念邮册等激励物资；场馆在赛时，为志愿者发放纪念徽章、腕表、文具、手帕和爱心礼包等。

精神激励上种类比较多样，主要有以下四种：

1. 宣传激励：编发《志愿者》杂志、志愿者主题书籍；征集志愿者歌曲，拍摄志愿者主题电影；为每一位志愿者拍摄视频资料；制作奥运志愿者系列宣传片、宣传海报；北京奥运会志愿者徽章成功搭载返回式卫星——“实践八号”；北京奥运会志愿者旗帜随圣火传递登上珠峰；北京奥运会志愿者歌曲《微笑北京》搭载“嫦娥一号”响彻太空。

2. 团队激励：注重自我激励，将个人发展融入团队目标；场馆经理与志愿者之间保持良好关系；在志愿者团队中借力运行支持小组，为志愿者服务，形成志愿者关爱志愿者的良好氛围，编发《场馆志愿者快报》。

3. 外部激励：服务对象的表扬和尊重，上级主管的尊重与赞许，明星和官员到志愿者服务岗位上进行慰问。

4. 表彰激励：奥运会、残奥会闭幕式上首次增加向12名志愿者代表献花的仪式；赛后评选优秀赛会志愿者个人、团队和工作机构，授予荣誉称号；赛后与奥林匹克公园中心建立志愿者广场和志愿者主题雕塑；将国际永久编号第18 639号小行星命名为“奥运志愿者星”。

资料来源：魏娜，等. 经验·价值·影响：2008北京奥运会、残奥会志愿者工作成果转化研究. 北京：中国人民大学出版社，2010：44.

【点评】

北京奥组委实施了多种多样的志愿者激励措施，很好地提升了奥运会志愿者们的服务热情和服务质量。

志愿者激励是志愿服务组织以及社会其他部门根据志愿服务评估结果，根据志愿者的需求、服务绩效和组织目标要求，对志愿者进行奖励的行为。志愿服务组织通过认可、肯定、赏识志愿者，使其得到成长和发展，从而促进志愿者更积极主动地从事志愿服务①。

① 北京志愿服务发展研究会. 中国志愿服务大辞典. 北京：中国大百科全书出版社，2014：75.

（一）志愿者激励的必要性

1. 志愿服务的无偿性

由于志愿服务是建立在自发、自愿的基础上，因此志愿者并不像薪酬人员那些具有约束性。志愿者可以根据自己的意愿，选择留下服务或者随时离开岗位。因此组织者必须善于了解志愿者的参与动机，采取有效的激励机制，让志愿者在志愿服务中实现自己的价值，更好地提供志愿服务。

2. 志愿者参与动机的多样性

无论哪种志愿服务，由于主观因素的差别，志愿者的参与动机不尽相同。以奥运会志愿者为例，促使被调查者报名参加奥运会志愿服务的原因是多样的：有的是想锻炼自己；有的是想为国家和社会尽一分力量；还有的是想观看比赛，和各国运动员、媒体、来宾接触；等等。因此，要让这些动机各异的志愿者完成他们的服务工作，就要求组织者从志愿者的不同动机和需求出发，制订相应的激励计划，调动他们的积极性。

3. 志愿者构成人员的多样性

志愿者在职业、年龄、性别、兴趣爱好等方面各有不同，但在参与志愿服务时需要团结在一起完成任务，这就要求志愿服务组织采取有效的精神激励措施，发挥志愿者自身的组织力，加强团队建设，使他们尽快融为一体，提供优质的志愿服务①。

（二）志愿者激励的方式

志愿者的激励方式一般分为物质激励和精神激励。

1. 物质激励

物质激励即运用物质的手段使志愿者得到物质上的满足，从而进一步调动其志愿服务的积极性、主动性和创造性。例如，为志愿者提供交通费、工作餐，颁发志愿者认证书，发放赞助商品、志愿者制服、纪念章或奖券等。

2. 精神激励

精神激励属于内在性激励，被认为是激励志愿者的主要方式，精神激励可以满足志愿者自我实现的需要，其自我实现的需要主要包括成就感、学识、挑战性工作、增加工作责任及赋权、给予成长和发展的机会、给予社会认可和奖励等。

常用的激励方法有以下几种：目标激励，确定适当的目标，以诱发志愿者的行为，调动其积极性；机会奖励，提供多种培训或发展机会，以满

① 魏娜，等．经验·价值·影响：2008北京奥运会、残奥会志愿者工作成果转化研究．北京：中国人民大学出版社，2010：43.

足志愿者的自我发展需要；情感激励，关注志愿者的情感动向，加强沟通，以维持和增进其服务意愿；信任激励，给予志愿者足够的尊重和信任，以增强其从事服务的动力；心智激励，激发志愿者的信念与智慧，以提高其志愿服务的质量；社会激励，引导志愿者认识到志愿服务的社会价值，以更大的积极性投身志愿服务；自我激励，鼓励志愿者不断自我挑战，以提升自身素质。

第六节　志愿者退出

在志愿服务过程中存在志愿者退出的情况也属于正常现象。志愿者退出分两种，一种是志愿者自发的“退出”，另一种是志愿服务组织对其进行遣散。

志愿者偶尔的、少量的自行退出是正常现象，但当其扩展成经常的或大规模的状况时，即志愿者流动率高时，必须引起志愿服务组织管理者的注意，并对志愿服务组织管理的环节、过程、志愿者的满意度进行调查，进而反思与调整，以减少志愿者的流失。志愿者的流失原因可能是多方面的，既有志愿服务内容、频次和强度以及复杂程度等原因，也有组织管理、团队建设方面的原因，还有志愿者个人时间安排、健康状况等原因。通过查找原因，可以找出补救和改进的措施。

另外一种情况是阶段性志愿服务任务完成后，做好志愿者离职管理，即在志愿服务的末期，志愿者即将离开岗位，志愿服务组织采取一系列措施，提前规划志愿者离任前的安排，以帮助志愿者顺利完成工作总结和工作交接。离职管理的措施主要包括对志愿者进行志愿服务鉴定、志愿者进行工作总结与工作交接、志愿者离职访谈、志愿者告别、志愿者负面情绪管理、志愿者离职后持续沟通等。有效的离职管理可以为组织赢得长期的支持者，同时也能扩大组织的社会资源网络。

思考与讨论

1. 与一般的人力资源管理相比，志愿者管理有何特殊性？
2. 如何进行志愿者招募？志愿者招募有哪些基本的流程？
3. 志愿者需要培训吗？通过培训，志愿者能有哪些提升和收获？
4. 什么是志愿者督导？其具体的工作内容是什么？

第八章
志愿服务组织管理

引 例

中国青年志愿者协会

中国青年志愿者协会是中国志愿从事社会公益活动的最大的全国性社会团体，1994年12月5日成立于北京。是由志愿从事社会公益事业与社会保障事业的各界青年组成的全国性社会团体，是中国共产主义青年团中央指导下的，由依法成立的省、自治区、直辖市青年志愿者组织和全国性的专业、行业青年志愿者组织和个人自愿结成的全国性的非营利性社会组织，是中华全国青年联合会会员单位，联合国国际志愿服务协调委员会(CCIVS)联席会员组织。奉行"奉献、友爱、互助、进步"的准则，通过组织和领导全国志愿服务活动，为社会提供志愿服务，推动社会主义精神文明建设，促进社会主义市场经济体制的建立与完善，提高志愿者的整体素质，为经济社会的协调发展和全面进步做出贡献。实施的主要项目：大学生志愿服务西部计划、青年志愿者海外服务计划、青年志愿者扶贫接力计划、大中专学生志愿者暑假文化科技卫生"三下乡"活动、青年志愿者社区发展计划、保护母亲河"中国青年志愿者绿色行动营"计划等。

资料来源：北京志愿服务发展研究会. 中国志愿服务大辞典. 北京：中国大百科全书出版社，2014：204.

中国青年志愿者协会是在共青团中央指导下的由志愿从事社会公益事业与社会保障事业的各界青年组成的全国性社会团体，作为全国综合性志愿者组织的代表，其组织动员力量强，适合于服务国家政策支持的大型项目和党政中心工作的推行。

第一节　志愿服务组织的类型与特点

在志愿服务事业发展中，存在着多种类型、多种模式的志愿服务组织。从官方到民间，从单一到多元，从全国性组织到地方性组织，从国内组织到国际化组织，从高校到企业等等，它们已然成为我国和谐社会建设中不可或缺的重要力量。

一、志愿服务组织的类型

参考《中国志愿服务大辞典》的划分，依照地域、发起机构等标准，可将志愿服务组织进行如下划分①：

（一）按境内地域划分

1. 全国性综合类组织

全国性综合类的志愿服务组织即面向全国各个领域开展志愿服务的非营利性社会组织。此类组织通常具有志愿者遍布全国、志愿项目多种多样、志愿服务组织规模较大的特点，中国青年志愿者协会、中国慈善总会、中华志愿者协会、中华义工联合会等都是此类全国综合性组织的代表。

案　例

中国志愿服务基金会

中国志愿服务基金会是致力于志愿服务领域的全国性公募基金会。2009年成立于北京，面向中国以及许可的国家和地区进行公众募捐。宗旨和使命是“大力普及志愿理念、弘扬志愿精神，支持和推动志愿服务活动，为人们关爱他人、奉献社会搭建平台”。业务范围是资助志愿服务活动的开展，支持志愿服务活动理论研究和宣传，奖励为志愿服务活动做出贡献的团体与个人，开展与国际组织、基金会的合作等。

资料来源：北京志愿服务发展研究会．中国志愿服务大辞典．北京：中国大百科全书出版社，2014：204.

① 北京志愿服务发展研究会．中国志愿服务大辞典．北京：中国大百科全书出版社，2014：204.

【点评】

中国志愿服务基金会是志愿服务事业发展的支持型组织，也是资源型组织，志愿服务事业的发展离不开政府和社会各界的支持，通过基金会的方式募集和使用资源更加规范，效率更高。

2. 全国性专业类组织

全国性专业类组织即致力于某个特定领域，开展志愿服务的全国性公益组织。它们往往有明确的志愿服务对象，并依据自身的专长在文化、扶贫、应急、环保等方面做出了巨大的贡献。如中国文艺志愿者协会、中华环保联合会、中国红十字青少年志愿服务总队等。

案　例

中华环保联合会

中华环保联合会是经中华人民共和国国务院批准、民政部注册、生态环境部（原环保部）主管的，由热心环保事业的人士、企业、事业单位自愿结成的、非营利性的、全国性的社团组织。成立于2005年4月22日。宗旨是围绕实施可持续发展战略，围绕实现国家环境与发展的目标，围绕维护公众和社会环境权益，充分体现中华环保联合会“大中华、大环境、大联合”的组织优势，发挥政府与社会之间的桥梁和纽带作用，促进中国环境事业发展，推动全人类环保事业的进步。主要职能是团结、凝聚各社团组织以及各方面的力量，共同参与和关爱环保工作，加强环境监督，维护公众和社会环境权益，协助和配合政府实现国家环境目标、任务，促进中国环境事业发展；确立中国环保社团应有的国际地位，参加双边、多边与环境相关的国际民间交流与合作，维护中国良好的环境国际形象，推动全人类环境事业的进步与发展。工作领域包括为政府提供环境决策建议，为公众与社会提供环境法律权益的维护，为社会提供公共环境信息和环境宣传教育活动，促进中国环保非政府组织健康发展并确立其应有的国际地位。

【点评】

中华环保联合会是专门从事环保工作的全国性志愿服务组织，它联合、团结全国各方力量，推动了中国环保事业的健康发展。

3. 地方性综合类组织

地方性综合类组织即在某一特定的省、市、自治区开展综合性志愿服务活动的非营利性社会组织。此类组织通常扎根某地，依托当地政府、企业、个人的力量在各个领域开展志愿服务活动。如北京市志愿服务联合会、成都青年志愿者协会、杭州市志愿者协会就分别在北京、成都、杭州开展各式各样的志愿活动。

案 例

天津市和平区新兴街社区服务志愿者协会

天津市和平区新兴街社区服务志愿者协会是中国第一个社区志愿者组织，1989 年 3 月 18 日被确立为全国第一个社区志愿者组织发祥地。该组织设有会员代表大会、理事会，实行会员制，凡在新兴街辖区内的机关、学校、企事业单位、社会团体和个人均可参加协会。志愿者已发展到 1 万余人，志愿者会员单位约有 110 多家。倡导“我为人人、人人为我”“民有所需，我有所帮”的理念。志愿服务的内容讲求与时俱进，由成立之初的为群众“送菜，送煤，送炉具”逐步发展为“送岗位，送知识，送健康”。志愿服务方式包括单项服务、双向服务、协调包户服务、大型集中服务、设点服务、邻里互助挂牌服务、信息网络服务等多种形式，涉及社区科教、文化、体育、卫生、治安、环境建设、再就业、便民服务等 8 个系列，60 多个种类。曾先后两次被评为“全国社区服务先进集体”。

资料来源：北京志愿服务研究会. 中国志愿服务大辞典. 北京：中国大百科全书出版社，2014：225.

【点评】

天津市和平区新兴街社区服务志愿者协会扎根社区，团结当地的机关、学校、企事业单位、社会团体和个人，为新兴街输送了多种多样的志愿服务，内容涉及 8 个系列，60 多个种类，是地方性综合类志愿服务组织的代表，获得了社会的广泛好评。

4. 地方性专业类组织

地方性专业类组织即在某一特定的省、市、自治区开展指向志愿服务活动的非营利性社会组织。此类组织通常立足当地、依托自身的专长，在某一专业领域开展志愿服务活动。如北京红枫妇女心理咨询服务中心、北京星星雨教育研究所、福建省南阳青年义务消防队等就分别为当地妇女、儿童、安全事业贡献了自己的力量。

案 例

江苏省南京市“陶老师”工作站心理辅导志愿服务队

南京市“陶老师”工作站心理辅导志愿服务队又称南京市中小学生心理援助中心，是从事青少年心理辅导的志愿服务组织。正式成立于1992年，是在江苏省文明办、南京市文明办的关心与支持下，由南京市教育局主办、南京晓庄学院承办，为未成年人提供心理帮助与支持、心理咨询与危机干预的全方位心理健康教育与维护机构，是未成年人心理健康教育工作者的培训基地，也是全国首家由政府主办并提供专项资金，以高校为专业支撑，为本地区中小学生提供公益性、专业化、系统化心理健康服务的机构。共有76名专业志愿者，全部为南京市学校心理咨询员或劳动部心理咨询师，其中有中国心理学会注册督导师2名，中国心理学会注册心理师6名，特聘中国心理学会注册督导师5名。服务载体包括“陶老师”热线、“陶老师”咨询中心、“陶老师”流动服务站及“陶老师”信箱四大平台，以及“陶老师”在线网络平台，确保实现学校心理健康教育培训与指导、心理困扰及障碍教育咨询、24小时在线危机干预三大功能。2011年获“全国优秀志愿者”“江苏省优秀志愿服务组织”称号。

【点评】

江苏省南京市“陶老师”工作站心理辅导志愿服务队是地方性专业类志愿服务组织的优秀代表，为南京市中小学生提供了大量专业化的心理健康服务。

（二）按境外地域划分

1. 国际组织

国际组织即在世界范围内开展志愿服务的社会组织。此类组织相较其他的志愿服务组织，国际影响力强、服务地区广，分布在世界各个国家和地区。如乐施会、世界宣明会、国际地球之友、无国界医生等等。

案　例

联合国志愿人员组织

联合国志愿人员组织（UNV）是联合国发起的国际性志愿服务组织。1970 年由联合国大会通过决议组建，总部原设在瑞士日内瓦，后于 1996 年 7 月移往德国波恩，是联合国系统内一个独特的机构，从事和管理与国际志愿者事业相关的各类事务，从属于联合国开发计划署（UNDP），是联合国系统内最大的直接向发展中国家输送各种行业高、中级专业技术志愿人员的组织。服务的领域非常广泛，从扶贫、安全农业、环境保护、卫生、教育、社区发展、职业技术培训、工业技术、交通、能源、信息技术、性别意识和人口研究到向战争动乱的国家地区提供人道主义帮助、维和、组织参与民选等。为全世界 140 多个国家提供服务，其中 45%在非洲，24%在亚洲及太平洋地区，15%在中东欧，其余在阿拉伯国家、加勒比海及中南美。1/3 的志愿人员在全球最为贫困的地区工作。自 1971 年以来，已有来自 160 多个发展中国家和发达国家的 30 000 名联合国志愿者到 140 多个国家完成了项目委派的工作。

【点评】

联合国志愿人员组织由联合国发起，服务范围覆盖全球 140 多个国家，涵盖扶贫、环保、教育等多个领域，帮助了大量发展中国家，是国际志愿服务组织的典范。

2. 我国港澳台地区组织

即在香港、澳门、台湾开展志愿服务的社会组织。尽管地理区域不大，但港澳台地区并不缺乏志愿服务组织，志愿服务体系也很完备。如香港青年协会、澳门志愿者总会、台湾公益资讯中心、台湾荒野保护协会等等。

案例

香港义工发展局

香港义工发展局前身为义务工作协会，成立于1970年，是在香港社区福利署的资助下成立的专门负责发展志愿服务的独立性机构。1981年7月改名为义务工作发展局（简称“义工发展局”），经费主要来源于香港特别行政区政府、香港公益基金及香港赛马会慈善信托基金。宗旨是通过推动义工工作，承担枢纽角色，致力于与社会各界建立伙伴关系，合力推动义工的参与，促使提供增值及优质的义工服务。核心工作包括义工转介服务、为提供服务的市民安排业务工作、为需要义工协助的机构寻找合适人选。组织过抗非典型肺炎义工大队、亲子义工推广计划、黄金岁月退休人士义工计划、文化艺术义工计划及希望学校计划等。在国际层面，香港义工发展局是联合国义工组织的合作机构，协助在香港招募专才，为发展中地区提供义工服务，促进当地发展；亦是国际志工协会的香港地区代表，每年派出代表参与国际及地区会议，促进业务工作的交流和联系，开阔视野。为了提升义工的能力，提高其志愿服务素质，成立了香港首个义工培训及拓展中心。举办不同类型的训练课程，并提供组织及管理义工的专业顾问服务，出版义工资源管理及义工训练资料，制作影音材料，务求促进义工资源得以有效运用。通过各项推广服务、推广活动和社会教育计划，唤起社会公众人士认同及重视义务工作，鼓励各机构团体组织义工服务，如每年12月5日“国际义工日”的各项庆祝活动、义工嘉许计划等。

资料来源：北京志愿服务研究会．中国志愿服务大辞典．北京：中国大百科全书出版社，2014：240.

【点评】

香港义工发展局作为香港义工类志愿服务组织的枢纽，在提供大量优质义工服务的同时，注重义工的培训与拓展，推动了香港义务工作的发展与成熟。

（三）按发起机构划分

1．高校及研究机构发起的志愿服务组织

高校及研究机构发起的志愿服务组织通常隶属于特定的高校或研究机构，它一般由在校学生或学校团委发起，以高校青年学生为主力，开展各类志愿服务活动。当下，各大高校及研究组织纷纷建立了志愿服务组织，如东北师范大学的天地人环保志愿者协会、北京大学的爱心社、清华大学的紫荆志愿者服务总队等，都展现了青年志愿者的风采。

案　例

中国人民大学青年志愿者协会

中国人民大学青年志愿者协会是一个综合类高校志愿服务组织。成立于1995年12月5日，直属于中国人民大学团委。以“以奉献扬青春，与社会同进步”为宗旨，与共青团中央、联合国教科文组织、中华慈善总会等组织机构紧密合作，开展了一系列特色活动，如社区挂职、市民英语学校、“西飘的红丝带”西部地区艾滋病预防宣传、奥运冠军面对面等经典活动，承担了彩虹志愿者培训、第21届世界大学生运动会、奥运会徽揭幕、世界青年田径锦标赛等大型活动的志愿服务工作。设立奥运项目管理部、救防项目管理部、环保项目管理部、教育项目管理部、协青项目管理部、扶贫项目管理部、红十字项目管理部、咨询辅导项目管理部、青春健康项目管理部等9个项目管理部，负责全校9个领域志愿服务项目的日常管理和监督工作。志愿者代表先后受到了党和国家领导人的接见。曾经获得国家级、北京市级集体奖项30余个，个人奖项近百个，受到了40多家新闻机构的多次报道，荣获国务院颁发的“全国助残先进集体”“全国志愿服务先进集体”荣誉，并于2001年被共青团中央和中国青年志愿者协会评为“中国十大杰出青年志愿服务集体”之首。

【点评】

中国人民大学青年志愿者协会是高校志愿服务组织的代表，也是大学生助力志愿服务事业的典范，成员热情、青春，为解决社会问题发挥着越来越大的作用。

2. 妇联系统发起的巾帼组织

妇联发起的巾帼组织是以妇女为主体的志愿服务队伍。自改革开放以来，巾帼志愿者活跃在全国各地的城乡基层角落，这些志愿者中，既有妇联系统的干部、基层妇女骨干，也有机关、企事业单位女干部和职工（包括专家、教授）、自由职业者，还有离退休人员、家庭妇女。她们积极参与当地的志愿服务组织，如秦皇岛市海港区巾帼志愿服务队、宁夏吴忠市“爱心红花小院”志愿服务组织、广东省妇联打造的“爱心父母大联盟”等等。

案 例

惠阳区红紫荆巾帼志愿服务队

惠阳区红紫荆巾帼志愿服务队于2014年7月23日在广东省惠州志愿服务网注册成立，是惠阳区妇联组织成立的一支由女性志愿者组成的志愿服务队伍，是在惠州创建全国文明城市的背景下成立的。

2014年是第四届全国文明城市的复评之年，惠州市委提出“高分高水平通过复检并争夺全国文明城市三连冠”这一目标，全市群团组织、区直机关及各党委都成立了自己的志愿队伍，并把相应的干部职工列入了注册范围。惠阳区妇联在2014年7月成立了惠阳区红紫荆巾帼志愿服务队，并积极发动镇（街）、村（社区）、机关妇委会妇女干部，分配任务指标，按照一定的比例要求妇女干部在惠州志愿服务网注册成为志愿者并加入红紫荆巾帼志愿服务队。

妇联系统组织志愿者在全区范围内开展巾帼志愿服务活动，如慰问帮扶困难群体，结合科协、司法、环保等部门开展科技法律知识的入户宣传，组织社区文艺爱好者开展文化活动，以及在各种大型活动中维持活动秩序、派发宣传纪念品等等。其中“邻里守望·姐妹相助”被打造成品牌志愿服务活动。

资料来源：北京志愿服务研究会．中国志愿服务大辞典．北京：中国大百科全书出版社，2014：247.

【点评】

妇联组织作为全国最大的妇女组织，在推动巾帼志愿服务组织发展方面发挥着重要的作用。惠阳区红紫荆巾帼志愿服务队在妇联的带领下，不断走向成熟，参与志愿服务的女性越来越多，志愿服务领域也在不断拓展，为惠阳区的志愿服务事业贡献了独特的力量。

3．企业发起的志愿服务组织

企业志愿服务组织即由企业发起并组织开展志愿服务的社会组织。此类组织通过探索并开展各种形式的志愿活动，践行了社会责任，树立了良好的企业形象。如上海电气青年志愿者服务总队、友成志愿者支持中心、IBM 志愿者协会等等。

案 例

顺丰公司的志愿服务

顺丰控股（集团）股份有限公司（以下简称“顺丰”）是国内领先的快递物流综合服务提供商，其在向顾客提供高质量物流服务的同时，不断践行企业社会责任。

顺丰的公益基金会主要资助边远地区教育事业发展、儿童健康等，并组织志愿者参与其中，利用顺丰的物流优势，参与灾害救援，已投入资金约 2 亿元，志愿者约 1.2 万人次。截至 2016 年，顺丰在全国 13 个省建立志愿者协会，并且利用企业信息化优势，建立起顺丰公益志愿者管理平台，使得志愿服务方便快速、优质发展。

通过在志愿服务方面的不断创新和努力探索，顺丰最终形成了一套自己的志愿服务体系，包括志愿项目执行与评估、志愿团体管理、志愿者管理与评价等。这套体系帮助各类志愿服务顺利运行，并且促进了顺丰志愿服务的标准化、系统化和信息化。

【点评】

对于顺丰而言，发展志愿服务活动不仅是在履行社会责任，更是其企业文化的反映和践行，为其他企业树立了良好的榜样。

综上，各种类型的志愿服务组织在中国以及世界各地蓬勃发展，营造了良好的社会氛围，提供了多元的社会服务，动员了丰富的社会力量。

二、志愿服务组织的特点

（一）志愿性

志愿服务是指任何人自愿贡献个人时间和精力，在不为物质报酬的前提下，为推动人类发展、社会进步和社会福利事业而提供的服务。志愿服务组织作为此类无偿、公益性服务的输出者，志愿性是其区别于其他组织的首要特征。

（二）非利润分配性

志愿服务组织不以获取利润为目的，获取的利润必须用于组织使命所规定的工作，且不能向组织成员进行返还。如《东莞市爱心志愿者协会章程》中明确规定：本协会经费必须用于本章程规定的业务范围和事业的发展，不得在会员中分配。此外还规定，本协会的资产，任何单位、个人不得侵占、私分和挪用。这都是志愿服务组织非利润分配性的体现。

（三）自治性

不管是自上而下建立的有官办色彩的组织，还是民间自发形成的志愿服务组织，都拥有一套属于自己的治理机制，其基本决策、内部管理等都不受外部主体的控制。

（四）服务性

志愿服务组织的定义规定，志愿服务组织必须以组织或推广志愿服务为己任，这不仅是志愿者的基本职责，更是志愿服务组织实现使命、获得社会认可的重要途径 。

第二节　志愿服务组织的定位

组织的定位是一个组织建立核心优势、确定服务领域和建立组织品牌的过程。志愿服务组织和企业、政府不一样，它凭借宗旨凝聚和引导志愿者行动而非以“利益动机”驱动，其定位关乎组织的发展方向，是一种为组织设计核心价值与形象，以期志愿者和社会公众了解并认同志愿服务组织独特的价值的行为①。具体而言，志愿服务组织的定位主要包括愿景、使命与目标三个重要内容。

一、组织的愿景

案　例

长春心语志愿者协会的愿景

长春心语志愿者协会，简称“心语协会”，由吉林省长春市著名社会工作者于海波女士在心语热线（吉林省首部无偿心理咨询热线，1995 年 5 月 8 日正式开通）的基础上创办的志愿服务组织。

---

① 北京志愿服务研究会．中国志愿服务大辞典．北京：中国大百科全书出版社，2014：118.

心语协会在“实现人人参与慈善的公民社会”的组织愿景的感召下，一直积极地活跃在助残、助学、心理援助等公益领域。通过十几年的努力，心语协会在长春市18所高校建立了志愿者服务团，在志愿者们的努力下，先后为1 700个贫困家庭学生筹集助学金，累计发放助学金80余万元；为222名单亲家庭青少年提供心理支持，并为孩子们建立了心理成长档案；为450名残疾人提供了职业技能及基础文化课培训；为残疾人出版刊物40余期，读者涉及全国23个省、4个直辖市、5个自治区，刊物累计发行37 000余册。心语协会长期志愿服务者共计9 810人。

【点评】

心语协会一直为“实现人人参与慈善的公民社会”而努力，十多年志愿服务活动的开展、近万名志愿者的付出让心语协会实现组织愿景不再遥遥无期。

志愿服务组织的愿景是志愿服务组织在实现志愿服务的使命和长远目标之后的情景，是志愿者和志愿服务组织向往实现的目标，是心中渴望得到的景象。

组织的愿景对应到志愿服务中可演化为以下三种具体形式：

（1）事业愿景。即从事志愿服务所要达成的未来景象，是实现公益性社会使命之后的宏伟情景。例如联合国儿童基金会的事业愿景是“建立一个没有贫困、暴力、疾病和歧视等障碍的世界，让孩子们健康成长，从而从整体上促进人类社会福祉”。

（2）价值愿景。即建立在组织成员共同价值观基础上的、对组织发展的共同愿望，是志愿者组织自身未来发展的理想情景。这里的组织愿景只针对组织发展，例如，某青年志愿者协会的愿景是“团结青年志愿者，使本协会成为本地区传播精神文明和公益慈善的先锋队”。

（3）个人愿景。即志愿者个人心中对未来的关切和认同，个人愿景可能与组织和事业愿景相同，但并未与组织成员分享，它是志愿者从事志愿服务的力量来源。例如，某志愿者的个人愿景是“通过志愿服务实现自我价值，获得社会认可”。

确定组织愿景的意义重大，由于志愿服务是自愿、不为报酬的公益利他性服务，志愿服务组织不能依靠行政命令或经济利益来管理志愿者，因此需要构建共同的愿景来凝聚志愿者。只有当人们为一个具体的目标而工作和服务时，才能感受到工作的快乐和服务的意义。而志愿服务组织的愿景具有激励人心、呼唤行动和团结汇聚的作用，能够汇聚人们内心共同的理想，引导志愿者更好地参与志愿服务①。

二、组织的使命

案　例

拯救熊猫村

随着20世纪80年代以来大熊猫自然保护区的陆续建立，在我国四川、陕西、甘肃三省至少有184个熊猫村，在那里，村庄没落、农民生计无着……“幸福银行”志愿服务组织关注到了这一社会问题，以“拯救熊猫村”为使命，以提高大熊猫栖息地农民的幸福指数为目标，开展了大量志愿活动来协助大熊猫栖息地农民增收和保护生态环境。

“存储爱心，兜售幸福；改善大熊猫栖息地53个县近600万农民的生活状况。”这是“幸福银行”志愿服务组织对外打出的宣传广告，更是其始终践行的组织使命。使命驱动下，“幸福银行”展开了1号计划：开办网店和实体店，出售与熊猫相关的生态产品，帮助大熊猫栖息地的农民改善生活状况，推动熊猫村的经济发展，最终使百余个熊猫村走上了脱贫发展之路。

【点评】

组织的使命既是动力又是风向标，“幸福银行”始终围绕“拯救熊猫村”的组织使命，聚焦于熊猫自然保护区内村民的生计与家庭问题，为熊猫村的村民带来了幸福。

志愿服务组织的使命，即志愿服务组织在社会中承担的责任、角色及任务，它既是志愿服务组织存在的根本目的，也是实现愿景的重要途径和方式，反映了社会对志愿服务组织的要求，也包含着组织创办者和领导者的价值追求和抱负。志愿服务组织的使命阐述了组织的基本性质和存在理由，说明组织宗旨、信念、原则和运行理念，描述组织发展愿景，确立组织发展方向。

志愿服务组织的使命有三大核心要素。

---

①　北京志愿服务研究会．中国志愿服务大辞典．北京：中国大百科全书出版社，2014：53-54.

（1）志愿服务的范围。包括志愿服务种类、志愿服务对象以及具体的志愿服务任务。

（2）从事该志愿服务的理由。呈现志愿服务组织的价值观、理念和宗旨。

（3）志愿服务产生的公益效果。体现志愿服务的效益和价值。

组织使命对于社会、志愿服务组织、志愿者都具有重要的意义。

（1）对社会来说，组织使命具有社会功能，能够为资源的筹措、整合和配置提供衡量标准和基础。

（2）对机构来说，它是志愿服务组织制定战略规划和行动计划、组织运行和实施服务的重要纲领，对志愿服务的方向以及如何规划资源配置起决定作用。

（3）对志愿者来说，使命背后蕴含的文化理念和存在价值，能使志愿者产生自豪和共鸣，加深志愿者对组织主要任务的认识，激发志愿者服务的热情和动力。

三、组织的目标

组织目标是指一个组织未来一段时间内要实现的目的，它是管理者和组织成员的行动指南，是组织决策、效率评价、协调和考核的基本依据。对志愿服务组织而言，目标是志愿服务组织在履行其使命的过程中所设定的预期将实现的结果，兼具正义性、社会性和公益性的特征。一般涉及服务对象、服务范围、工作领域、合作关系、资源整合等方面，具有可数量化、可检验和可实现的特点，是对组织使命的细化和可操作化。

组织目标的作用：组织目标是完成组织愿景和使命的载体，是随着环境、时间以及条件变化不断调整的一张“列车时刻表”，是组织争取达到的一种未来状态，是开展各项组织活动的依据和动力。志愿服务组织的目标无论是对组织的存在、发展还是志愿者、志愿活动的安排都起着重要的作用。

（1）组织目标是评估志愿服务绩效的标准。它由志愿服务对象、志愿服务组织、志愿者三方相互协调产生，能很好地反映三方尤其是志愿服务对象需要的满足程度。

（2）组织目标有助于激发志愿者热情。在目标的驱动下，志愿者能清楚地知道自己提供的志愿服务与组织目标的差距，激发其提供高质量志愿服务的动力。

（3）组织目标是组织内部分工结构的基础。志愿服务组织目标需要有个分解的过程，即将组织的战略性目标划分为功能各异而又互补的子目标。经过多层次的分解，志愿服务组织形成具有层次性的目标结构以便组织内部的分工和志愿岗位专业化。

（4）组织目标影响组织的管理方式。目标管理是志愿服务组织管理方式中重要的一种，通过激励志愿者为组织目标奋斗可以促进志愿服务的达成和价值的实现。

由此，可以看到志愿服务组织目标的重要性，它能够整合志愿者的个人愿景、引导组织战略、累积核心能力、优化管理环境，最终提升志愿服务组织的价值。

组织目标是一个体系，它是由总的战略目标、长期目标、中期目标和短期目标组成的，每种目标在志愿服务组织管理中都发挥着不同的作用。

（1）战略目标即志愿服务组织的宗旨，它是最高的目标也称终极目标，用于指明志愿服务组织活动的方向。

（2）长期目标是根据志愿服务组织的战略目标，结合对内外部环境的分析，给组织的发展提出的一项基本任务。具有相对稳定性、周期长的特点。

（3）中期目标即长期目标的一份清单，它对长期目标提出的基本任务进行划分，使之具体化。

（4）短期目标即具体的志愿服务计划，它将任务落实到具体的志愿者并对志愿服务组织里的成员所要完成的志愿服务或其他工作做出数量、质量、程序等层面的具体规定。通过短期目标，志愿者的责任、权限得到明确划分，物资和技术获得保证与支持①。

第三节　志愿服务组织的项目管理

案　例

墨尔本先驱者

墨尔本先驱者（Melbourne Pioneer，MP）于 2011 年在澳大利亚维多利亚州正式注册成立，是一支由华人留学生发起的、致力于组织华人学生从事志愿服务的非营利组织。MP 秉承“成长，并帮助他人成长；成

① 北京志愿服务研究会. 中国志愿服务大辞典. 北京：中国大百科全书出版社，2014：113.

就梦想，并帮助他人成就梦想！”的核心理念，贯彻“愿景，激情，行动”（vision，passion，action）的组织文化，致力于帮助中国留学生更好地融入当地社区，通过参与志愿服务活动了解澳洲社会并提升个人素质，同时也展现华人留学生乐于奉献的一面。发展至今，MP 拥有约 4 000 名志愿者，大部分都是墨尔本地区华人留学生。

MP 的志愿服务项目分为两类：一类是 MP 自发的社区志愿服务项目，另一类是 MP 与当地其他公益组织合作的志愿服务项目。MP 自发项目主要是与当地社区组织进行合作，招募长期志愿者向当地社区的华人老年人提供社区志愿服务，如陪老年人聊天、帮老年人阅读信件、教老年人使用手机等。同时，MP 与大量当地非营利组织合作，为机构或活动招募所需志愿者，如大型的赛会志愿者、慈善组织筹款志愿者、社区活动志愿者等等。

MP 的志愿服务项目开展采取项目经理管理制，即每一个独立的志愿服务项目由一到两名项目经理进行全程管理，MP 媒体部辅助项目经理进行前后期宣传，MP 人力资源部辅助项目经理进行志愿者的统一招募和培训。另外，MP 还设有信息搜集专员，在全球范围内搜罗适合于华人留学生的志愿服务信息。

【点评】

墨尔本先驱者在对志愿服务项目进行分类后，又针对性地实行了项目经理管理制，志愿服务项目的整个过程都得到了良好的把控，促进了志愿服务质量的提升。

志愿服务组织往往是通过推出一系列独特又相互联系的服务项目来实现对社会公益的贡献。一个一个项目不仅构成了志愿服务组织的基本工作，也是实现组织使命的必经之路。志愿服务组织要完成组织使命，实现组织生存、发展乃至壮大，项目管理是必不可少的。

一、项目管理的内涵及原则

（一）项目管理的内涵

志愿服务组织的项目管理是志愿服务组织管理和配置各种资源以实现组织既定目标的过程，即通过志愿服务项目申请获取资金、人力等社会资源，对所获资源进行优化配置，组织、计划、控制项目运作的过程，最终达到组织的既定目标。

志愿服务组织的项目管理是一项系统的工程，可以分为项目设计、项目申请、项目计划和启动、项目执行、项目控制和项目评估六个基本环节。在本书中，我们将除项目设计和项目申请外的四个环节归类为项目运作来进行讲述。

（二）项目管理的原则

由于志愿服务组织不以营利为目的，项目多涉及公共服务范畴，因此志愿服务组织的项目管理相对特殊。志愿服务组织实施项目管理时需要遵循以下三项原则：

1. 紧扣组织宗旨

志愿服务组织的宗旨是其存在的依据和行动的最高纲领，在志愿服务组织的项目管理过程中，所有的活动都必须与组织宗旨紧密结合，避免出现为获取项目资源而迎合项目资助者的偏好，致使项目结果偏离组织宗旨的情况。

2. 注重项目运作效率

项目运作效率是评估志愿服务组织项目管理水平和能力的重要指标之一。志愿服务组织项目管理和其他项目管理一样，需要控制成本、优化资源配置，这既是项目目标顺利实现的保障，也是志愿服务组织赢得社会认可和信任的根本。

3. 保证项目管理的规范化

项目管理规范化指的是在项目管理的各项活动中严格依照程序和执行标准，以达到管理行为的井然有序与协调高效。

二、项目设计

案　例

“花时间读书会”的项目设计

2013年8月，为响应李克强总理提出的“倡导全民阅读，建设书香社会”，一位热爱读书的大学老师和她的几个学生一起发起了“花时间读书会”。自成立以来，该读书会以公益为核心，确立了营造社会阅读氛围、推广阅读文化的宗旨，以读书、悦己、看世界为使命，以项目专题的形式，通过阅读这一媒介促进不同群体能力的提升；通过组织公益阅读活动，营造社会阅读氛围，传递正能量。

随着花时间读书会的日益壮大，加入组织的新成员、志愿者越来越多，花时间读书会的受众也日益广泛，成立之初单一的小型读书会项目已经不能满足庞大的受众群体的需求，因此，根据不同人群的不同需求，花时间读书会开设了“绽放女性发展学院”“乐之青年发展学院”“同伴一公里”“乐之精读会”“花时间跑团”“花蕾读书下午茶”“追古·学堂”七个有明确针对性、鲜明特色的项目。在“绽放女性发展学院”项目设计中，花时间读书会依据女性成长过程中亲子关系、社会融入、个人成长、兴趣发展等需求开设课程，通过阅读、实践、交流，为女性书友搭建自我认知、分享交流的平台。该项目一方面延续了传统的推荐书目—导师导读—书友分享的阅读项目；另一方面，依据女性发展需求开设了形象设计、美妆、咖啡鉴赏等课程，凸显女性的个性发展。此外，为助力大学生解决就业难的问题，花时间读书会还设计了“乐之青年发展学院”项目，践行“阅读点亮梦想，自律成就人生”的使命，以大学生自我帮助为基本价值观，以缩短大学生“大学学习和职场需求”“理论知识和实践锻炼”“课程培育和自我管理”之间的“一公里”距离为主要目标，成为以服务补贴模式和就业模式相结合的公益创业项目①。

【点评】

关于花时间读书会的项目设计是否成功，服务对象的好评就是最好的回答。针对性的设计不仅确保了志愿项目有明确的受益人，也促使项目团队提供了多元性的服务以满足项目受众和项目发展的不同需求，使志愿项目真正有价值。

项目设计是指项目管理者根据项目资助方要求、组织自身情况、项目服务对象需求等因素，确定立项主题、内容和目标等信息的工作过程。项目设计通过扫描内外部环境、定位服务对象需要，开发和设计出适宜的项目。

（一）项目设计的基本原则

成功的项目设计能融合志愿服务组织特色与社会需求，在增加社会福利的同时为志愿服务组织带来良好的声誉和广泛的支持。它往往遵循着以下六大原则：

（1）社会需求的广泛性。项目所涉及的社会需求具有广泛性，在项目

---

① 刘蕾，高钰书．社会组织创新力评估 PDA 模型的应用：以徐州市花时间阅读文化发展中心为例．中国社会组织，2017（20）.

实施区域内有一定比例的人群会遇到相同的社会问题。

（2）现实需要的迫切性。项目所解决的问题具有明显的迫切性，现行社会福利服务体系尚未开展足够的专门服务以满足此部分需求，亟须公益服务项目的介入。

（3）目标定位的公益性。项目服务指向明确，受益群体精准，公益色彩突出，实施后有助于优化社会治理格局。

（4）项目理念的创新性。项目实施理念、运作模式、参与方式具有明显的创新性。

（5）项目策划的科学性。项目实施团队的主要负责人和核心成员拥有与项目相关的专业技能和工作经验。

（6）实施主体的专业性。项目执行团队人员配置得力、分工合理且普遍具有较高的专业性。

（二）项目可行性论证

项目可行性论证是项目设计的重要环节，它将深入论证所设计项目的合理性、可行性，从而最终确定项目的思路和方案，为决策提供科学依据。一般由项目管理人员或者第三方机构等项目外的人员组织实施。

1．项目可行性论证的主要内容

（1）项目背景：项目设立的社会背景与缘由；

（2）项目意义：表明项目设立的必要性；

（3）组织内外部环境：组织开展项目具有的内外部条件；

（4）需要的资金、人力、物力资源及获取方式：项目能得到哪些资源的支持以维持其持续运作；

（5）执行周期：项目的持续时间；

（6）预期成果：项目预计达成的目标和收获的成果。

2．项目可行性论证的步骤①

（1）准备阶段：主要是落实参加人员，收集项目设计资料，收集组织内外部相关信息，并做出初步分析；

（2）分析论证：主要是对每个方案的优缺点、费用、成效等指标进行全面的比较分析，以确定一个最优方案，或者否决所有方案；

（3）拟定财务、人力等资源计划：确定资源筹集计划，包括选择资助方、确定内部项目小组、招募志愿者等；

---

① 王名．志愿组织管理概论．修订版．北京：中国人民大学出版社，2010.

（4）编写具体的可行性论证文本。

三、项目申请

项目申请即某些志愿服务组织为获得政府、企业、基金会等公益投资者对项目的许可和支持，向其提出申请的过程。

项目申请书是志愿服务组织直接向资助方提交的正式文件，项目能否申请成功，很大程度上取决于志愿服务组织提交的项目申请书能否打动资助方。由于每个组织的业务性质和组织使命各不相同，项目申请书的格式并没有一个统一的要求，但是一般包括以下部分：

（1）项目的基本情况介绍。主要包括项目名称、项目单位、项目时间、实施地点、项目负责人及联系方式等基本资料。

（2）以项目可行性论证为核心的项目建议书为项目申请书的主体部分。主要包括项目背景、项目内容、项目时间安排、项目成果分析、项目风险应对措施、项目预算等。

（3）人员配备。主要包括参与人员的基本情况和合作机构两部分。在人员配备方面，要对项目的主持人和具体执行负责人的情况做一详细介绍，并重点强调其职业经历、项目运作经验和在该领域内的研究经历等。需要有合作机构参与项目的情况，应该在项目建议书中列出合作机构的基本情况、合作形式和合作内容，并附上相应的书面合作承诺。

（4）附件部分。主要包括一些证明材料、建议书中涉及的数据来源等文字材料。如合作机构的意向书、市场需求情况的初步调研和预测报告、有关部门对资金安排的意向书，或相关主管部门对该组织项目的意见等。

四、项目运作

项目运作，是志愿服务组织项目管理的核心环节。组织为了实现计划的目标，必须优化项目资源的使用，强化项目从计划到评估各个阶段的管理，具体操作如下：

（一）项目计划和启动

1. 项目计划

项目计划就是为了完成项目目标而对项目所需的人、财、物和宣传等进行合理的安排和落实的过程。对志愿服务组织来说，项目计划是围绕着志愿服务项目目标而展开的。通过确定项目的各项工作任务、项目进度等活动，将项目的主要设想和战略落实为具体明确的行动，确定各项活动所需要的投入，明确有关部门和志愿者的责任，保证组织能在规定的时间内尽可能有效率地完成既定目标。包括总计划与年度计划。

2. 项目启动

项目计划好后，项目就可以启动了。此时，志愿服务组织通常会召开项目启动会议来帮助参与项目的工作人员弄清楚以下几个问题：选定此项目的动机以及项目的申请过程、项目要达到的预期目标和受益人群、项目的初步计划和详细计划、工作人员的分工、影响项目效果的因素分析等。

（二）项目执行

项目执行是调动资源、执行项目计划的具体过程，即正式开始为完成项目而开展活动、努力工作。

项目执行的主要步骤如下：

（1）安排即将进行的工作；

（2）对进行志愿服务的志愿者授权；

（3）时间控制和管理；

（4）项目费用预算管理；

（5）组织项目团队按照项目计划完成预定的志愿服务。

项目执行管理的主要内容如下：

（1）项目人员管理。人员管理涉及对组织成员、志愿者、项目合作方、受益人等诸多利益相关者的管理，因此在项目人员管理的过程中，志愿服务组织要做好项目管理人员和志愿者的规划、配备和激励，同时也要关注项目合作方与项目受益人的需求和利益，要广泛地征求利益相关者的意见和建议，为这些人员参与项目提供渠道和制度保障。

（2）项目财务管理。规范项目执行的财务管理，需要志愿服务组织做好以下三方面工作：一是做好项目资金使用管理，建立独立的项目资金账户，专款专用；二是做好财务预算，确保项目在预算成本范围内完成，同时确保资助方的资金能够及时到位；三是配备正规的财务人员，做好财务收支的记录，规范资金使用流程。

（3）项目时间管理。具体包括对项目的活动和任务进行时间排序和估算，使项目能够有序高效地执行。

（4）项目信息沟通管理。是项目管理人员及时地收集、发送和处理项目相关信息的一个过程，是进行项目组织、协调、控制等各项项目管理活动的基础。志愿服务组织的项目管理者需要提前做好项目信息管理沟通计划，确保关键信息的传达和沟通，并在此基础上对项目执行进行调整。

（三）项目控制

项目控制是以事先制定的项目计划和各项指标为依据，定期或不定期地对项目实施的所有环节和工作情况进行调查、分析，发现项目活动与标准之间的偏离，分析成因，研究纠偏措施，并提出切实可行的实施方案，供项目管理层决策的过程。

项目控制的内容包括项目监测和项目控制两个方面。

（1）项目监测。也称项目跟踪，是指项目的管理人员根据项目的计划和目标，在项目实施的整个过程中对项目状态以及影响项目进展的内外部因素进行及时、连续、系统的记录和报告。项目监测的具体工作内容有：评价项目实施的实际情况和计划的完成程度、检验各项指标、进行需求和变更批准、检查工期进展与项目要求是否相一致、监视资源的使用情况、监控项目成本。

（2）项目控制。在有效的项目监测基础之上，志愿服务组织需要着重对项目的范围、质量、时间和成本进行控制。

案 例

新长城特困大学生自强项目

新长城特困大学生自强项目是中国扶贫基金会在充分调查和研究的基础上设计推出的大型社会公益项目，该项目不仅是中国扶贫基金会十余年来推出的第一个面向社会公众筹资的项目，而且在中国扶贫基金会的全力推进下，将在未来的几年内发展成为国内规模最大的、最具号召力的贫困大学生资助项目。

那么，如何监测和评估项目呢？

首先是保障执行过程的透明，新长城特困大学生自强项目主要有两种方式：一是“1+1”结队模式，捐赠人和学生均持有结对卡；二是学生回信。

其次是从学生选拔层面上监督。由于是从贫困县的层面进行资助（中央、企业对贫困县的援助），因此项目管理的特点是分布散、操作难，放权于学校层面进行核实，这种方式占到95%。

最后是通过电话、发信等形式对学校工作进行检查，一般抽查率为5%～10%，主要是明确资助资金的发放时间是否拖延、是否足额发放等。一般在每年四五月进行，也覆盖了四五百个非签约学校。由资助组4个人负责。

以下是项目主要的监测和评估方式：

（1）收集学生成长汇报表。从2006年开始，每年6月进行毕业生调查。

（2）最基本的也是最重要的，就是“1+1”结对卡。

（3）安排学生与捐赠人见面。

（4）对捐赠企业进行宣传，例如举办校园招聘会等。

（5）对相关捐赠企业进行项目进展汇报。

资料来源：http://www.chinanpo.gov.cn/700108/92678/newswjindex.html.

【点评】

中国扶贫基金会采用了多种方式对新长城特困大学生自强项目进行监测和评估，使其公益性得到了最大程度的实现。

（四）项目评估

项目评估是在项目可行性研究的基础上，从整体的角度对拟建设项目的计划、实施方案等进行全面的技术、经济论证和评价，从而确定该项目未来发展的前景。这种论证和评价将为项目提供多方面的建议，客观、准确地将与项目执行有关的资源、技术、经济、社会环境等各方面的数据和资料完整地呈现于项目决策者面前，使其能够做出正确决策。

（1）项目评估的原则：客观、公正、科学的原则，可比性原则，定量分析与定性分析相结合的原则，公开性和反馈性相结合的原则，微观效益分析与宏观效益分析相结合的原则。

（2）项目评估的内容：项目目标和投资必要性的评估，项目的实施条件评估，项目的财务情况评估，项目的组织和管理能力评估，项目成果评估，受益对象评估（服务对象评估）。

（3）项目评估的基本程序：明晰评估目的和范围，收集项目评估资料，审查和分析项目，形成评估报告，成果交流及应用。

第四节 志愿服务组织的能力提升与发展

一、建立组织的战略规划

案 例

一个环保 NGO 的战略规划缘起

2008 年 4 月，环保 NGO 自然之友完成了自成立以来的第一次战略规划。之前的半年，自然之友组织一边做分内的工作，一边利用工作和闲暇时间参与制定机构的战略规划。长达半年的战略规划始终围绕一个共同的话题——自然之友的未来。从理事会成员到一线员工，乃至外部的会员等关注自然之友的不同群体，或是温和的建议，或是激烈的言辞，以不同的表达方式、不同的角度审慎对待自然之友的战略规划。

谈到做这次战略规划的缘起，时任自然之友总干事的梁晓燕，在接受媒体采访时说："在相当长一段时间，自然之友和国内很多环保组织一样是靠项目来生存……项目来自不同的资助方，项目要求也比较封闭、各自为政，所以项目之间往往缺乏内在关联性，支离破碎。久而久之，就使得团队的工作理念越来越不清晰、使命越来越模糊。"

在对部门和项目进行调整后，自然之友给组织未来3～5年设定了以下战略方向：环境公共政策倡导、基于改变公众行为的环保教育以及扶持民间环保力量。

资料来源：王辉．一个环保NGO的战略规划．中国发展简报，2009-04-28.

【点评】

此次战略规划使自然之友重新找到自身的定位和工作目标，之前关于采取什么样的方法去解决机构的问题、要把机构变成什么样子、往哪里发展，在自然之友的战略规划中都找到了答案。

战略规划同样存在于志愿服务组织之中，它是志愿服务组织根据内外部环境因素变化以及如何开展志愿服务所进行的长期计划和安排，最终形成战略规划文本，以指导和监督组织运营和开展志愿服务。

志愿服务组织战略规划的建立过程通常包括以下步骤：

（1）针对志愿者组织的外部环境进行扫描，如政治、经济、生态、地理位置、科技发展水平、社会文化和风俗习惯等，了解组织可以利用的外部机会和资源，以及需要防范和应对的风险与挑战。

（2）制定组织愿景和使命，为志愿服务组织战略规划的制定提供方向。

（3）制定长期和短期的事业目标和组织发展目标，确保目标是清晰可实现的、可量化且有时间期限的。

（4）根据具体目标制订战略执行计划，进行资源配置与整合，确保计划得以贯彻实施。

建立志愿服务组织的战略规划，有助于更好地落实组织的使命、确定组织优先发展目标以及及时诊断组织发展中存在的问题，从而推动志愿服务组织的发展。

二、提高组织的动员能力

案　例

北京奥运会倒计时一周年志愿者誓师大会举行

2007年8月7日，“2008年我们微笑出发”北京奥运会倒计时一周年志愿者誓师大会在北京奥运大厦广场举行。时任中央政治局委员、北京市委书记、北京奥组委主席刘淇，国际奥组委主席罗格为志愿者代表授“北京奥运会志愿者”旗帜，时任国务委员、北京奥组委第一副主席陈至立和第29届奥运会协调委员会主席维尔布鲁根共同发布“北京2008年奥运会倒计时一周年志愿者誓师纪念封”。刘淇、罗格分别为纪念封题词。在活动现场，与会领导和国际奥委会代表为志愿者们佩戴了微笑圈。

资料来源：北京志愿服务研究会．中国志愿服务大辞典．北京：中国大百科全书出版社，2014：386.

【点评】

在奥运会来临前一周年，北京奥组委为志愿者们召开誓师大会，大大提升了志愿者参与北京奥运会志愿服务的动力，组织的动员能力在大会后得到明显增强。

志愿服务组织的动员能力与组织的凝聚力、向心力紧密相关，它对志愿服务组织的团队建设、制度建设、服务建设等方面都提出了要求。根据这一思路，在志愿服务组织的管理过程中，通过明确组织的愿景、使命和目标，加强对项目的管理等一系列方式，着力提升志愿服务组织的动员能力，激发志愿者参与社会公益事业的热情和服务意识，提升志愿服务组织的效率和服务质量，加强社会对志愿服务组织的认可，推动其能力提升。

三、关注组织的营销成长

案 例

“ALS 冰桶挑战”网络事件营销

ALS 病全称“肌肉萎缩性侧面硬化病”，英国人也叫“运动神经细胞病”，俗称“渐冻症”。这是一种无法治愈而且致命的病。患有此病的波士顿学院著名棒球运动员 Pete Frates 希望更多人能够关注这一疾病，于是发起冰桶挑战。活动规则如下：被点名的人要么在 24 小时内完成冰桶挑战，并将相应视频传上社交网站，要么为对抗 ALS 捐出 100 美元。因挑战的规则比较简单，活动得以快速传播，并在短短一个月内筹得了 2.57 亿元的捐款。

截至 2014 年 8 月 21 日 16:00，70 余名 IT 界名人、娱乐明星、体育明星参与挑战。冰桶挑战共获得 11 709 位爱心人士支持，筹集善款 2 284 323 元。至 2014 年 8 月 29 日，募集善款总额累计超过 1 亿美元。这项从政要富商、演艺名人到普通民众都参与的慈善捐助活动开始一个月以来，筹集的善款总额远超 2013 年同期的 280 万美元，将用于渐冻症治疗研究。接受捐款的 ALS 协会称，仅在美国就有 170 万人参与挑战，250 万人捐款，总金额达 1.15 亿美元。

【点评】

冰桶挑战赛成功的原因在于：低门槛的活动参与机制；社会心理学的成功应用——挑战的信息公布于透明的社交平台，相当于参与者诉诸的间接公开承诺，在众人的监督下，活动完成与延续的可能性更高；名人的传播效应。因此，冰桶挑战获得了史无前例的成功，成为公益界互动营销的典范。

志愿服务组织的“非利润分配性”并没有割裂与营销的关系，关注志愿组织的营销成长对其能力提升和发展具有重要的意义。

营销（marketing）在科特勒《营销管理》一书中被定义为“在适当的时间与适当的地方，以适当的价格、适当的沟通和推广手段，向适当的消费者提供适当的产品和服务的过程”。

随着市场营销理论的不断丰富，志愿服务组织也逐渐将营销引入其基本的职能，通过与资助方或其他组织沟通协商，交换有价值的产品并建立合作伙伴关系，从而实现志愿服务组织自身的发展。

（一）志愿服务组织营销的特点

1. 营销目标多元化

志愿服务组织应确立多元的营销目标，实现经济效益、社会效益、生态效益的最佳组合。

2. 营销对象多样化

营利组织的营销对象通常是顾客，即购买其产品的消费者，而在志愿服务组织的运作中，不存在“付费者”或者说“付费者”通常不是服务产品的“消费者”，资源提供往往来自个人、企业、政府、基金会等。因此，志愿服务组织必须对各类群体进行营销，实现志愿服务组织的发展。

3. 注重服务产品特性

志愿服务组织的产品多是无形的服务产品，产品价值通常在服务过程中产生。因此，志愿服务组织的营销有明显的服务营销的特点，应更加强调人的重要性、重视志愿服务组织内部营销管理、关注顾客的时间成本等。

4. 接受公众监督

由于志愿服务组织有政府税收上的优惠并能得到社会的无偿资助，因此，志愿服务组织的经营活动必须服从且服务于公众利益，接受公众的监督。

可以看出，志愿服务组织通过营销，调动和整合了各种社会资源，加强了社会合作，扩大了志愿服务工作的范围，使志愿服务组织获得了更广阔的成长空间。

（二）志愿服务组织营销的理论

志愿服务组织自身的非营利性和自愿性导致了其与传统的4P营销理论，即产品（product）、价格（price）、推广（promotion）、场所（place）策略不同。经过一定时期的发展，针对志愿服务组织营销的“4P＋S＋V”理论，即在关注全民志愿的前提下，从品牌营销、口碑营销、网络营销三方面为志愿服务组织提供相应的产品战略、价格战略、促销战略和利益相关群体战略应运而生，提高了产品的质量，丰富了产品的内涵①。“4P＋S＋V”即全民志愿（peoples）、志愿产品（products）、受众对产品的定价

① 罗军飞，龚芳．论志愿者组织营销的“4p＋s＋v”理论．科技创业月刊，2009（2）：62-64.

(pricing of consumers)、促销（promotion)、利益相关群体（stakeholders)、志愿精神（volunteerism)。

思考与讨论

1. 志愿服务组织有哪些主要的类型?

2. 志愿服务组织的使命和目标对组织发展的意义是什么? 应该如何确定组织的目标和使命?

3. 志愿服务项目管理有哪些重要的步骤?

4. 对于一个志愿服务组织而言，提升组织能力、促进组织发展的途径有哪些?

5. 志愿服务需要营销吗? 志愿服务组织营销的途径有哪些?

第九章
志愿服务能力建设

引 例

2008年5月12日，四川省汶川县发生里氏8.0级大地震，百万志愿者到四川去救灾。大量开着私家车的志愿者进入灾区，给本就脆弱的灾区交通线造成了较大压力，堵塞了生命救援通道和物资救援通道。一些志愿者没有经过任何准备就奔赴灾区，两三天后弹尽粮绝，自救不暇；还有一些志愿者给灾民疏导不讲究方法……有志愿者紧急呼吁："大家都迫切想要救人，但绝对不要以个人名义单独前往灾区，尤其是那些没有任何经验又无专业技能的志愿者。"

志愿者参加志愿服务不仅需要热情和爱心，也需要掌握相应的知识、具备一定的能力。在志愿服务中，需要掌握哪些知识、如何提升能力，直接关系到志愿服务的成败，也关系到志愿服务对象的满意度。

第一节　志愿服务能力类型

志愿者是各类志愿服务活动中的具体服务提供者，是与服务活动与服务对象直接接触的最直接人群。志愿者的能力决定了志愿服务水平的高低，决定了一次志愿服务活动的成败。因此，志愿者的志愿服务能力建设问题是最基础也是最关键的。《中国志愿服务培训工作"十三五"时期发展规划（2016—2020）》区分了对不同类型志愿者的能力要求：

一、普通志愿者的能力要求

（一）通用能力

志愿服务人人可为，但这并不意味着不需要任何条件就能做好志愿服务。作为一名志愿者，通用能力是一名志愿者所应具备的最基本的能力，包括志愿文化、服务精神、沟通能力、团队合作能力、情绪控制与感知能力、学习能力等。

（二）专业知识与技能

由于志愿服务的内容和岗位不同，志愿者参与志愿服务不仅需要具备基本能力，还应根据具体志愿服务工作的需要，掌握相应的岗位知识、专业知识、服务相关信息、专业操作技巧等。

（三）态度

除了通用能力和专业知识与技能，志愿者还应具备相应的责任心、服务热情、耐心和毅力、团队意识和奉献精神，这些能力不可小觑，往往是志愿服务成功的关键。

（四）行为伦理与道德

志愿服务是一种自愿的社会服务行为，但志愿者在服务中也应遵守行为伦理与道德，这包括利他意识、服务导向、现代法治理念、法律法规、志愿者行为规范等。

二、志愿者骨干的能力要求

志愿者骨干是在各类志愿服务活动中，具有一定的服务经验、能够独立承担志愿服务项目的优秀志愿者。志愿者骨干是组织开展志愿服务活动的中坚力量。志愿者骨干不仅是直接参与志愿服务活动的“明星级”志愿者，更是带领初级志愿者和普通志愿者共同参与服务工作的示范者和引领者。志愿服务骨干的能力包括以下几个方面：

（一）通用能力

作为一名志愿者骨干，除了直接参与志愿服务，还承担了带领志愿者共同开展服务的任务。因此除了具有作为志愿者应当具备的通用能力之外，还应当重点提升沟通能力、协调能力、组织能力和应变能力。

（二）专业知识与技能

除了岗位知识与专业知识之外，志愿者骨干的专业知识与技能还应当重点提升关键思维能力、团队建设能力、信息技术应用能力。

（三）态度

除了作为一名志愿者所应具备的奉献精神、团队意识之外，志愿者骨干还应重点提升工作主动性和规则意识。

（四）行为伦理与道德

志愿者骨干的行为伦理与道德更加强调利他意识、服务导向、现代法治理念、法律法规、志愿者行为规范。

三、志愿服务组织管理者的能力要求

志愿服务组织管理者是负责志愿服务组织中日常事务的处理、志愿者队伍的管理以及组织目标规划设计，以保证组织的高效运行和可持续发展的志愿者。志愿服务组织管理者的角色相当于志愿者的志愿者（这里主要指的是志愿精神，很多专业化的志愿服务组织管理者是付薪的职业社会工作者），志愿服务组织管理者的能力决定了志愿服务组织和服务项目的可持续发展。志愿服务组织管理者的能力应当包括以下几个方面：

（一）通用能力

志愿服务组织管理者的通用能力已经超脱了一般志愿服务行为的能力要求，除了志愿者、志愿者骨干所应具备的通用能力之外，还应当具备规划能力、组织协调能力、领导力、分析能力、评估能力、管控能力、应变能力。

（二）专业知识与技能

作为志愿服务组织管理者，专业知识与技能的掌握要求也更高，包括岗位知识、专业知识、相关政策理解能力、服务相关知识信息等。

（三）态度

志愿服务组织管理者与志愿者和志愿者骨干有所不同，在态度方面更加强调责任心、事业心、变革精神与创新精神。

（四）行为伦理与道德

志愿服务组织管理者作为管理志愿者的志愿者，更应当注重行为伦理与道德的培养，包括利他意识、服务导向、现代法治理念、法律法规与志愿者行为规范。

第二节　志愿服务的基本能力

作为一名志愿者需要具备很多方面的能力，其中哪些能力是最基本的呢？我们将在本节了解到一些从事志愿服务活动的基本能力。

一、沟通能力

案 例

饿肚子的孩子们

一个志愿者团队到一所山区小学去支教，出发之前联络了乡政府帮助安排好与学校师生见面时间。志愿者们定的时间差不多是中午的时候，因为这个时间学生刚好没有上课，不会耽误正常课业。

当志愿者们到达目的地的时候，发现学校校长已经组织学生在小操场等候。从那些孩子的眼神中，志愿者看得出他们的期待。志愿者们也非常热情地和这些学生做了互动，然而在和一个小女孩沟通的过程中，志愿者却发现原来这些孩子中午都没有吃饭。

为什么会这样呢？原来当地交通比较落后，一般很少有支教队伍来，所以学校非常重视本次志愿者们的到来。学校的位置比较偏僻，如果学生们回家吃饭，回来可能就赶不上支教活动了。同时，由于经济原因，很多当地的孩子中午也是不吃饭的。因此学校权衡再三，决定同意志愿者们定的时间，把孩子们留下来等待。这让志愿者们感到很难堪。

【点评】

在很多城市小学，中午孩子们都能够在学校吃午饭，因此中午安排活动不会与用餐相冲突。但这是山区学校，志愿者在沟通过程中，只考虑不与孩子的课程冲突，而忽略了当地实际情况和孩子们的实际处境，最后牺牲了孩子们的吃饭时间，这属于沟通不到位，影响了志愿服务的效果。

沟通是志愿服务过程中的重要环节。沟通的目的在于传递信息，保证相关方信息对称。具备良好的沟通能力对于志愿者、志愿者骨干，特别是志愿服务组织管理者具有十分重要的意义。

（一）沟通是什么？

沟通（communication）是指按照一定的目标，把信息、观念和情感在个人、群体和组织之间进行传递，并达成共识的过程。简单地说，沟通就是意义的传递和理解，这包含三个层次的含义：一是意思、意愿的表达，二是沟通传递方式，三是理解与反馈。

在沟通中能准确地表达双方的“意思、意愿”非常重要。表达必须准确、清晰，否则沟通从一开始就是无效的。在生活中常见的问题是，一方处于让另一方更好地理解自身的立场和主张，一次性表达过多的信息，这些信息反而会对核心意义产生不必要的干扰，从而使对方难以理解核心意义。沟通要求完整并及时。要采用最适合的媒介物，从而降低意义损耗。志愿服务的沟通一般通过正式的方式如书面文字、会议纪要等形式，而日常志愿者之间的工作交流则采用随机的、语言的沟通方式比较多。沟通必须及时发出并即时反馈，否则将影响沟通的效果。

沟通最关键的环节是反馈，在生活中很多志愿者忽略了反馈的重要性。比如接受了一个任务短信却没有回应，这会给组织者带来很大的困扰，并消耗更多沟通成本。沟通要求全面，接收信息的一方必须完整地理解对方发出的信息，否则就会出现以偏概全的情况。由于沟通的信息损耗，处于不同立场的双方往往不能直接一次性理解对方意图，这就涉及多轮次、交叉沟通，切忌存疑情况下随意揣测对方意图。

（二）沟通的类型

从沟通模式上看，沟通包括正式沟通与非正式沟通；从路径上看，沟通包括下行沟通与上行沟通，横向沟通与斜向沟通；从服务与管理角度看，沟通包括内部沟通（组织内部）与外部沟通（与服务对象或其他利益相关者）；从沟通方式上看，沟通包括口头沟通、书面沟通和非言语沟通。

在当今信息化社会，网络特别是移动互联网的广泛使用，加上多媒体技术的快速发展，使得沟通更加便捷、有效。

二、团队合作能力

案　例

从独自做志愿到一起做志愿

聊起退休工人老张，大家都觉得他也是个“怪人”：要说助人为乐，老张绝对没得说，凭着钳工的好手艺，谁家有点修修补补的活儿都乐于帮忙。但是一说参加社区义工服务队，老张溜得比谁都快。上次，义工队的干事小王又邀请了一次老张，老张还是连连摆手：“算了算了，进了队，天天被人管着……我自己自由自在，还不是照样学雷锋！”

事情慢慢有了变化。

老住户李奶奶老伴早年过世，儿子、儿媳妇在一次车祸中不幸遇难，只剩下9岁上小学的小孙女跟李奶奶一起生活，家里勉强糊口。老张经常来李奶奶家看看，干点力所能及的事儿，跟老太太聊聊天，但他发现小孙女永远都是心事重重。这天下大雨，李奶奶给老张打电话说窗户关不上了，请老张过来帮忙看看。老张赶忙过来修，三下五下修好了。这时候小孙女拿着作业本过来，发愁地问：“张爷爷，您能给我讲讲这些英语题吗？奶奶不会讲，我找不到别人帮我……”

老张暗暗叫苦，要说修理手艺自己没得说，但是给孩子辅导英语，哪里是自己能做到的……老张为难地说：“孩子，爷爷也不会呀……”小孙女眼泪汪汪，老张赶紧逃走了。

窗户修好了，但是老张心里却打了个结：李奶奶家条件不好，小孙女虽然很懂事，但是长期没人辅导，这么下去的话不仅学习是个问题，将来长大后心理也会受影响。可是自己却没能力辅导这孩子……老张第一次觉得自己不能“包打天下”，思来想去，发现只有一个办法：找社区义工服务队，也许他们能联系到少年成长辅导方面的老师。

于是第二天老张来到社区服务站找小王干事，不好意思地说起这个事儿，请小王干事看看能不能请个志愿者到李奶奶家看看。小王干事看到老张主动来找他很意外但更感到高兴。听了老张的叙述，小王拍着胸脯说：“张叔，没问题！我找英语好的志愿者给孩子辅导，同时再找个懂心理的志愿者多陪陪她，带她来社区参加参加活动。这样，回头您带我们去一下李奶奶家，毕竟您跟她们熟悉……您放心，志愿者都是一家人！这儿就是您的家！”

之后的几天，小王跟两个志愿者随老张去了李奶奶的家，详细了解了小孙女的情况，跟小孙女建立了一对一联系，专门制订了学习计划，带着小孙女参加社区活动，一天天的小孙女终于开朗起来。老张跟着他们忙前忙后，忽然感觉有种家的感觉。

终于在一次活动之后，老张找到小王干事：“我还能跟你们一起做志愿吗？”小王干事紧紧握住老张的手：“正好咱们要成立一个义务修理队，队长除了您没别人能干！”

【点评】

老张热衷于个人做志愿服务，认为这样很自由，加入团队反而是一种“束缚”。李奶奶孙女这件事情使他认识到个人的能力是有限的，团队的能力是无限的。只有团队合作才能达到助人的目标。团队协作不仅是完成志愿服务的手段，更是志愿者助人自助、成长发展的桥梁。

志愿服务是一项需要合作的工作。志愿服务团队合作的重要性在于：一是团队合作是志愿服务的内在价值取向。二是团队合作是完成志愿服务任务的必要前提，在现代社会，很多志愿服务任务并非一个志愿者能够单独完成的，需要多个具备不同专业知识、能力特长的志愿者共同努力，甚至多个不同的志愿服务组织之间的无私合作，才能保证志愿服务目标的完成。三是团队合作是志愿服务事业可持续发展的保证。志愿服务的目标不仅仅是完成一次或某次任务，而是旨在建设一个可持续发展的志愿服务事业态势。作为无偿、公益的事业，志愿服务的团队合作对于志愿者和管理者来说同等重要，对于决策者等利益相关方来说更为重要，因此团队合作于志愿服务而言，十分重要。

团队合作能力包括以下几层含义：

一是合作。发挥团队每一个人的长处，形成志愿团队的合力，才能达到团队服务的最佳效果。

二是协作。协作意味着个人的行为要服从团队的行动计划和方案，不能擅自采取行动，志愿者之间要受到这种“软约束”。防止个人出风头，实现团队的利益最大化才是志愿服务的价值目标。

三是包容。团队协作势必涉及个人与个人、组织与组织之间的惯例、文化、模式等方面的冲突，因此，包容是最关键的。如果在一个团队中每个人都过于张扬个性，那么这个团队的目标很难实现。

三、情绪控制与感知能力

案　例

不被理解的志愿者

大学生小陈喜欢动物，是市动物园的一名志愿者，她经常利用周末时间到动物园服务。暑假，参观动物园的家长和孩子非常多，她也被临时调整到了人最多的海豚剧场，负责组织观众和维护秩序。观看海豚表演的孩子非常多，排队时孩子们喜欢大声尖叫、拿着冰激凌和糖果到处挤来挤去，还经常有家长过来询问表演开始时间，或者是卫生间的位置，以及一些更加琐碎的问题。半天下来小陈感觉嗓子冒火、大汗淋漓，都要虚脱了。由于天气太热，有的人插队，小陈急忙阻止："不许插队！都给我回去好好排队！"这下捅了马蜂窝："插队怎么了，你们志愿者怎么当的，怎么这个态度！孩子这么小怎么受得了，人这么多还不早点放进去！"小陈觉得很委屈，于是语气更加生硬，但是带来的是更多的指责，"这个志愿者态度怎么这样！""投诉她去！"当组长闻讯赶来的时候，小陈终于忍不住哭了起来。真是不愉快的一天。

【点评】

如果你是一位维持秩序的志愿者，面对各种情况的时候应该怎么处理？怎样才能控制自己的情绪，不至于"崩溃"？对服务对象的不理解甚至是无理行为，是和颜悦色劝阻还是严肃指责？控制自己的情绪对志愿服务任务的完成以及得到服务对象的理解至关重要。

人天生有各种情绪，情绪往往代表性格特质，没有好坏之分，但是人的决策和行为往往受情绪的影响很大。志愿服务大多是面对人的工作，面对形形色色有着不同需求的人，志愿者管理和控制好自己的情绪至关重要。

如何正确面对失败和挑战，如何控制冲动和愤怒，如何避免消沉和沮丧，如何设身处地为他人着想……这些都体现着个体控制情绪的能力。

经常有人会提到"情商"。感觉有的人"情商"高，有的人"情商"低。什么是情商呢？情商可以解释为：体察自己与别人的情绪，处理情绪并运用情绪信息来指引自己的思考与行动的能力。情商是可以感知的，态度就是情商的外在显现。在志愿服务活动中，一些服务处理方式非常体现情绪和态度控制的技巧。

做好志愿服务的小秘方包括：

（1）别心浮气躁地做服务。

（2）承认自己事情没有做好，别人不高兴或抱怨是对的。

（3）被拒绝时，切忌恼羞成怒。

（4）就事论事。

（5）别急！慢慢来。

（6）学习表达更明快而果断。

（7）别轻易就感到满足或得意忘形。

（8）沟通，再沟通。

（9）少自作聪明妄下结论。

（10）学着判断轻重缓急，做好时间管理。

（11）做好万全准备。

（12）把需求直接清楚地说出来。

管理好负面情绪要有自我控制力。自我控制的方法是找到排解的突破口，而不是一味地压抑自己。

第一种要控制的情绪是愤怒，这是情绪中最难控制的。有一句话说道："冲动是魔鬼。"发怒的瞬间的确会被负面情绪左右，从而影响你的判断。克制怒气的方法有很多，比如重新思考引发怒火的原因，对自己提问"事情真正的原因究竟是什么"，或者运用"同理心"技巧，换位思考对方在这种情境下做出那种行为的原因。

第二种要控制的情绪是焦虑。焦虑是一种普遍存在的担心、不安全的感受，严重的甚至会在生理上产生症状。处理焦虑的方式有：对焦虑对象重新评估，降低焦虑的程度；给自己积极的心理暗示，树立自信心；主动向前辈和同伴求助，征求意见；将焦虑提交志愿服务小组或团队，共同面对和解决；运动和健身。

第三种要控制的情绪是忧郁。忧郁会导致自怨自艾、失去自信心，它也是一种常见的负面情绪，严重的可能导致生理症状。参与志愿服务是一种阳光、快乐的事业，忧郁的情绪是不相称的，我们也要坚信志愿服务是可以化解忧郁的。志愿服务中产生忧郁情绪，首先需要志愿者自身改变思考方式，尝试对忧郁感受的原因进行质疑，形成具有建设性的观念；忧郁情绪笼罩的时候可以充分向团队倾诉，通过团队的力量共同分担，也可向信赖的前辈和同伴倾诉，得到安慰和积极的建议；忧郁的时候，可以申请暂时离开服务岗位，参与愉快的休闲活动，放松心情休息调整，恢复之后再上岗服务。

四、计划组织协调能力

案 例

慌乱的暑期活动

大学生志愿者小赵暑期在社区帮忙，负责筹备最近一次周末暑期少年儿童传统文化学习活动。小赵赶紧忙碌起来，列举了活动的时间、邀请的专家志愿者、需要的物品、印刷的材料和参加的人员，然后满怀热情地投入到准备工作当中，发通知、请专家、买物品、定场地……队长问起筹备情况，小赵觉得做得很好了："一切顺利！没问题！"

终于，周六到了，小赵早早地来到社区活动室，发现参加筹备工作的志愿者们到了现场但是都不知道该做些什么，原来小赵只是提前自己做准备，没有给大家做好现场分工，于是临时赶紧给大家分工。这时候小赵发现横幅还没有挂，问起来说横幅还没送到，但是一个小时后就要开始活动了，原来昨天晚上小赵还在改横幅，但是没跟印厂说早上什么时间送到。然后小赵陆续接到参加活动的专家志愿者和参加活动孩子们的电话，说找不到这个活动室，原来她只发了地点名称，没有发具体楼号和位置。志愿者和孩子们陆续来了，小赵才发现没做签到表，于是手忙脚乱地赶紧打印签到表…… 终于活动开始了，小赵发现现场的电脑不能播放视频，原来缺一个软件，赶紧下载了软件才播放了视频。

这么慌乱的活动，让小赵一点也不开心，她心想忙忙碌碌一个礼拜，最后怎么成这个样子了呢？

【点评】

小赵参与志愿服务的热情十分值得称赞，但是这个活动还是进行得比较慌乱，是因为小赵没有很好地做好计划、分工，也没有很好地调配好人力、物力等资源，时间的掌控上也缺乏经验，现场没有踩点、演练。志愿服务活动与一般工作一样，必须做好计划组织协调，才能保证志愿服务目标的实现。

计划组织协调能力是指为完成志愿服务目标而预先系统地安排工作，以及活动过程中合理调配各种资源的能力。它包含了三方面的能力：计划能力、组织能力、协调能力。计划是参照，组织是执行，协调是方法，三种能力缺一不可，互为条件。计划组织协调能力旨在平衡不同利益相关者的关系以及利益诉求，有效实现资源和人力的集合，从而达到志愿服务的目标。计划组织协调能力是志愿服务的基本能力。

计划组织协调能力广泛适用于志愿者、志愿者骨干和志愿服务组织管理者。有效的计划，适当、得体的组织协调能够帮助构建良好的服务-被服务关系。对于志愿者骨干和志愿服务组织管理者来说，计划组织协调能力对于构建成功的志愿服务组织更为重要。

对于志愿服务组织管理者而言，志愿服务的计划组织协调能力主要来源于志愿服务组织的使命。在一个志愿服务团队或者志愿服务组织中，志愿者骨干以及志愿服务组织管理者承载着的使命主要包括六个方面：一是了解团队使命，把握团队发展方向；二是将团队成员组织起来，成为团队的坚强“领袖”，了解志愿者服务动机，了解志愿者性格特质；三是塑造团队文化，提升团队凝聚力；四是做好志愿者的人力资源补充、调配工作；五是做好志愿者管理中的记录、奖惩，正式组织中还要做好决策体系、人事、财务、行政、登记注册年检各类手续等工作；六是关注志愿者服务质量，做好督导工作。

计划组织协调的层次感很鲜明，志愿者与志愿者骨干的计划组织协调工作任务不同，志愿者骨干与志愿服务组织管理者的计划组织协调工作任务也不同。而一个好的志愿者骨干和志愿服务组织管理者完成上述使命，必须具备相应的组织协调能力。可以说，志愿服务组织越正式化、志愿服务越规模化，组织协调的任务就越重，相应对组织协调能力的要求就越高。

根据计划组织协调的任务，计划组织协调能力包括：战略规划能力、项目计划管理能力、领导力、人力资源管理能力。

五、学习能力

（一）自我学习能力

志愿者参与志愿服务是一个自我更新、自我提升的过程。因此，作为一个志愿者，不仅要有爱心和奉献的精神，更要具有随时更新知识和技能的能力。自我学习过程尤为关键。志愿者的自我学习要关注法律法规，了解志愿服务的权利义务和相关规定；要学习典型人物事迹，树立奉献意识、确定服务领域；要评估自身精力，确定适当的服务形式。自我学习是一个准备过程，更是一个不断推进的过程。

开展自我学习的途径有：阅读与志愿服务相关的书籍、资料，关注相关网站及信息的传播。

（二）通过参加培训提高服务能力

《志愿服务条例》第22条规定：“志愿者接受志愿服务组织安排参与志

愿服务活动的，应当服从管理，接受必要的培训。”要使志愿者能够认识与接受其角色职责，认同机构组织目标，有适当的工作态度和工作能力，这就要依靠组织的培训。为志愿者提供培训是志愿服务组织和使用单位的职责，接受培训同时也是志愿者的义务，志愿者参加志愿服务应当接受相应的培训。志愿者培训包括通用培训和专业培训两种。

通用培训：对于志愿文化、精神等通用能力，要通过通用培训来进行强化。各级志愿服务组织在选派志愿者的时候，要定期组织志愿者的通用培训，保证志愿者具备基本的志愿服务知识。

专业培训：我国《志愿服务条例》第 16 条规定：“志愿服务组织安排志愿者参与的志愿服务活动需要专门知识、技能的，应当对志愿者开展相关培训。开展专业志愿服务活动，应当执行国家或者行业组织制定的标准和规程。法律、行政法规对开展志愿服务活动有职业资格要求的，志愿者应当依法取得相应的资格。”志愿者从事专业志愿服务必须掌握专业能力、知识和技能，必须接受相应的培训和定期训练，也就是我们常说的“不培训不上岗，培训不合格不上岗”。这既是志愿者提升能力的一个主要渠道，更是对志愿者和志愿服务对象的保护。

（三）岗位培训

案　例

北京奥运会、残奥会的场馆培训和岗位培训

北京奥运会、残奥会赛会志愿者场馆培训和岗位培训开始于 2006 年 8 月，随着“好运北京”测试赛逐步开展。为了规范场馆培训和岗位培训的内容，奥组委志愿者部、人事部等部门制定了通用模板，各场馆团队结合自身实际需求，细化了培训课程，并对志愿者进行了严格的测试考核。为了确保志愿者场馆培训和岗位培训达到预期效果，志愿者部同奥组委相关部门组成志愿者培训工作评估小组，对场馆培训和岗位培训工作的领导机制、培训计划、师资、教材、教学环境、培训保障、现场组织、执证上岗、培训效果、工作总结等内容进行了评估。按照既定的计划，平均每名志愿者参加场馆培训和岗位培训的时间达 120 小时以上，经考核合格后持证上岗。

资料来源：北京奥运会志愿者工作协调小组办公室，等. 奥运先锋. 北京：人民出版社，2009：152.

【点评】

北京奥运会、残奥会的培训体系十分完备、富有特色，其中岗位培训是关键的一环。岗位培训能够让志愿者深入了解岗位职责和要求，在测试过程中着重提升自己的相关能力。岗位培训的另一功能是对志愿者的匹配度进行考察，通过考核认证的方式实现持证上岗。

志愿者参与志愿服务本身就是一个促进自身不断提高的过程。即使参加了志愿服务相关培训，但是不能在志愿服务岗位上体验和实践，培训的效果也会大打折扣。岗位实践锻炼要注意的原则是：人岗匹配，及时总结分享。在志愿者参与志愿服务过程中，要对志愿者进行适时的督导，从而帮助志愿者提升服务能力水平。要特别重视志愿服务活动之后的分享和交流，通过及时分享帮助志愿者总结服务中的问题，分享成功的经验和感受，在分享中互相促进、进步，从而提升能力。

第三节　志愿服务的技巧

一、如何处理人际冲突

案　例

发怒的行人

毛大爷体格硬朗，性格开朗，退休在家闲不住，去当了一名文明引导员，在最复杂、行人车辆最多的城关路口负责交通引导，同时给过往的行人指路。久而久之，大家都知道城关路口有个“指路通”毛大爷。被大家认可，毛大爷感到很开心。

这一天一大早，毛大爷又来到了自己的岗位，穿上志愿者服装开始协助疏导交通。红灯亮了，大家都停下来等待，这时远处一个小伙子骑着单车冲了过来要闯过去，于是毛大爷一把把他拦住了：“小伙子，早上车多，危险，千万别闯红灯啊！”

小伙子着急地说：“大爷，我有急事！您闪开让我过去！”

毛大爷说：“咱不能闯红灯，一是违法，二是真不安全啊！”

小伙子突然大发雷霆："你这个老头怎么这么多事儿！我天天闯红灯也没见过你这样的！撞死我自己负责，赶紧让开！"然后作势要走。

毛大爷面不改色，依然拦在小伙子面前："小伙子，大爷是为你好！你看大家都在遵守规则，这个红灯不长，你不能例外啊！"

这时候大家开始议论纷纷：有说小伙子不懂事的，也有说这个老头儿怎么这么轴。

交警小李看到这边有事，赶紧过来："怎么了？毛大爷？"听了情况之后，小李对小伙子说："毛大爷这是为你好，你真的不对。一是闯红灯违法；二是这个路口是事故多发路段，很危险。你还跟大爷吼更不应该，你知道大爷是志愿者吗？几年如一日地站岗指路，多不容易……"

小伙子这时候冷静下来了，意识到了自己的错误，赶紧跟毛大爷道歉："大爷真不好意思，我其实是有个考试，出来晚了，心里着急就想闯红灯。刚才也没跟您说清楚，真抱歉啊！我知道错了！"

毛大爷乐呵呵地说："没事儿啦！不多说啦，绿灯亮了，赶紧去考试吧！祝你考出好成绩！"小李说："这就对了，以后注意啊。"毛大爷拍拍小伙子的肩膀，目送小伙子骑车远去，又乐呵呵地上岗引导交通、指路去了。

【点评】

毛大爷面对发怒的小伙子，没有直接发生冲突导致事态升级，也没有放弃原则、听之任之，而是认真倾听、耐心解释，同时在交警的劝说下，阻止了小伙子的违法危险行为。志愿者朋友们，如果大家遇到一个负面情绪满满的服务对象，我们该怎么办呢？是否也应该像毛大爷一样，在管理好自己情绪的同时，做好服务对象的工作？

提供服务的过程中难免会遇到抱怨、拒绝和情绪转移的服务对象。有时候服务对象正好心情不佳，会让志愿者误认为服务对象在冲自己发火。不论服务对象是否有道理，如果志愿者被勾起愤怒情绪而无法控制，发生冲突的后果不仅会使自己情绪受到影响，而且会给志愿服务组织带来麻烦。

面对志愿服务对象不满意的抱怨，我们常采取的反应是向对方做解释，但是很容易适得其反。而倾听的方式往往能够缓解对方的负面情绪，之后迅速寻找相关人员处理或回应，将使服务对象感受到其满满的真诚和善意。

需要注意的是，志愿服务一定要尊重服务对象的感受和需求，不能

“过度热心”和“过度服务”。有些服务对象不一定需要你提供服务，可能仅仅是需要找一个宣泄的对象和窗口。因此志愿者在服务过程中一定要注意微笑服务、以礼待人，体现阳光、正面的志愿者形象，才能获得理解和信任。

冲突是社会生活中无可避免的现象，只要双方存在不同的习惯、需求、意见、想法和期待，冲突就不可避免。志愿服务工作必然涉及人际之间的互动，冲突常会发生在服务过程中，不会因为志愿者的善意和利他动机而避免，因此处理冲突是志愿者必须具备的能力。

志愿服务中的冲突体现为：提供的志愿服务不被接受，或服务对象不满意服务质量而有不当言辞和行为；在志愿服务组织内部，因认知、方案、合作方式等不一致，志愿者与管理者和团队成员也有可能发生冲突。

处在冲突情况下的人大多会充满负面情绪，处理冲突的首要条件就是要有好的情绪管理能力，否则将会使情况变得失控而导致更严重的后果。有的志愿者为了和谐，害怕发生冲突，认为正面冲突以后不好相处，常会逃避冲突，好像这样冲突就不存在了；有的志愿者面对冲突不能顾及对方的心理感受和想法，以输赢论冲突，认为“让步就是输了、没面子”；有的志愿者解决冲突的技巧不高，最后也会不欢而散。

那么，处理冲突的方法是什么呢?

有很多正式和非正式的方式可以处理冲突，比如正式方式有谈判、协商、中间人沟通等，方法有坚持、放弃、妥协、澄清、道歉、赔偿损失等。需要指出的是，解决冲突的价值不在结果，而在于自己勇敢出面、主动沟通，最终有效解决问题的这个过程，把握好了不仅可以解决直接冲突，更可以增进友谊。解决问题首先要管控情绪，在理性冷静的情况下分析问题：为什么发生冲突、争执焦点是什么、如何解决冲突、有哪些解决冲突的资源、应该采取何种恰当的方式等等。

二、如何有效管理时间

案　例

挤出时间做志愿服务的留学生

留学期间的时间管理非常重要。只有做好时间管理，才可以合理规划学习任务，在学习之余还能够有时间做志愿服务。在西方，只在象牙塔里读书的孩子往往被认为是“单调而无趣的”。为了让自己的生活变得充实、有趣，小 A 在孔子学院担任志愿者，向海外的朋友们讲授中华文化。

小 A 的外国同学小 T 很佩服小 A 能挤出时间来做志愿服务。小 T 请小 A 帮助他复习 HSK（汉语水平考试），之后一起去做志愿服务。但每次他们见面时，小 T 总不能完成计划的学习任务，因为“没有时间”。小 A 看到小 T 在 Facebook 上分享的照片：看橄榄球赛、参加烧烤派对、泡酒吧、打赛车游戏……

当小 A 问小 T 为什么有时间玩却没时间备考时，小 T 说：“上完班就很累，不想做汉语考试题目，不放松的话就要被累死了！”两人不欢而散。

资料来源：左微．美国留学实用指南．杭州：浙江教育出版社，2016.

【点评】

小 A 学习生活计划性、条理性很强，能够很好地管理自己的时间，把时间用在喜欢的事上，从生活的点点滴滴里面挤出时间来学习、参加志愿服务活动，让生活丰富多彩。小 T 不能规划管理自己的时间，自己设定的目标都不能完成。

很多志愿者会苦恼一个问题，就是很难协调好生活、工作、学习和志愿服务的时间。那么，是不是我们真的没有时间去做志愿服务呢？我们的生活究竟被什么占据了呢？其实许多生活上的压力或不愉快的产生，并非时间不够用，往往是因为没有做好时间管理，才让我们变得很“忙碌”。人们在社会生活中要同时完成的社会职责或扮演的社会角色很多，要想兼顾这些角色需求和个人身心需求，有效的时间规划与运用就相当重要。志愿者更是扮演了多种社会角色，必须善用时间，才能够在志愿服务中收获、成长。

（一）时间管理的原则

（1）列出生活、学习与工作目标的优先顺序。

（2）列出每日生活必须完成的工作，并排定优先顺序。

（3）先完成优先事项。

（4）不断评估是否妥善运用时间。

（5）不拖延、立即行动。

（二）时间管理的方法

（1）要让自己有时间思考和评估生活、学习、志愿服务的角色和投入的时间成本。

（2）要按照月、周、日的工作概念，利用工具记载与计划、管理时间。

（3）要列出短期生活目标，以便有效规划时间，注意目标弹性及可行性。

（4）要学会利用零星时间做事或思考。

（5）要有毅力和恒心执行计划。

（6）必须兼顾、均衡理性和情感生活。

（7）有得有失，不追求完美。

（三）有效利用时间的技巧

（1）将资料分类归纳，然后确定特定时间，集中处理完毕。

（2）将自己封闭起来，不被别人干扰，拒接电话，集中精力处理事情。

（3）将一些较简易或可以请他人代劳的工作委托他人完成。

（4）合并相同性质的工作一起完成。

（5）将积压的工作在一段时间之内集中完成。

三、如何做好自我激励

案　例

自我激励的汉语教学志愿者

为了积极推广汉语，提高世界汉语教学水平，促进汉语和中国文化在国外的传播，加深中国与世界各国的相互了解，增进世界各国人民间的友谊和交流，国家汉语国际推广领导小组办公室启动了汉语教师志愿者项目。一位曾在泰国从事汉语教学的志愿者教师说："在泰国的日子是我永生难忘的，自己克服了饮食上的差异、衣着上的特别规定，特别是天气的炎热、身上的不适和雨季的水灾，一年的辛酸，一年的收获，一路走来，成熟了很多，现在觉得自己真的很棒。"

一位在美国从事汉语教学的志愿者教师说："在美国的这九个月让我变得有耐心了，人也平和了很多，懂得了爱别人、珍惜别人对自己的帮助。我庆幸自己有这段志愿服务的经历，不是它，我应该还要花更多时间才能认识到自己的不足，也许得等到将来自己开始抚养子女时吧。"

【点评】

担任汉语教师志愿者不仅要忍受气候上的不适应以及物质条件的匮乏，更要主动适应不同文化的碰撞，以及克服独自在异国他乡的孤独。这两位教师志愿者能够主动调适自己，不管经历了什么挫折和困难，都能够对自己有所激励，从而实现自我成长。

积极的情绪管理是要激励自己能够接受考验、抑制冲动、树立自信心，在这个基础上才能够进一步思考、计划下一步的生活、学习与工作。要坚信越能控制冲动、锻炼自己的毅力，则成就越大，这本身就是一个非常好的激励过程。在志愿服务过程中，要能够控制自己情绪、完成目标，面对困难的任务，要有责任心，能够吃苦耐劳，不怨天尤人，也要自信、乐观、充满勇气，能够不断以积极正面的态度看待事物的过程和结果。自我激励是一种意志的胜利和思维、情绪锻炼，还可以给自己一定的精神、物质奖励，比如达到某个目标之后，可以为自己购买一本喜欢的书籍，或者去做一件喜欢的事等等。

同理心是社会工作中一个非常重要的概念，是人与人交往沟通的基本技巧。作为志愿者，应该高度重视并且能够运用同理心的工作方法。同理心是指把自己放在对方的角色和内在思维世界中去思考和体验，同时又能够保持认知的客观性。同理心要有客观性，进入对方内在知觉世界中去体会和了解对方的感受和思维只是一种方法和路径，并不是完全的换位，要能够随时跳出对方的感受和思维。

应用同理心方法的必要条件是能关心别人、感知别人。只有不以自己为中心，才能真正站在别人立场上了解别人的感受和需要。所以孔子说，“己所不欲，勿施于人”“行有不得，反求诸己”。同理心方法的应用能够感知和尊重对方的态度，从而帮助自己做出价值判断，获得对方的信任和尊重，避免冲突的发生。同理心方法要求能够专注地倾听服务对象对问题的叙述，这也是让对方感受到尊重和关心的主要方式。

同理心不是同情心。同情心是个人完全被包在情绪之中，其来自假设“在那种情况下，你的感受和我一样，因为那些感受就像我的感受，所以我了解你的感受”。同情心是个人对对方问题的主观经验的投射，会阻碍自己的思考和感受，更是曲解实际情况，甚至因为过分认同对方而使对方的问题成为自己的负担。

案 例

重新走进阳光生活的老人

志愿者发现社区居民郑阿姨最近经常在小区里独自出神、泪流满面，多次拒绝志愿者的邀请。志愿服务队长张老师了解到，原来郑阿姨一年前丧偶，丈夫生前对郑阿姨无微不至的关怀和照顾让郑阿姨无法接受老伴的离去。郑阿姨现在独居，生活基本上靠退休金和子女扶助，但三女一子多是经济上接济，皆因有自己工作和家庭而无暇照顾老人。据老邻居讲，郑阿姨以前性格开朗，也喜欢踢毽子、跳广场舞，跟现在判若两人。社区也比较担心郑阿姨现在的状况。

了解了具体情况，张老师换位思考郑阿姨的情绪。她首先安慰了在活动中被郑阿姨拒绝的志愿者，讲明了郑阿姨的情况，获得了志愿者的理解和进一步帮助郑阿姨的动力。然后张老师找到了几名心理方面具有经验的志愿者成立了一个志愿服务帮扶小组。一是利用登门拜访或邀请郑阿姨参加活动的机会，引导郑阿姨说出心中堆积的情绪、充分宣泄，在这个过程中，志愿者只是倾听，并正面鼓励。二是联系郑阿姨的子女，请他们能够排班带孩子陪伴老人。三是请社区舞蹈队的老师和阿姨经常带郑阿姨参加舞蹈队的训练，从而让郑阿姨交到了更多的朋友。四是了解到郑阿姨剪纸很棒，邀请郑阿姨参加社区志愿服务队，在暑期带领小朋友剪纸。经过一番努力，郑阿姨终于走出了不愉快，变成了天天忙着参加社区活动的阳光老人。

【点评】

在这个活动中，张老师运用了同理心的服务方法，主动换位思考，找到郑阿姨的“心结”所在，从“倾听”入手，利用社区和郑阿姨身边的资源，有针对性地为郑阿姨重建了社会关系网络，实现志愿服务、助人自助的目标。

四、如何打造一个阳光高效的志愿服务组织

案　例

途梦：用网络力量改变少年的命运

“途梦”（Tomoroe）是一个关注中学生成长与发展的非营利项目，该项目邀请各行业优秀的职场人士，通过在线课堂方式，向偏远地区学生分享自己的成长经历和职场奋斗故事。它致力于帮助因经济欠发达、信息闭塞而无法获悉职业信息的学生了解最真实的职业故事，帮助学生拓宽视野，丰富职业选项，树立生涯志向，并用榜样的力量驱动学生为了心中的梦想，变得自信、勇敢。作为一个志愿服务组织，途梦的管理模式独具特色：

（1）招募：向各企业、事业单位以及国家政府机关招募、选拔优秀职员作为远程分享志愿者。

（2）分享：志愿者通过在线课堂方式向偏远地区的孩子远程直播分享。

（3）传播：把志愿者分享的课程用视频、语音以及文字的方式通过微信公众号等媒体平台进行广泛传播。

（4）备课：辅助志愿者准备一堂40分钟的分享课件及试讲。

（5）反馈：向分享者和偏远地区课堂上的老师、学生们搜集反馈意见。

从2015年10月28日至今，途梦在全国13个省、市、自治区（新、藏、青、滇、甘、川、黔、渝、鄂、桂、粤、苏、冀）开展活动，与40所学校（15所高中，25所初中）进行合作，来自超过40种职业的各行各业的志愿者已进行超过100场线上直播分享，共有超过1万名学生因此受益。

资料来源：http://www.tomoroe.org/.

【点评】

途梦的组织模式非常适用于当前的网络社会。针对优质志愿者资源时间碎片化的特点，通过录制互联网课程的方式，将优质资源转化为课件，通过网络发送给学校前端使学生受益。同时途梦注重线上线下相结合，注重试讲、备课与反馈，保证志愿者处在良好的授课状态，形成了一套良好的组织管理模式。

（一）明确任务目标

目标是志愿服务组织的核心问题。志愿服务组织是为了执行某个具体的志愿服务项目而形成的志愿者团体，必须要有清晰的目标才能完成工作任务。确定任务目标的过程也是按照项目管理的要求，落实时间、成本和任务范围的过程，这是保证志愿服务活动成功的基础。完成一项志愿服务工作，不仅需要奉献精神，更需要清晰分析服务对象的需求和期待达到的目标，从而获取相应的资金、人力、交通、宣传等各方面资源。

（二）凝聚团队文化

案　例

“志愿礼”展现志愿者风采

2010年，为成功举办一届有“中国特色，广东风格，广州风采”的亚运会和亚残运会，向全世界展示广州志愿者的良好形象和优质服务，同时进一步弘扬志愿精神，挖掘志愿服务理念的深刻内涵，广州亚组委志愿者部和共青团广州市委经过多方调研和论证，创造性地提出了“志愿礼”的概念，即创作一个标准化、规范化的礼仪动作，作为志愿者专属的标志性礼节。

志愿礼包括问候语、面部表情、肢体动作和激励口号四部分。所有语言和动作都遵守国际礼仪，肢体动作与其他礼仪动作有显著区别。

问候语是志愿礼的基础性要素，是志愿者向服务对象或其他志愿者表示友善的最直接表达。基本问候语为“您好”，然后根据不同场合再补充延伸，如：“您好！请问需要帮助吗?”

面部表情是志愿礼的关键性要素，是志愿者向服务对象或其他志愿者展示美好心灵的窗口。面部表情为：脸上露出真诚的微笑，双眼有神地平视对方，带着自信、友善、博爱的目光。

肢体动作是志愿礼的标志性要素，是志愿者向服务对象或其他志愿者展现文明风采的独特表达。肢体动作为：志愿者行志愿礼时，双脚并立，左手自然垂放，右手伸展成中国青年志愿者标志形状，抬举右臂，移动右手至左胸口心脏处变成“大拇指”形状，保持大拇指向上，右手与左胸留有半个拳头间隙。表达“我志愿、我快乐，用心服务我最棒”的动作内涵。

激励口号是志愿礼的突出性要素，是志愿者互相关心、激励的语言表达。激励口号为：“我志愿、我快乐，用心服务我最棒。”

志愿礼在亚运会和亚残运会志愿服务中被广泛宣传推广。穿志愿服、戴“志愿彩”、行“志愿礼”成为亚运会和亚残运会中的一道亮丽风景线。2010 年广州亚运会、亚残运会之后，“志愿礼”成为重要志愿服务遗产被保留下来，成为广州志愿者的独特文化。

【点评】

志愿文化是志愿服务的精神内核。一个好的志愿服务组织必须要形成自己的特色文化，从而激励志愿者、推动组织不断前进。志愿礼是广东特色的志愿文化，促进了志愿者之间的认同，提升了志愿服务情怀，传递了志愿者的无私奉献精神。志愿服务组织要主动设计、凝练组织文化载体。

团队文化是志愿者团体共同价值观的体现。好的团队文化能够提升志愿者的服务动机水平，促进志愿者的保留意愿，保证志愿服务活动长期稳定开展。团队文化要有文化载体，一般来讲分为以下几类：

（1）精神载体：口号、理念、愿景、歌曲等；

（2）行为载体：统一的动作、行为标准等；

（3）形象载体：标识、旗帜等；

（4）物质载体：具有团队文化风格的装饰、服装、物料等。

（三）确定服务岗位

志愿服务组织是一个志愿服务项目实施的基本单元。因此，在一个团队中，每个成员都要有适合自身发展的一个角色。志愿服务岗位的确定也是有效开展志愿服务活动的关键，这是体现每一名志愿者在团队中的作用和意义的核心步骤，也是有效完成一项志愿服务工作、进行任务分解的过程。

（四）督导服务质量

志愿服务督导是社会工作方法的应用。对于志愿服务组织来讲，督导工作至关重要。这里的“督导”是指通过专家等专业力量，对组织服务效果和组织建设进行评估、建议、校正的过程。志愿服务督导不仅能够促进志愿服务质量的提升，更能够促进志愿服务组织的建设。

（五）及时总结分享

志愿服务组织要经常开展培训活动，有效提升组织每一个成员的能力水平。培训的过程不仅是被动接受知识和技能的过程，更是组织成员互相分享成功经验、总结失败教训的集体学习的过程。

（六）做好激励工作

组织中的每名志愿者都是组织的一分子，必须要让他们拥有归属感。及时激励志愿者是十分必要的，能够有效激励志愿者参与志愿服务，从而维护组织的稳定和发展。激励可分为物质激励和精神激励，即时激励和阶段性激励，正向激励和负向激励。对志愿服务的及时肯定和口头表扬是正向的、即时的精神激励方式。

五、如何做一名成功的志愿服务组织管理者

管理志愿者也是一种服务。这种服务很特殊，要让自己和别人快乐，还要有效推动志愿服务工作，这就需要志愿者一方面迎接挑战，学习成长，另一方面学会量力而为。

（一）正确认识管理者

要思考在过去的志愿服务经历中，什么样的管理者是让我感觉舒服而且有收获的，他们的特点和长处在哪里，对我有什么启发。

也要思考在过去的志愿服务经历中，哪些志愿服务组织管理者让我觉得不舒服，或者领导方式有欠缺，我应该从他们身上总结哪些教训。

相比志愿者对服务对象开展服务，管理者的服务对象就是志愿者。因此，管理者要了解志愿者的特点和需求，抱着学习的态度，与志愿者一同成长。

要能够在工作中谦虚反省、总结经验、发现问题、改正问题。要自我悦纳，能够接纳自己、接纳他人，能够以正向的眼光待己待人。志愿服务领导者最重要的是要以身作则、自我悦纳，能够自我激励、自我肯定，更能够欣赏别人、鼓励同人，让别人快乐的同时自己也收获快乐。出于内心真诚的感动，才能感动别人。

（二）正确认识志愿者

1. 了解志愿者的动机

志愿者的动机是志愿者参与志愿服务活动的本源动力。西方学界对于志愿者动机的研究十分深入，在我国，此项研究还处于起步阶段。大量的实证分析证明，志愿者的动机是逐渐形成、不断改变的，志愿者的动机也是会受到外界影响的，志愿服务前中后的动机水平和动机内涵是不同的。比如：志愿者参与志愿服务初期，动机主要是“打发闲暇时间”；在志愿服务过程中，志愿者的动机可能会变为“这个服务活动挺有趣”；在志愿服务结束后，动机可能是“这个团队很有趣，能够交到很多朋友，我还想参加”。当然，以上动机很可能会发生相反的效果。在志愿服务的不同阶

段，根据不同的动机水平和具体情况进行适当调整，对于促进志愿者的成长是卓有成效的。志愿者的动机主要有以下几类：

（1）奉献型。这类志愿者以参加服务为重心，往往是志愿服务活动的主力。他们希望通过志愿服务得到更多的社会尊重以及自我实现的成就感。此类志愿者中有一部分属于“回馈型”，他们曾经得到过别人的帮助，用参与志愿服务的方式来回馈社会。

（2）自我成长型。这类志愿者以学习专业技能、提高能力为重要动机，志愿服务活动需要为志愿者提供适合的相关专业学习机会。但也要提醒这类志愿者，在学习技能的同时也要提高服务质量和奉献意识。

（3）人际关系型。这类志愿者参加志愿服务活动主要是为了拓展人际关系，他们高度重视在志愿服务过程中产生的人际交往价值和活动为其带来的归属感。

（4）冲动型。也被称为“萤火虫”型志愿者，参与志愿服务一闪即逝，有的是刚参与组织，感觉未被接纳，或刚参与志愿服务就遇到挫折。总之，这类志愿者的保留意愿较低。此类志愿者需要更多的协助、辅导和关心，提高他们的归属感和成就感。

（5）约束型。是由于学校或者家庭要求，以及工作单位、志愿者组织安排或者跟随朋友成为志愿者、参与志愿服务，动机多是为了完成任务、履行义务，有的时候是为了得到一纸“志愿服务证明”，而对长期成为志愿者持观望态度。

2. 把握志愿者的性格类型

（1）被动承受型。这种志愿者的特点是参与志愿服务比较“被动”，但如果交代具体的工作并进行清晰的指导也能完成任务。通过清晰指导，多鼓励，帮助其成长。

（2）自动承受型。参与志愿服务比较主动，布置的工作能够完成，并能够承受相应的压力，是比较出色的志愿者。这些志愿者可以作为未来志愿者骨干的储备人才，可以在团队建设和志愿服务中给予适当的磨炼和学习机会。

（3）自动抵制型。参与志愿服务比较主动，自信心强。但在工作中如果没有跟其本人妥善沟通并尊重他们的意见，多有抗拒、抵触的情绪。对此类志愿者需要充分尊重其个人意愿，多做事前沟通，工作前多请其参与制定活动方案，充分听取其意见建议。

（4）得过且过型。参与志愿服务敷衍了事，态度往往比较乐天，交给的志愿服务任务虽然不会抗拒，但是经常不能认真完成，不能让团队成员“放心”。对于此类志愿者需要深入沟通，澄清其参与志愿服务的目的。

（三）掌握科学的工作方法

（1）人岗匹配。要肯于花时间充分了解志愿者的动机、性格、能力和特长，根据他们的实际情况，妥善地分工并配给相应的资源和权限，使得各得其所，和谐共处。

（2）治理有方。要深入思考志愿服务组织的定位和发展，要有长期目标和规划。在内部管理上要建立科学管理体系，运用科学的管理方法，形成顺畅的决策制度、内部运行制度等。志愿服务组织要牢记公益、分享的初衷，不能“一言堂”，要形成“智力众筹”的局面，充分调动志愿者积极性，共同参与、共同发展。

（3）服务有序。志愿服务活动和项目要有计划，活动要有方案。要积极运用项目管理的方法进行志愿服务项目的策划，做好时间、成本、范围的控制，做好计划、预算、分工、总结和应急预案等。

（4）不忘初心。做志愿服务组织管理和运行志愿服务项目，时间长了就会过于关注事务的自身情况，而导致原本意义的缺失。比如当管理者时间长了，就会过于关注自身的“权威”，而忽略志愿者的尊严；比如某项活动时间长了会过于关注其形式上的完善，而忽略服务对象的感受。我们要防止出现“由于出发得太久，忘了出发的理由”的局面。

（5）培养梯队。志愿服务组织管理者要考虑两个问题：一是任何事情都是需要团队完成的，不是依靠单打独斗就能完成的，因此必须要形成管理梯队；二是任何组织的管理者都不能是一直不变的，否则将会导致组织僵化和衰落，因此必须要有接班人。必须着力发现人才、培养人才，在恰当时刻，管理者还要勇于交棒给新人，保障团队拥有长久的生命力。

思考与讨论

1. 你认为志愿者应当具备哪些基本能力？
2. 如何在志愿服务中实现有效沟通？
3. 如果你牵头筹备一项志愿服务活动，如何做好计划组织协调？
4. 作为一名志愿服务组织管理者，你在组织建设中遇到的最大困惑是什么？
5. 在志愿服务管理工作中，哪一种激励方式是最常用的？

第十章
国外与我国港澳台地区志愿服务

引 例

联合国志愿服务

自 1945 年创立以来，志愿服务一直是联合国国际关系实践中的一个核心制度。目前，联合国主导的国际志愿服务主要由两部分组成：联合国志愿人员组织和国际志愿服务发展论坛（The International Forum for Volunteering in Development）。这两个组织互为补充，共同承担召开志愿服务会议、倡导和传播志愿服务促进发展方面信息的责任 。目前，联合国志愿人员组织是联合国系统内最大的直接向发展中国家输送各种行业高、中级专业技术志愿人员的组织，共有来自 140 多个国家的 4 000 多名有素养有经验的志愿者专家每年都在为发展中国家服务。

资料来源：http://www. cn. undp. org/content/china/zh/home. html；http://forum-ids. org.

作为一种利他行为，缘起于西方宗教慈善的志愿服务在发达国家与地区的社会生活中已成为一种被普遍接受的生活方式；作为一种发展途径，志愿服务在发达国家和地区已成为提升社会福利、改善人类福祉的治理工具。纵观世界上的发达国家与地区，志愿服务在国家地区治理和社会经济发展中扮演着重要的角色，同时也为中国志愿服务的发展提供了可借鉴的经验。

将视野扩展到全球范围，发达国家和地区的志愿服务是如何演进发展的？其发展过程有何规律？哪些发展经验值得我们借鉴？我国志愿服务的当下发展又该如何借鉴“他山之石”？本章将回应这些问题。

第一节　国外志愿服务发展的基本状况

一、志愿服务的起源与发展

志愿服务这一活动最早可追溯至古罗马时期或更早的宗教慈善性活动，其开展基于罗马时期的博爱精神和基督教的责任救赎观。当时，人们通过开展利他活动来弘扬宗教的善行①。从明确的文字记录来看，“志愿者”这一概念最早出现于15世纪②，这一概念早期指那些自愿参加兵役的士兵，如我们熟知的“志愿军”就源于这一概念。后来，“志愿服务”这一概念在志愿者开展的行为活动的基础上形成，表示由个人或群体不求经济回报而开展的各类利他性活动。

近现代志愿服务的发展经历了从宗教服务到社会福利的转型。下面以英国和美国这两大主流西方国家为背景介绍近现代以来发达国家和地区志愿服务发展的状况。19世纪初，美国兴起基督教第二次大觉醒运动（The Second Awakening），人们开始意识到黑奴制度带来的社会负面影响，大量基督教徒通过发起广泛的宗教活动抗议黑奴制，这一系列宗教活动也触发了大量社会慈善运动。在那一时期，一批青年基督教徒通过开展社区帮扶发起“基督教青年会”（YMCA），这一组织至今仍活跃在西方发达国家的社会活动中，并提供各类社区志愿服务。美国南北战争时期，许多女性医护人员到前线为受伤士兵提供医疗救助，其中一位名叫克拉拉·巴顿的护士在1881年创建美国红十字会（The Red Cross），开始为各类灾后重建活动提供志愿服务，她也因此被称为“战地天使”。同期，规模最大的国际性宗教慈善组织之一——救世军（The Salvation Army）于1865年在英国成立。20世纪初，大量有宗教背景的志愿服务组织纷纷创建，包括扶轮国际（Rotary International）、国际同济会（Kiwanis International）、国际青少年协会（Association of Junior Leagues International）、国际狮子会（Lions Clubs International）等，这些机构在全球范围内提供儿童福祉、妇

---

① Brilliant, E. L. Voluntarism. Salvatore, E. Encyclopedia of social work, 19th ed. Washington D. C, 1997 (3): 2469-2482.

② http://www.etymonline.com/index.php? term=volunteer.

女发展、人道主义援助等志愿服务。

案　例

救世军

救世军（The Salvation Army）是一个于1865年成立，以军队形式作为其架构，并以基督教为基本信仰，为弱势群体提供各类志愿服务的国际性宗教及慈善公益组织，以街头布道、慈善活动和社会服务著称，被称为“以爱心代替枪炮的军队”。救世军主要以底层群众为服务对象，十分重视街头露天布道，后来开始建造房舍供穷人居住，也设立了食物分发中心，于是“热汤、肥皂和救恩”就成了这个组织的“商标”。

另外，救世军还强调，除了要满足他人心灵上的需求，还要注重物资上的需求。因此，救世军也会捐助金钱和物资给穷人及其他慈善团体，另外，在一战中，救世军也提供了很多的医疗资源。

资料来源：https://www.salvationarmy.org.

【点评】

一战中，救世军在服务性工作中所做的贡献，使得外界开始正视这个组织。而救世军致力于社会服务工作，举办各种慈善事业，如赈济贫民，兴办农场、学校、医院，开展海难救援等，也为近代慈善事业以及志愿服务事业的发展做出了巨大贡献。

1929—1933年发生的全球性经济大衰退见证了大规模的志愿服务发展。二战时期，大量志愿服务机构招募并派送志愿者为前线士兵和伤员提供各类志愿服务，包括筹集物资、慰问士兵、照顾伤员等。二战结束后，志愿服务的工作重心转移到了福利国家建设和全球发展上来，志愿服务组织成了除政府之外的重要力量。在英国，自1948年福利国家建立以来，志愿服务组织和志愿者在社会服务的各个方面开展活动，如社区图书馆经营、垃圾分类、社区治安维持、老年人关怀与照护等等都由志愿者提供支持。在美国，为满足社会中出现的各种新需求，联邦政府开始以“出资人”和“主办者”身份介入真正意义上的志愿服务，其中海外志愿服务成为发达国家与地区志愿服务发展的新趋势。和平队（The Peace Corps）作为由美国政府创建的第一个海外志愿服务组织，从1961年成立至今，在国际志愿服务舞台上发挥着重要作用。对内，美国于1964年发起了“向贫困宣战”运动，服务美国志愿队（Volunteers in Service to America）创建起来，并招募青年志愿者到美国贫困地区开展志愿服务。这一时期，志愿服务在西方发达国家成为鼓舞青年人参与公共事务，为社区、国家，甚至世界做贡献的一种方式。

志愿服务在西方发达国家与地区发展至今，已走向制度化、专业化、常态化和国际化。各国各地区逐渐建立和完善与志愿服务相关的各项立法措施，为志愿服务制度化发展提供了基本保障；志愿服务迈向专业化，以应对更加复杂、更加不确定的社会需求；继续巩固志愿服务常态化发展，通过志愿服务构建公民身份的认同；志愿服务走向国际舞台，为缩小南北差异、促进国际和平发展提供志愿支持。

二、健全的志愿服务法律保障

趋于完善的法律保障是志愿服务在发达国家和地区蓬勃发展的一个重要因素，借助法律可以将志愿服务工作的使命、志愿者与服务对象间的权利义务关系等加以明确，发达国家志愿服务立法如表 10－1 所示。

表 10－1　　　　发达国家志愿服务立法概况

国家	法律名称	颁布时间
英国	《济贫法》	1601 年
	《慈善法》	2006 年
美国	《志愿服务法》	1973 年
	《国家和社区服务法》	1990 年
	《志愿者保护法》	1997 年
	《公民服务法》	2002 年
	《爱德华·肯尼迪服务美国法》	2009 年
德国	《奖励志愿社会年法》	1964 年
	《奖励志愿生态年法》	1993 年
加拿大	《志愿者保护法》	2002 年
日本	《志愿服务振兴法》	1990 年
	《特定非营利活动促进法》	1998 年
新加坡	《慈善法》	1994 年
西班牙	《志愿服务法》	1996 年

健全的志愿服务法律对志愿者和志愿服务活动的保障和支持是综合性、多方面的。一是法律对志愿者的保障。志愿者招募或使用部门有责任

保障志愿者在志愿服务活动过程中的权益，尤其是志愿者的人身财产安全，因此，很多国家或地区通过制定一系列的法律、法规将志愿服务纳入社会保障体系，通过政府购买或机构直接购买的方式为志愿者投保人身意外伤害、财产损失等保险，以保障志愿者在提供志愿服务期间的安全。除此之外，发达国家和地区对志愿者的法律保障还包括对志愿者的心理保护，即关注志愿者在志愿服务过程中可能受到的心理创伤，并为志愿者提供心理援助。如加拿大的《志愿者保护法》中规定，志愿者遭遇伤害或损失包括心理伤害，即因为参与志愿服务而引起抑郁、焦虑等心理疾病，志愿服务组织有责任为遭遇伤害或损失的志愿者提供帮助。二是法律对志愿者的激励，这是促进志愿服务发展的有效动力。志愿服务是源于个人自愿利他性的活动，有法律保障的激励机制能够更加有效地动员志愿者参与志愿服务，并使志愿服务成为一个良性的社会推动力，如德国连续出台了两个志愿服务奖励法律，鼓励16～27岁的青年暂时离开校园或工作岗位6～12个月，在这期间投身社会或环保志愿服务行列。参加者在服务的同时还要接受教育辅导，加强对该领域的认识。另外，参加者可在租税、交通、社会保险等方面享有优惠奖励。另外，法律对志愿者的激励保障也是对志愿服务无偿性本质的一个澄清，即通过法律条文划清志愿服务与其他给薪式劳务的界线，将志愿者区别于受雇劳工。这也是对志愿者的权益保护。

除了保障参与志愿服务活动的志愿者，对受助对象的保护也很重要。志愿者招募机构被要求提供全方面的上岗培训，志愿者在上岗之前也被要求接受相应的培训以获得资质。在针对一些特殊群体，如儿童、老年人，志愿者在开展志愿服务活动前通常都被要求通过安全和伦理审查，以保障受助者的身心安全。如澳大利亚在2005年通过的《与儿童工作法规》(Working with Children Act)，要求所有志愿者在开展与儿童接触的志愿服务活动前，除了常规的犯罪记录审查以外，还要申请通过核查，只有通过核查的志愿者才能上岗服务。这样的法律法规保障了受助对象的合法权益，是发达国家和地区更为成熟的经验。此外，针对志愿服务过程中出现的违规或不恰当行为，志愿服务机构都有责任和义务进行调查以回应这些不当行为。

三、完善的志愿服务组织管理体系

随着志愿服务事业的蓬勃发展，志愿服务组织建设也成为各国志愿服务工作的重中之重。

（一）志愿服务组织目标

组织目标是完成使命和组织宗旨的载体，是随着环境、时间以及条件变化不断调整的，是组织争取达到的一种未来状态，是开展各项组织活动的依据和动力。对组织来说，宗旨是共同目标；对组织成员来说，共同目标是组织需要到达的目的地。每一个志愿服务组织，都有自己预期的目的或结果，它代表着该组织的方向和未来。

案 例

英国志愿组织联合会

英国志愿组织联合会（National Council for Voluntary Organizations，NCVO）是英格兰最大的志愿社区组织的伞形组织，创立于1919年，当时名为英国全国社会服务联合会，1980年更名为英国志愿组织联合会，并规定了组织的三个目标：一是扩大志愿组织对社会问题的参与，二是成为志愿组织的资源中心，三是保护志愿组织的利益和独立性。发展到今天，NCVO已经成为英格兰志愿组织的代言人，积极推进了志愿部门在英格兰社会中的地位。

资料来源：https://www.ncvo.org.uk.

【点评】

在英国，任何重大的政策在形成之前都必须咨询NCVO以及相关的企业团体，否则将不可能在议会得到通过。这是由1998年确立的《英国政府和志愿及社会部门关系的协议》所决定的。另外，NCVO还会主动分析新的政策对会员机构的影响，指导会员机构采取应对措施。可以看出，NCVO在实现自己的组织目标的同时也在不断推动英国志愿服务事业以及社会的发展。

（二）志愿服务组织结构

组织结构是指组织成员以及组织内部的各职位、部门在组织目标的实现过程中所处的地位以及彼此之间所形成的确定的、稳定的相互关系形式。

当前，发达国家与地区常见的志愿服务组织结构主要有直线组织结构、职能制组织结构、矩阵组织结构和事业部组织结构等。

（三）志愿服务组织机构设置

目前，发达国家与地区的志愿服务组织基本上都设置有理事会、监事会和行政层执行机构（主要是秘书处）等几个主要机构，它们在志愿服务组织中承担着不同的职能。

1. 理事会

理事会在法律上是指对一个组织负有监管责任的一群人。理事会通常由选举产生，是该组织的最高权力机构，其职责是监管这个组织。

作为具有自治性特征的志愿服务组织理事会，它不仅是志愿服务组织的战略决策机构，也是履行筹资、分配等职能的机构，是志愿服务组织与外界进行资源互通和观念互动的枢纽，在内部担负着运筹全局并监控风险的职责。在一个典型的国际标准的志愿服务组织中，理事会对于志愿服务组织负有法律责任，它要为该组织制定前景、使命、价值观和政策，并确保其得到很好的落实。此外，财务监督也是其主要责任之一。在志愿服务组织中，理事会对组织的利益相关者，尤其是对为之服务的当地社区负责，同时还对管理部门实行监督。

2. 监事会

监事会是志愿服务组织的监督机构，主要对理事、理事会以及执行层进行监督。为了完成监督职能，监事会不仅要进行业务监督，还要进行财务监督。在志愿服务组织中，监事会既应积极配合理事会工作，还应有力监督财务工作的正常运作，且应该检查并指正秘书处工作。

3. 秘书处

秘书处是志愿服务组织运作的中心，关系到志愿服务组织能否正常运作。在志愿服务组织中，秘书处主要负责各部门间的协调，负责志愿者的管理和考核工作，以及组织内部的文化建设和组织内外部文化传播工作。

四、作为公共治理重要组成的志愿服务

新时代的社会需求呈现出复杂化和不确定性，这让政府部门无法作为单一的主体参与公共治理，而志愿部门和志愿者也是新时代公共治理的重要主体，志愿服务已成为公共治理的重要组成。第一，志愿服务有效弥补了市场机制和政府机制的内在缺陷，以其独有的方式为社会提供大量的服务，在一定程度上弥补了社会保障在资金和服务人员数量、质量方面的不足，从而缓解了政府的压力，维持了社会的稳定。第二，志愿服务有助于唤起人们的志愿精神，传播志愿文化。志愿者在把关怀带给社会的同时，也传递了爱心，传播了文明，加强了人与人之间的交往及关怀，能够潜移默化地提高公民的整体素质，从而构建起一个充满友爱、互助、互信的社会。第三，志愿服务为公民普遍平等地参与政治提供了一个有力的平台。志愿服务不仅能够让人们平等而直接地参与社会生活，也为社会群体提供

了自我管理的模式，使其成员在志愿服务的实践中为社会的持续发展提供了源源不断的动力。

案 例

圣文森特·德·保罗社会关爱中心的爱心汤车

圣文森特·德·保罗社会关爱中心爱心汤车（St. Vincent de Paul Society-Soup Vans）是一支发起于20世纪70年代澳大利亚维多利亚州的志愿服务团队。爱心汤车团队发起之初是一批自组织的志愿者为城市里的流浪汉提供自己熬制的热汤（Soup Vans也因此得名），发展至今，爱心汤车团队已经成为一支正式的并具有影响力的志愿服务团队。爱心汤车团队目前拥有1 500名志愿者，12辆厢式车，每天为墨尔本地区面临生活困难的人群（以流浪汉和低收入群体为主）提供食物、热饮、衣物、毛毯和关怀。爱心汤车团队每天晚上为约900名个体提供关怀和帮助。

爱心汤车团队在墨尔本的6个区分别开展项目，每一个区的爱心汤车团队由7支志愿者队伍构成，每一支志愿者队伍负责一天的工作，全年无休。爱心汤车团队的志愿服务项目分为两个部分：日间的食物准备和夜间的食物发放。白天，约5名志愿者负责食物准备工作，包括制作食物、整理捐赠食物/物品、装车等；晚上，约16名志愿者分两队分别去服务区域内的政府公房和街边发放食物，并完成整理清洁工作。爱心汤车团队的运营经费主要来自圣文森特·德·保罗社会关爱中心，食物主要来源于爱心企业的捐赠。由于爱心汤车团队是一个由志愿者自我管理运行的队伍，团队要求志愿者具有固定的且长期的服务时间，以保证志愿者队伍的稳定和项目开展的高效。

资料来源：https://www.vinnies.org.au/findhelp/view/90.

【点评】

从本案例中可以看出，志愿服务能够降低民众享受公共服务的门槛。志愿服务的普遍性使服务对象能扩展到政府服务所不能照顾到的边缘人群，志愿服务的无偿性使服务对象能享受到其经济能力负担不起的服务项目。志愿者承担起一定的社会公共服务功能有利于承接政府转移职能、整合优化社区资源、补充公共服务力量、节省财政资金投入。

发达国家和地区在志愿服务发展过程中都非常重视政府部门、私营部门、非营利部门和社会个体的多方合作，个体、家庭、社区、学校、政府、政党、工商企业、教会社团、专业团体等都是志愿服务的主要参与者和发展伙伴。政府购买、公私伙伴、协同治理等一系列现代公共治理的方式都在志愿服务领域得到充分实践。如澳大利亚紧急服务中心既是政府的部门，又是由志愿者作为主体运行的，同时还与民间其他的志愿服务组织紧密联系、多方共同协作以达到更好地为澳大利亚人民提供及时和必要的紧急援助的目的。志愿服务参与的协作化还体现为志愿服务多元资源网络的形成，现代志愿服务不再是传统的一对一帮助，而是组织化、结构化、程序化的服务供给过程，需要不同参与者的制度化协作。发达国家和地区大多都有一个综合枢纽型志愿服务组织，旨在整合社会需求和多元的志愿服务资源，以输出更高效的志愿服务。

案　例

英国文化教育协会

英国文化教育协会是英国促进文化教育和国际关系的重要组织，成立于 1934 年。作为一个在英国注册的志愿服务组织，其在全球 109 个国家的 223 个城市设有办事处，开展了各项文化、教育、科技活动，如文化交流项目、推广英语教育、出版图书制品、提供留学服务等活动，共吸引超过 3 000 万人参与，并通过网络、电视、报纸等各种媒体影响人群超过 6 亿。2016—2017 年英国文化教育协会用于志愿服务事业的支出超过了 10 亿英镑，比 2015—2016 年同比增长了 11.3%，并且还为个人和组织提供了超过 1 亿英镑的拨款用于资助其参与和举行志愿服务活动或项目。该协会还参加了英国官方发展援助计划，为达到援助标准的一些非洲、中东和南亚的国家提供了超过 1 亿英镑的补助金。

资料来源：https://www.britishcouncil.org.

【点评】

英国文化教育协会所提供的志愿服务为英国乃至国际社会的发展产生了深远的影响，为英国以及世界各地的人们创造了相互学习、理解与交流的机会。英国丰富的文化教育资源也使许多与其合作的国家广为受益。

值得注意的是，志愿服务是政府服务的补充而非减少或替代政府服务。在发达国家和地区，志愿服务与政府服务的关系不完全一致，这取决于不同的福利国家类型和不同的志愿服务发达程度。但可以肯定的是，志愿服务无法完全替代政府的社会服务，而志愿服务作为社会服务的补充则依赖于社会服务供给的整体制度设计。

五、作为社会生活重要组成的志愿服务

发达国家和地区呈现给我们的是一个全民参与志愿服务的社会形态，这意味着，志愿服务已经成为一种被普遍接受的生活方式。作为社会生活重要组成的志愿服务受到志愿服务文化的支撑。志愿服务文化是志愿服务的精神动力和文化源泉，一般指志愿者群体长时间积淀形成的一套适合自身特点的共同的思维方式、行为准则、责任使命、审美标准以及相应的一套物质、符号、精神载体系统。

事实上，在许多发达国家与地区，志愿服务事业起步较早、发展较为成熟，人们跨越年龄、身份、社会阶层、种族等“界限”，为他人奉献自己的时间、精力、知识已相当普遍，这正是真正意义上的志愿服务文化在起作用。在经历了几百年的沉淀之后，现代意义上的志愿服务文化除了原有那些最基本的核心定义，还意味着一个个体对他人、对志愿服务组织、对社会的一种责任和担当，一种坚定的、与权利和义务相当的承诺，一种自觉的公民精神，志愿服务文化已成为现代公民社会文化不可或缺的一部分。

例如，在美国，志愿服务队伍庞大、素质较高，志愿者具有强烈的奉献精神，几乎每四名美国成年人中就有一个人当过志愿者。美国人有着强烈的社区认同感和归属感，对社区公共事务的参与热情非常高。很多人参与志愿服务是完全不图报酬的，以奉献他人、奉献社会为目的，而大多数年轻人则把提供志愿服务视为增长技能、增加见识、结交朋友和获得乐趣的一种必要人生体验。美国人认为做志愿者是一件非常自然的事情，这也是美国社会志愿服务文化根深蒂固的基本原因。而且美国许多学校对学生参加志愿服务有明确要求：能否获得毕业证书，除了学分和成绩的要求，还有必须达到为社会服务的时数要求。各级学校也都通过相应课程，建立了用志愿服务换取学分的通道。同时，美国学生在申请大学时，志愿服务经历也是其履历上不可或缺的一部分。这些规定帮助学生形成了为他人、为社会服务的意识，随着时间推移，这些意识逐渐演变为个人习惯、责任和道德准则，最终成为一种社会风尚。

志愿服务促成了一个互助互惠的社会，在发达国家和地区，几乎每个人都脱离不了志愿服务，要么是做志愿者贡献服务，要么就是在不同的场合或以不同的方式受惠于志愿服务。在当代社会，志愿服务作为基本的社会生活方式，更受到公民责任感的推动，例如在英国街头，人们时常看到遍布大街小巷的慈善商店门口堆放着一些打包好的旧衣服、书籍甚至家具。英国居民经常会在信箱里收到不同慈善机构投递的衣物捐赠袋，居民可以将一些旧衣物放在袋子里再放入指定的地点，志愿者会定期去收集整理，然后通过慈善商店售卖，收入用于机构所支持的领域，包括儿童关爱、环境保护、社区发展等。几百年来，英国慈善事业不断发展完善，各类慈善机构通过深入居民社区的庞大网络和敏感触角，为贫困、失业、老弱病残、无家可归者等各类弱势群体提供温饱救助或服务，在英国的社会发展进程中起到了巨大的安抚、稳定作用。

发达国家和地区大都倡导社会的民主化发展，鼓励公民能积极主动地参与到社会事务中来。志愿服务则是公民参与社会治理的重要途径。因此，志愿服务不仅仅只是一种利他的慈善行为，更是一种参与和分享机会，公民可以通过志愿服务表达个人或团体的参与诉求，这样有助于建立一个互信、团结、互惠和发展的社会。

案　例

行善于社会的德国志愿者

有大约 2 300 万德国人从事志愿者工作，积极为社会做贡献。弗里德里克·桑德尔来自莱比锡，中学毕业后，年轻的桑德尔决定在莱比锡残疾人协会从事志愿服务工作。他在日常生活中帮助身体残疾的人：帮他们购物、陪他们进行休闲活动。他让那些坐轮椅的人更好地参与了社会生活。年过七旬的老人克里斯蒂娜来自德国小城哈瑙，她在社区定期为当地老年人组织“咖啡故事会”，老人们彼此分享故事、分享人生，并形成了紧密的互助圈。德国联邦家庭事务部的调查发现，有一半的人乐于通过志愿服务融入社区，了解社会。

【点评】

志愿者工作在德国社会中具有很重要的意义。中年人是德国志愿者的主力，但现在越来越多的德国青年也加入志愿者群体，他们在志愿服务过程中积累经验、培养责任感和独立性。这些行善于社会的志愿者是一种无法估量的资本，是德国拥有的最重要的资源之一。

第二节　部分发达国家的志愿服务

一、英国志愿服务

英国有着悠久的慈善和志愿服务传统，志愿者也深受英国人尊敬，各行各业的雇主都要求求职者提供他们的志愿服务记录，大学也要求申请者有志愿服务经历。英国的志愿服务拥有广泛的群众基础和良好的社会声誉，已逐渐步入组织化、规范化和系统化的轨道，形成了一套比较完整的运作机制。志愿服务也成为英国加强对公民的道德教育和维护社会稳定的有效形式。

在英国大约有 70 万个社区和志愿者组织，这些组织是英国公民社会的主要组成部分，其形成和发展的历史与英国社会的发展密切相关。由于英国属于不成文法国家，国内并没有一部统一的志愿者服务法，除有相关判例来调整志愿者活动中的各种法律关系外，政府部门还发布各种单行法规，制定一系列的政策扶持志愿服务事业的发展。

（一）英国志愿服务发展的历史

英国有着悠久的慈善和志愿服务传统，其形成和发展大致经历了三个阶段。

第一，萌芽阶段。志愿服务直接源于宗教性的慈善服务，于 19 世纪初在西方国家出现。1869 年，当时的英国为了协调政府与各种民间慈善组织的活动，在伦敦发起了慈善组织协会运动，不久又发起了“推动小区改造运动”，并始把参加此次运动的人称为“志愿服务者”，发展为日后的志愿服务。其他城市也相继仿效，随后又扩展到全英国。人们为了克服面临的困难，需要彼此互相帮助，因而逐渐形成了志愿帮助别人的群体，一大批具有慈善之心的各阶层人士成为最早的志愿服务人员。

案　例

汤恩比馆

在英国伦敦东区屹立着一栋具有130多年历史的富有传奇色彩的古老哥特式建筑——汤恩比馆（Toynbee Hall）。1884年，英国人巴纳特（Canon Samuel Barnett）在伦敦创建了世界上第一个社区公社——今天遍布全球的社区服务中心的前身，名字叫汤恩比馆，用以纪念献身此运动而英年逝世的志愿者汤恩比先生（Arnold Toynbee）。它以纪念汤恩比的名义，在社会工作史上首次号召知识青年要志愿为贫民服务。他们认为让受过高等教育的知识分子与贫民一起生活，不仅有助于舒缓社会的阶级差距，实现政治上的民主与平等，更能使穷人有受教育及享受文化生活的机会。此外，共同生活可加深知识分子对贫穷问题的了解，更能促进贫穷问题的合理解决。此馆也被称为“大学睦邻区”，目的是使大学生不与现实生活脱节，缩小贫富差距，也能拉近大学生与工人们的距离，使之互相学习。而汤恩比馆和它里面的居民们对于劳工阶级的教育也有相当可观的贡献：他们为劳工提供了夜间延伸学习、思辨和讨论的空间和课程，促成了当地文化团体及协会的形成。

资料来源：http://www.toynbeehall.org.uk.

【点评】

这栋百年房屋，成为西方发达国家社区服务中心的早期形态之一，启发了后来延及欧美诸国的睦邻组织运动，推动了近代社会福利和社会工作的发展，成为社会改革、社区建设和反贫困的先锋旗帜。这类组织除救济贫民、协调各志愿服务组织外，还开创了社会工作的基本方式和方法。

第二，扩展阶段。工业革命后，随着西方国家经济结构的变化，阶级对立的加深和贫富差距的加大社会矛盾进一步激化，在这种情况下空想社会主义者最早提出了“社会福利”的概念。这些社会福利的方案除了要有大批具有职业献身精神的社会工作者去实施之外，也需要动员和征募大量的支援人员投身于各项服务工作当中，这也促使了英国的志愿服务事业蓬勃发展。志愿服务工作因其所发挥的不容忽视的社会影响而逐步受到包括英国在内的许多国家的政府的重视和鼓励。

第三，规范阶段。第二次世界大战以后，随着西方国家经济和社会的迅速发展，英国的志愿服务工作不仅进一步规范化，而且扩大成为一种由政府或私人社团所组织的具有广泛性的社会服务工作。志愿服务工作的重心不仅在于调整被救助者的社会关系，改善他们的社会生活，更在于调整整个社会结构和社会关系。服务对象已经普及到救助对象之外的更广泛的人群，志愿服务工作逐步制度化、专业化。

（二）英国志愿服务发展的现状

目前，英国志愿者队伍规模大，志愿服务领域广泛，为英国社会做出了巨大贡献。英国前首相布莱尔曾说："在当代社会，想要在没有一个充满活力的志愿部门的情况下拥有一个充满活力的社会与经济殆无可能。"① 根据 2017 年 4 月英国志愿组织联合会（NCVO）下设的英国志愿服务研究所（Institute for Volunteering Research）发布的《2017 年英国公民社会年鉴》（UK Civil Society Almanac 2017），全英共有 165 803 个注册的志愿服务组织。在 2015—2016 年度，16 岁以上的英国公民中的 41%（约 2 200 万人）至少每年参加过一次正式的志愿服务，27%（约 1 400 万人）至少每月进行过一次正式的志愿服务，60%（约 3 200 万人）至少每年进行过一次非正式的志愿服务，34%（约 1 800 万人）至少每月进行过一次非正式的志愿服务，平均每人每月贡献超过 7 个小时的非正式志愿服务②。越来越多的退休人员开始参与志愿服务，体育、教育、募捐、社会福利和社会团体是志愿者活动的主要领域。人们参加志愿服务的主要原因包括为他人服务、自我兴趣和增加经验等。

（三）英国志愿服务发展的特点

1. 英国志愿服务相关法律

《慈善用途法》是规范英国志愿服务组织的活动及处理政府与志愿服务组织关系的最重要的法律。英国是最早制定慈善法的国家，1601 年就制定了《慈善用途法》，最新的修订是《2006 年慈善法》。

在英国，《公司法》对社会组织也具有约束作用，因为有许多志愿组织注册为非营利公司。还有很多慈善组织为了有效利用市场资源，采取了"双重注册"的做法：在注册为慈善组织的同时，又依照《公司法》注册为有限责任公司。其商业行为的部分——包括利润和股息的再投资以及董

① Cabinet Office Strategy Unit. Private action，public benefit：a review of charities and the wider not-for-profit sector. London：Cabinet Office，2002：5.

② https://data.ncvo.org.uk/a/almanac17/.

事的职权等，受到《公司法》约束。

自布莱尔的新工党政府以来，英国政府非常强调与志愿部门的合作伙伴关系。1998 年，英国政府和志愿组织签订了《英国政府和志愿及社会部门关系的协议》。该协议确定了政府和志愿部门之间的合作伙伴关系，为在各级地区层面上二者之间的合作创造了良好的环境。这个协议并没有法律效力，更类似于政府和志愿部门之间相互的承诺，但一些条款也受到法律的保护。

2. 英国志愿服务组织的特点

英国的志愿服务组织体系完备，既有全国性的支持性组织也有具体的实施志愿服务的组织。其主要推动四方面工作：一是招募青少年志愿者。青少年群体既是志愿者招募的主要来源，又是志愿服务的主要对象。如影响深远的千年志愿者项目就是为了鼓励 16～24 岁的青少年在给社区奉献的同时得到新的技能和就业的资格。二是促进就业者参与志愿服务。积极推动就业劳工投入社区志愿服务工作的行列，贡献各自的经验与专业，协助解决社区面临的现实问题。三是推动志愿者为弱势群体服务。黑人和少数民族志愿组织主要以提升少数民族或弱势群体的志愿服务意识为目标，进而改善其志愿服务质量，并且为少数民族或弱势群体提供相关服务资源。四是发展志愿服务文化，志愿服务组织为社区内有志于从事志愿服务的居民提供志愿服务的机会，协助公共事务的开展，借此形成志愿服务文化。

案　例

童子军社区服务周

2012 年，英国童子军志愿者恢复了二十年前社区服务周的老传统，在全国上下开展社区志愿服务。这项服务周最早被称为“一先令一服务”(bob-a-job)，即公众向童子军捐献一先令（相当于今天的五便士），以换取童子军的服务。

该服务周鼓励青少年积极投身扶助社区的活动，童子军负责人格里斯（Bear Grylls）表示，服务周活动将给社区带来“巨大改观”。童子军们将在为期一个星期的活动里，参与包括检查超速驾驶、清除涂鸦、整修养老房屋以及为稀有种类的蜜蜂搭建蜂巢等活动。

童子军负责人格里斯说：“志愿者活动一直是童子军活动的核心，我非常高兴能看到如此众多的青少年义务帮助他人”。他表示：“我们将通过肩并肩的工作，让全国上下的社区发生巨大改观。”

资料来源：https://www.bbc.com/news/.

【点评】

童子军的影响是积极向上的，每个人都时刻提高着自身的技能，做好为自己、为他人服务的准备。在互助、技能、身体素质的培养以外，童子军还十分提倡“通过社区服务回馈社会”的观念。这些童子军成员从小就进行志愿服务活动，秉承了志愿服务的精神，在未来走上社会后更有可能进行力所能及的志愿服务，帮助有需要的群体，并且将这种志愿服务精神传承下去。

二、美国志愿服务

美国是一个志愿者国度，其志愿服务组织数量位居世界第一，志愿精神已成为美国文化的一部分。在美国，大多数年轻人把做志愿服务视为增长技能、增加见识、结交朋友和获得乐趣的一种必要的人生体验。

案 例

全球青年服务日

全球青年服务日（Global Youth Service Day），是一个一年一度的致力于青年志愿者服务的庆祝、表彰及动员的全球性活动。1988 年，美国青年服务组织（Youth Service America，YSA）联合其他机构举办了第一届全国青年服务日，当时称为“度过公益服务的一天”。2000 年，这一成功模式由 33 个国际组织和 100 多个国家和地区一起推动，发展为包括合作伙伴在内、亿万青少年共同参与的全球性志愿者运动。

全球青年服务日是以鼓励和引导青年人发现问题、提出方案、解决问题为主要目的的世界性青年服务行动，它动员青年以各种方式为地区、社会及国家做贡献。其主要目标有：

（1）动员（Mobilize）：1）动员青年人发现和解决他们社区的需要；2）动员各类团体为青年参与提供机会；3）动员媒体、决策者与公众促进并提升观念，认识到“这些全年持续在为社区服务的年轻人是他们社区中重要的资产和资源”。

(2) 支持（Support）：1）支持青年终身践行公民参与和服务；2）支持学校和团体通过培训、技术支持、赠款和各类资源，参与到青年活动中。

(3) 可持续（Sustain）：通过勇于担当和解决问题的青年人的全年参与，持续推动社区改善。

资料来源：https://leadasap.ysa.org.

【点评】

全球青年服务日结合全球青年的热情，动员着上百万的儿童和青年人通过服务学习和志愿服务，让地方的需要因关怀而被满足，与家庭、学校、社区、社团、商业机构和政府一道，改善当地社区状况，共同解决世界的关键问题。全球青年服务日动员青年人的同时，更激发公众、媒体、决策者对青年服务社会的进一步关注与支持，重视作为社区领导的青年人所做出的贡献，以提升青年的正向发展，同时也提高了社会各界对志愿服务的关注度，进一步促进了志愿服务事业的发展。

（一）美国志愿服务发展的历史

美国具有历史悠久的志愿服务活动和公民社会组织。1620 年，英国清教徒试图在科德角建立有序社会，而在当时条件艰苦的背景下，奉献精神和志愿精神必不可少，早期志愿者应运而生。1736 年，本杰明·富兰克林正式组建了费城志愿消防队，志愿精神也逐渐演化为美利坚民族的美德。19 世纪后半期，随着工业革命和资本主义国家的发展，慈善捐赠开始普遍，志愿服务逐渐走向平民化，志愿精神逐渐演化为民族精神。资本家开始设立慈善基金会，为国民提供各种各样的社会支持。1929 年，美国进入经济大萧条时期，在胡佛总统的提议下，美国成立了全国志愿者协会。二战期间，国民防御办公室在罗斯福政府的推动下成立，其绝大多数成员都是志愿者。在这一时期，志愿服务更加关注社会总体发展，成为联邦政府关注的重要发展对象。二战后美国的志愿服务走向规范化与制度化。二战后大量社会问题涌现，使得志愿服务在美国社会发挥着越发重要的作用。联邦政府在几十年的时间里，逐渐建立起了志愿服务的领导机制、组织架构与保障体系。这一时期是美国志愿服务事业历史上的重要时期，不仅总统和社会高度重视志愿服务事业的发展，公民也日益注重个人努力与社会贡献，志愿服务精神逐渐成为美国国家服务的“美国国家精神”。

（二）美国志愿服务发展的现状

20 世纪 90 年代以后，大量志愿服务组织出现，美国成为全球的“社团组织的国度”和“参与者国度”。志愿者活动的慈善福利基金持续增加，志愿服务活动也更具全民特色。进入 21 世纪，志愿服务更加成为美国民众实现自我价值、获得人生幸福的普遍方式。

从人数上看，从 2008 年起，美国的志愿者人数一直保持在 6 000 万以上。而且美国公民的个人慈善捐助在全世界范围内也是最多的，超过 4/5 的美国公民都是慈善事业的固定捐助者，每年家庭的捐款总额通常都在 1 000 美元以上。根据美国劳工统计局（U. S. Bureau of Labor Statistics）的报告，2015 年美国共有 6 262.3 万人参加了志愿服务，占总人口的比例为 24.9%，人均年度志愿服务时间中位数为 52 小时①。

美国成为世界上志愿服务参与度最高和覆盖面最广的国家之一，在各级部门中，正式工作人员与志愿者的比例基本保持在 1∶4 左右。包括志愿者在内的非营利组织与政府、商业机构共同组成了维持美国社会运转的三大支柱。如今，美国志愿服务事业已经普遍化、专业化和常态化。没有志愿服务与志愿者，美国社会将无法正常运转。

（三）美国志愿服务发展的特点

1. 政府对志愿服务事业的支持

在美国，志愿服务事业得到了美国政府的大力鼓励与支持。长期以来，美国政府以多种方式鼓励和支持志愿服务。不仅制定政策法规和发展计划推动社区志愿服务，而且以“购买服务”“项目委托”等方式资助非营利部门、志愿组织开展社区志愿服务活动。同时，美国政府还在税收方面制定优惠政策，鼓励企业捐助社区服务事业。对于志愿组织兴办的社区服务项目，政府给予特定的免税政策，服务所得收入不需交税。这些优惠政策与支持有力地推动了美国志愿服务的可持续发展。

2. 志愿服务的法制化

美国建立了完善的法律，以保障志愿者的合法权益、保护和支持志愿服务事业的发展。既制定了专门的志愿服务法，又在其他法律中设置了有

---

① https://www.bls.gov/news.release/pdf/volun.pdf.

关支持志愿服务的条文。

3. 志愿服务组织各具特色

美国志愿服务组织所涉及的领域十分广泛。根据美国劳工统计局 2014—2015 年的调查，美国人参与的志愿服务机构或组织类型包括宗教类组织、教育或青年服务类组织、社区类组织、公共安全类组织、环境保护或动物照料类组织、医院或其他健康护理组织、“公民、政治、专业或国际”类组织、“运动、兴趣、文化或艺术”类组织。美国的志愿服务是由社区组织推动的，重在满足社区居民的日常需求。大致可以分为两类：以服务为中心的网络服务型志愿服务组织和以倡导为中心的倡导支持型志愿服务组织。

网络服务型志愿服务组织既涉及美国国家和社区服务机构等政府管理机构重点开展的一些全国性的社会公益项目，如美国志愿军计划、学习和服务美国计划、老年服务计划等，也涉及家长、教师、协会等非政府组织提供的服务。倡导支持型志愿服务组织分为面向特定人员的和面向特定任务的志愿服务组织。例如，美国青年服务组织就是面向特定人员的倡导支持型组织，其致力于服务青年和培训青年，其所设立的全球青年服务日是全美国最大的服务活动之一。

案　例

美国和平队

1961 年，肯尼迪总统下令建立和平队。和平队的定位直接简明，主要有三个目标：第一，传播有用的技术与知识；第二，增进服务对象国人民对美国的了解；第三，增进美国人民对服务对象国的了解。其活动领域除了传统的教育、农业、医疗保健外，对一些全球性问题如环境保护、艾滋病的传播等也给予了更多的关注。和平队的活动范围超越了国家范畴，已进入中国、东欧及中亚地区。

资料来源：https://www.peacecorps.gov.

【点评】

美国和平队既是由政府支持的国际志愿服务的典范，更是国际关系领域公共外交实践的典范，自诞生 50 多年来，对改善美国国际形象发挥了重要作用。

三、澳大利亚志愿服务

志愿服务是澳大利亚社会的一个突出特色。澳大利亚的志愿服务在服务领域、人数比例、次数、时间、组织机构、社会基础、法治保障等方面都具有突出的优势。其志愿服务的领域主要集中在社区福利、教育培训、体育休闲等方面。

澳大利亚的志愿服务对整个社会的影响程度非常深，志愿者们在澳大利亚的社会管理中也起到了不可替代的作用。志愿服务发达是澳大利亚“小政府，大社会”管理方式的重要体现。通过志愿服务，澳大利亚政府实现了通过较少行政成本管理较多社会事务的目标。

案　例

澳大利亚志愿者国际

澳大利亚志愿者国际（Australian Volunteers International，AVI）成立于1999年，目前是澳大利亚最大的国际性志愿者输送组织，其前身是成立于1961年的澳大利亚海外服务局（Overseas Service Bureau，OSB）。该组织的目的是鼓励澳大利亚公民到亚洲、非洲和太平洋地区的发展中国家服务。AVI的目标是：（1）为发展中国家人民改善生活提供大规模的高质量援助；（2）通过相互学习和交流，创造发展机会，回应发展中国家人民的社会和经济发展愿望；（3）加强跨文化了解，让澳大利亚人在国内和国际拥有更多的新体验。自成立以来，AVI已经向89个发展中国家输送了超过10 000名国际志愿者和3 000多个伙伴组织。

资料来源：https://www.avi.org.au.

【点评】

多年来，AVI的志愿者致力于帮助弱者、消除贫困，为维护国际社会秩序和世界和平做出了巨大努力，在建立良好的人际关系、净化社会风气等方面起到了积极作用。与此同时，不仅AVI的志愿者们在进行志愿服务的过程中开阔了眼界，澳大利亚也因此树立了良好的国际形象。

（一）澳大利亚志愿服务发展的历史

澳大利亚的志愿服务历史悠久。早在殖民地时期，政府就十分依赖与宗教组织和其他慈善团体合作来为弱势群体提供服务。之后的政府也一直同教堂、非宗教慈善团体和慈善组织合作来满足澳大利亚社会事务和福利的需要。

澳大利亚志愿服务的观念虽然来源于慈善团体并且有着浓厚的宗教色彩，但却并不限制志愿者们的宗教信仰。慈善是澳大利亚人民责任观的重要组成部分，甚至连殖民地时期的澳大利亚总督的夫人都曾经做过志愿者。

1813年，银行家、报纸编辑和慈善家爱德华·史密斯·霍尔成立了澳大利亚首个慈善团体——澳大利亚慈善协会（Benevolent Society），致力于为弱势群体提供话语权与物质帮助。

1929年，世界上最早的飞行医疗服务组织皇家飞行医生服务队（Royal Flying Doctor Service）由约翰·弗林牧师成立。该组织致力于驾驶飞机帮助生病和受伤的内陆开拓者，主要依靠志愿者来帮助其工作。

在一战和二战期间，澳大利亚的志愿部门也发挥了不可磨灭的作用。包括澳大利亚红十字会在内的许多志愿服务组织的志愿者们为澳大利亚在战争期间和战后恢复时期提供了巨大的帮助。

（二）澳大利亚志愿服务发展的现状

在今天的澳大利亚，数以万计的志愿者常年活跃在社会的众多领域，人们已经习惯了有志愿者在身边的生活。澳大利亚首都志愿者组织执行总裁玛丽·波特女士这样形容志愿者的重要作用："一旦离开志愿者，社会生活的很多方面将会止息。"根据2017年9月发布的由澳大利亚联邦政府社会服务部资助的2016年澳大利亚慈善捐助报告（Giving Australia）的最新数据，在2015—2016年，约有43.7%的澳大利亚成年公民（约870万人）进行了志愿服务，共贡献了9.32亿小时，平均每人每年进行约134小时的志愿服务。

（三）澳大利亚志愿服务发展的特点

1. 澳大利亚政府的支持

澳大利亚政府十分重视志愿服务组织的发展，许多志愿服务组织的主要经费来源之一就是政府定向采购社会服务的款项。澳大利亚各州政府都已经与志愿服务组织签署了各自的合作协议（南澳大利亚州2003年、首都领地2004年、维多利亚州2005年、新南威尔士州2006年、昆士兰州2008年、塔斯马尼亚州2008年）。2010年，澳大利亚政府与非营利组织正式签署《全国性协议——携手合作》（National Compact—Working Together），这也为澳大利亚政府与志愿服务组织进一步加强合作，共同建设一个更加包容、稳定的社会，努力提高澳大利亚公民的幸福感和生活质量打下了坚实的基础。

2. 志愿服务的法制化

澳大利亚志愿服务的发展拥有着完善的法律基础。在联邦层面，澳大利亚联邦政府在2003年颁布了《联邦志愿者保护法》。2011年，澳大利亚颁布了通用全国的《工作健康与安全法》，这部法律明确规定了机构需要对所有雇员尽到健康和安全方面的责任，其中也包含了绝大部分的志愿者。如果志愿者因为参加志愿活动而受到雇主非难，法律会为其提供保护。而各个州的志愿者立法则不尽一致，有的州有关于志愿者的单独立法，例如维多利亚州就是如此，有的州把志愿服务统一规定到其他法律中，比如1954《西澳丛林火灾法》中对志愿消防队员的身份进行了法律上的定义，规定了哪些工作是志愿者可以参加的活动，而且该法还要求政府制定相关政策，为志愿者购买保险，并对理赔事项、赔偿标准、受益人等内容做了非常细致的规定。而昆士兰州2003年《民事责任法》也有对志愿服务的免责规定。通过法律规范志愿者参与志愿服务的权利与义务，使志愿服务成为与每个人安全和利益息息相关的事情，进一步推进了澳大利亚志愿服务事业的发展。

3. 志愿服务组织的特色

澳大利亚志愿服务的直接推进者是各种各样的志愿服务组织。澳大利亚不仅各地有地区性的志愿服务组织，如墨尔本先驱者（Melbourne Pioneer）等；还有许多全国性的志愿服务组织，如澳洲使命（Mission Australia）等；并且还有许多提供跨国志愿服务的国际性的志愿服务组织，如澳大利亚国际志愿者组织（Australian Volunteers International）等。

案　例

澳大利亚环保义工组织

澳大利亚环保义工组织（Conservation Volunteers Australia，CVA）是一个致力于自然环境保护的志愿服务组织，成立于1982年。其组织愿景是“通过连接人与自然来激发改变”，组织目标是“通过环境（土地、栖息地、物种和遗产）保护、维持和修复来提升自然恢复力”。

招募拥有不同背景、技能和兴趣的志愿者在澳大利亚各州开展志愿服务活动，为志愿者提供海外志愿服务机会，如派志愿者到美国进行生态保护志愿服务。每年，该组织招募超过 1 万名志愿者，种植 100 万棵树木，培训 1 000 支志愿者队伍。志愿者通常会开展植物种植、道路建设、野生物种调查、种子收集、去除杂草、建设防护栏、遗址恢复等工作。

该组织与澳大利亚地方政府、国家公园、博物馆、土地保护团队、环保部及其他环保机构建立合作伙伴关系，开展广泛的志愿服务项目，接受以组织为单位的雇员团队志愿者参与短期的环保志愿服务活动。

资料来源：http://conservationvolunteers. com. au.

【点评】

除本国志愿者外，CVA 还邀请世界各地热爱大自然及喜欢野外活动的志愿者到澳大利亚各地参与各项环保计划。这些志愿者们在推动环保工作的同时，也可以结交各国朋友，拓宽个人视野。这样不仅可以提升志愿者们的英语水平，更能提高他们的素质及综合能力，为他们将来步入社会、面向世界打下坚实的基础，同时也促进了澳大利亚乃至国际志愿服务事业的发展。

四、日本志愿服务

（一）日本志愿服务发展的历史阶段

1. 萌芽期（20 世纪 50 年代）

为了保护战后孤儿和促进青少年的健康成长，日本开展了青少年国际志愿活动与保障儿童健全发展的志愿活动。

2. 经济高速增长下的社会变动期（20 世纪 60 年代）

经济高速增长带来的污染问题促进了“居民参与型活动”的展开。与此同时，大阪志愿者协会（1965 年）、日本青年志愿服务协会（1967 年）等志愿者支援组织诞生。现在的志愿者中心的前身——善意银行于 1962 年在德岛县和大分县诞生。20 世纪 60 年代后期，关于促进志愿者活动的政策出台。

3. 社区政策导入与社会行动型活动活跃发展期（20 世纪 70 年代）

随着家庭功能衰退现象的日益严峻，社区政策被引入日本，居民参与社区活动的增加促进了社区志愿者活动的增加，尤其是以残疾人为中心的“从设施回归家庭”改革的开展，促使了面向重度残疾人以及老年人的家务、洗浴、用餐等一系列与生活服务相关的志愿者活动有所增加。作为社区志愿者活动据点的社会福祉协议会志愿者中心的数量也随之增加。与此同时，“构建人人都能乘坐的地铁”等社会行动型志愿者活动也相继展开。

4. 志愿者活动促进支持政策活跃期（20世纪80年代）

行政部门加强了对志愿者支持的方针，提出了重要的促进政策。同时，对应以家庭福祉为重点的政策变化，“居民参与式家庭福祉服务”成为社区福祉政策体系中的主流。

5. 志愿者活动环境显著变化期（20世纪90年代至今）

1995年的“阪神大地震”，引发了没有志愿者经验的人们对志愿活动的关心和参与。企业对“社会贡献活动”参与的势头高涨。《特定非营利活动促进法》的施行带动了社会对志愿者活动的广泛认知。

（二）志愿者活动的现状与特点

在日本，关于志愿者活动的定义有很多。但总体上来说它指的是一种自愿对他人和社会做出贡献的行为及活动。活动的性质主要有自发性、公共性、无偿性、开拓性。

日本最新数据显示，截至2017年3月，志愿者人数为710.755 4万人，约占日本总人口数的6%。在他们所参与的志愿者活动中，按照活动内容分类，排在前五位的分别是：“健康、医疗、福祉”（27.3%）、“城市建设”（26.6%）、“儿童、青少年培养”（23.2%）、“自然、环境保护”（20.3%）及“艺术、文化、体育”（19.2%）。

在日本，志愿者的活动方式不拘泥于初始期的互助活动，而是不断向多元化、持续化、全民化逐步扩大。活动领域由小范围的福祉领域内的活动，例如初始阶段的残疾人之间的自助活动、街道清洁等社区服务活动，逐渐扩展到与生活、城市规划及建设相关的更为广阔的活动领域。其中包括通过社区商业（Community Business）实现产业化等有偿非营利活动、自我能力开发与专业技术经验活用等专业化志愿者活动。通过参加这样的志愿者活动来获得自身成长、不断实现自我生存价值的志愿者们，活跃在实现社区及社会可持续性发展的不同领域。

1. 志愿服务理念具有深厚的文化基础

与拥有基督教文化的欧美不同，日本的志愿精神的概念源自于由佛教和儒教的影响所带来的慈善理念以及地区共同体相互扶助的理念。这些理念在明治维新后，与慈爱、博爱等西欧的精神理念相结合，被重新引入日本社会，对许多开展社会福利事业的人产生了影响。但是，进入20世纪90年代后，日本关于志愿精神的讨论发生了很大的变化，不仅是把志愿者当作政府服务的补充或对抗对象，而是更加关注其对人权的思考、与他人关系的建立及非营利性事业开展等方面的特点。

2. 志愿服务类型广泛

日本的志愿者活动类型多种多样，可从主题型及地区型两种方式来分类。主题型多是围绕一个主题，更接近于专业志愿者活动（例如：医院志愿者活动、震灾志愿者活动、自然环境保护活动、青少年国际志愿者活动等）。地区型多是在社区或是市区范围内开展的活动，更具有地区服务性。如：

（1）以老年人和残疾人为对象的活动：在福利设施里开展娱乐活动，外出或业余活动的援助，盲文翻译，手语，朗读等。

（2）以儿童和青少年为对象的活动：陪儿童玩耍，帮助孩子学习，对不良青少年进行心理辅导等。

（3）保护自然环境的活动：森林保护、海边清扫、可再生垃圾回收、动物关爱等。

（4）艺术和文化活动：美术馆或博物馆的讲解，指路向导等。

（5）活用兴趣及特技的活动：在养老院演奏或表演，园艺、电脑等技术的活用。

（6）支援受灾群众的活动：帮受灾家庭整理房屋，与灾民交流安抚其情绪，物资分类与组织募捐活动等。

（7）安心、安全的城市建设活动：以居民交流为目的的茶会和沙龙，防灾活动、巡逻、交通指挥等。

（8）社区互帮互助活动：老人交流沙龙、育儿沙龙、为老人提供送餐服务等。

（9）其他活动：国际交流合作活动、募捐活动等。

3. 志愿活动与行政机构合作密切

在日本，志愿者活动起点的“自发性”被认为是离法律制度最远的存在①。但是冈本②很早就曾提出，如果想要充实的社会福利和解决社会课题，就必须要同时具有“法律条例等制度的保障”和“居民参与”两个条件。也就是说，志愿服务和制度是缺一不可的。因此，在行政机关与志愿

① 笹井宏益. 设计志愿者活动. 学文社，2013.

② 冈本荣一. 志愿者：福祉参加. minerva 书房，1981.

活动组织之间建立怎样的关系是极其重要的。冈本指出，比起行政主导民间追随型的志愿者活动，民间主导行政支援型的志愿者活动更为理想。近年，关于“行政机关与志愿者活动组织之间的合作关系建立”的各种尝试在日本各地不断地进行着。

关于行政机关在制定志愿者活动相关政策制度时的出发点与方法，笹井①给出了他的见解。一方面，关于政策制定时的出发点，重要的是不妨碍志愿者的自发性和活动团体的自律性，根据其需要提供及时、适当的方法来促进其提高。另一方面，政策制定时的方法大体有三种类型：第一种是通过制度提高国民对志愿者活动的认知（志愿者活动能有力提高公共价值并创造富足社会中所必需的角色）；第二种是通过税制优惠等政策促进民间的捐赠，从而提供足够的志愿者活动资金；第三种是通过制度为志愿者活动创造条件，营造环境。

4. *政府通过颁布法律和支持措施促进志愿服务发展*

1990 年日本政府颁布了《志愿服务振兴法》，这是促进志愿服务发展的全国性法律。

同时，在不同的时期也颁布了很多促进政策与措施：1968 年全国社会福祉协议会“志愿者培养基本项目”，1973 年社会服务活动支出被列入厚生劳动省的财政预算之中，1977 年厚生劳动省“学童、学生志愿者活动普及计划”，1977 年全国社会福祉协议会设立“志愿者保险制度”，1985 年文部科学省“青年志愿者参加促进计划”，1991 年文部科学省“生涯学习志愿者活动综合推广项目”，1993 年厚生劳动省“促进国民参与社会福祉相关活动的基本项目”，2001 年全国社会福祉协议会“第二次志愿者、市民活动推进五年计划”及“加强和推进社会福祉协议会志愿者、市民活动中心的方针”。

在促进政策与措施中，以下三项措施是比较具有代表性的：

（1）志愿者活动经验的评估。在学校的教学指导、入学考试，企业的招聘和晋升等方面，增加以志愿者活动的参与程度作为评价指标。

（2）志愿者休假、停职制度。该措施是企业支持员工参加志愿者活动的制度之一。休假制度是指向参加志愿服务的员工提供每年 5 天至 1 周的带薪假期。停职制度是指在员工参加长达 6 个月到 2 年的志愿者活动后，保证其复职。

---

① 笹井宏益. 设计志愿者活动. 学文社，2013.

(3) 志愿者基金。志愿者基金是以支持志愿者活动为目的而创立的基金。包括当地政府的捐赠、公众及社区组织的捐赠、企业的捐赠、志愿者活动相关业务获得的收益等。基金产生的利息用于培养志愿者、支持志愿者团体、提供学习和培训机会、改善工作环境、提供志愿者活动信息等。

(三) 志愿者组织完备、管理科学

1. 志愿者中心与非营利组织中心 (NPO 中心)

志愿者中心是支持志愿者活动的机关和组织。志愿者活动早期研究者高森敬久指出，志愿者中心是非常多样化的，各个中心的规模和功能多少有所不同①。但是所有中心都包括与志愿者活动相关的咨询、教育、活动援助、开发等促使志愿者服务的供求调节更加顺利、有效地进行的培训及援助的体系。日本的志愿者中心从 20 世纪 60 年代后期开始建立，数量日益增大。志愿者中心大多以开展福祉相关的活动为中心，直到随着 1998 年《特定非营利活动促进法》的颁布，NPO 中心的设立逐渐成为潮流。志愿者中心与 NPO 中心的对比如表 10－2 所示。

表 10－2　志愿者中心与 NPO 中心的对比

	志愿者中心	NPO 中心
目的使命	支援志愿者参与活动 市民社会的活性化	强化组织 市民社会的活性化
主要对象	公民个人（活动申请者） 志愿者团体 接受志愿者援助的个人 接受志愿者的组织 企业（员工志愿者活动支援的负责人） 政府（社会福祉、生涯学习负责人）	NPO（NPO 法人、公益集团、志愿者团体等） 有偿服务组织 企业（NPO 合作负责人） 政府（NPO 负责人）
对象需求	针对志愿者及团体： ● 培训、研修（例如：志愿者入门讲座） ● 活动介绍 ● 活动支持（咨询、场地、资金等） 针对接受志愿者的个人及组织： ● 活动介绍、接受负责人的培训 针对企业： ● 员工志愿者活动支持 针对政府： ● 市民的社会参与支援等	针对 NPO： ● 培训、研修（例如：企业家研讨会） ● 支持组织建立 ● 支持组织活动的维持（志愿者等人才、基金等） ● 与企业及政府间的调停 针对企业及政府： ● 信息提供 ● 信用保证 ● 关于创立 NPO 的咨询

① 柴田谦治. 论志愿者：从拓宽到加深. minerva 书房，2010：189.

续前表

	志愿者中心	NPO 中心
成果判定	想参加活动的公民是否找到适合的活动 是否促进了公民的成长	是否推进 NPO 成为成效性高的组织 “投资”（支持）非营利组织的人是否满意
功能	活动介绍（协调业务） 志愿者培训及研修 活动者（团体）支援 信息收集整理 信息传播（宣传、出版）	组织经营相关的咨询支援 面向专家的培训 与其他非营利组织、企业、政府调解（协调业务） 信息收集整理 信息传播（宣传、出版）
对志愿者的态度	促进志愿者自我成长，实现自我价值	NPO 的顺利运营 选择符合组织目标的志愿者并给予培训指导
对 NPO 的态度	作为志愿者的接收方进行联络支援 抑制任意的对志愿者的利用	对 NPO 自立的支持

资料来源：日本社会福祉学会第 46 回全国大会日本龙谷大学筒井教授研究发表资料，作者翻译。

2. 志愿者协调员

在组织中负责志愿者活动相关调节业务的职员被称为志愿者协调员。志愿者协调员是指支持公民参与志愿活动、完成公民与公民之间或公民与组织之间的对接及协调的职员，使志愿者能在其实际活动中发挥志愿者独特的力量①。

志愿者协调员的主要业务有以下七项：

（1）接受和推广志愿者活动的相关方针制定。

（2）志愿者活动相关信息的提供与咨询。

（3）对志愿者、寻求志愿者帮助的个人以及组织进行面谈、选配。

（4）由志愿者开发服务及活动项目，并展开相关项目的培训。

（5）向志愿者提供建议及各种有关学习和交流的项目。

（6）组织内部的各个岗位的协调与合作。

（7）与相关机关之间的调节、合作、资源开发。

① 大阪志愿者协会．志愿者及 NPO 用语辞典．2004：60.

案 例

社会福祉协议会志愿者中心

社会福祉协议会志愿者中心于20世纪70年代成立，以社区内居民参与为基础。社会福祉协议会是依据社会福祉法，在日本中央机关、各都道府县及市区村建立的，以促进地区福祉发展为目的的组织。社会福祉协议会志愿者中心是依据社会福祉法建立的，以推进社会福祉相关活动的居民参与为目标的部门。在中央机关设有全国社会福祉协议会、全国志愿者市民活动振兴中心。各个都道府县、市区村也均设有与之对应的志愿者中心。按照行政区划划分的志愿者中心的功能各不相同。

资料来源：https://www.shakyo.or.jp.

【点评】

志愿者中心是支持志愿者活动的机关和组织。社会福祉协议会志愿者中心促进了社会福祉协议会的各项工作，推动了民众对志愿服务的参与，也使得志愿者的供求调节更加顺畅，推动了社会福祉协议会的进一步发展，促进了日本志愿服务的蓬勃发展。

案 例

“拓宽志愿者之环”联络会

“拓宽志愿者之环”联络会（National Network of Organizations Promoting Volunteering）成立于1994年，以交流合作为主题。其宗旨是营造一个人人可以随时随地、轻松愉快地参与志愿活动的环境，促进全国志愿者活动的发展。由全国性的志愿者活动促进团体、学校教育与社会教育相关组织、青少年组织、大众媒体等54个相关社会组织构成。在日本“国际志愿者年”（2001年）之后，为了实现“拓宽志愿者活动的认识、创建促进志愿者参与的环境、扩大志愿者交流协作网络、推进志愿者活动的发展”的目标，“拓宽志愿者之环”联络会致力于将日本文化渗透到志愿者活动中。具体内容包括，参与组织之间的信息交流和培训的实施，日本厚生劳动省、文部科学省等信息交换圆桌会议的召开，志愿者活动相关提案的发行，与全国志愿者一同参与福祉教育和志愿者学习等。

【点评】

该联络会将日本的志愿服务资源与组织团结起来，为日本志愿服务的发展营造了良好的环境，也使志愿服务逐步被纳入日本文化，促进了日本志愿者的积极参与和志愿服务事业的蓬勃发展。

第三节　我国香港、澳门和台湾地区志愿服务

一、香港地区志愿服务

在香港地区，志愿服务又被称为“义务工作”，因此，志愿者也被称为“义工”。香港社会福利署推广义工服务督导委员会将义务工作定义为“任何人志愿贡献个人时间及精神，在不为任何物质报酬的情况下，为改进社会而提供的服务”。在现代社会，义务工作成为社会服务的重要支柱，广泛影响着香港地区社会的发展。

案　例

香港义工运动

1997 年是香港地区义务工作发展极其重要的一年，为了更有系统地推广和发展香港地区义务工作，香港社会福利署联同香港社会服务联会等多家机构，成立“义工运动委员会”，推行全港性的义工运动。该运动旨在推广义工服务建立一个互相关怀的社会，肯定个人的自我价值，善用社区资源，加强个人对社会的归属感。义工运动由推广义工服务督导委员会全面协调开展，旨在把义工的概念活泼化、趣味化和多元化，从而推动义工服务成为居民日常生活的一部分。20 多年来，香港义工运动鼓励了近 3 000 家社会团体和 130 万香港地区居民参与到义工服务中。

资料来源：http://www.volunteering-hk.org/tc.

【点评】

香港地区的志愿服务活动很多，从三四岁小孩到八旬老人都有志愿

服务项目可以参加，几乎覆盖所有有需求的群体，志愿服务倡导将志愿服务融入生活，志愿服务的理念已深入人心。在香港地区，志愿服务工作不单只是一次活动，而是一份心意及一种生活态度。

（一）香港地区志愿服务发展的历史

自1841年开埠以来，志愿服务就已在香港地区萌芽滋长。经过一百多年的发展，志愿服务在香港地区已经深入民心，渗透在社会各领域和各阶层，成为社会发展的重要资源，更成为悠久的互助和分享文化，影响着每一名香港地区居民。

香港地区志愿服务受西方宗教的影响而产生，早期由西方传教士和修女在宗教服务中施与善心，同时也有一批社会贤达人士创办慈善机构，如早期的东华三院和保良局。1937年，香港救济联会成立，开展协调及推动志愿福利机构工作，1947年改名为香港社会服务联会。二战之后，大量移民迁移到香港地区，为就业、医疗、教育和居住等社会福利带来了巨大需求压力。为应对激增的社会服务需求，大量基层民间志愿服务组织涌现并兴起，各区分别成立街坊福利会，以及各地侨乡会或宗亲会，为居民提供志愿服务。20世纪六七十年代，香港地区政府开始注重青年志愿服务发展，以疏导青少年过剩精力，并培养他们对社会的归属感和责任感，如1973年，社会福利署成立社区及青年事务处，积极鼓励青少年参与各类志愿服务工作。为了推进志愿服务制度化发展，香港社会服务联会在1968年成立义工服务咨询委员会并下设义工服务部。在社会福利署的资助下，义工工作协会于1970年成立，专责发展和推广香港地区的志愿服务工作，该协会于1981年改名为义务工作发展局，是目前香港地区重要的志愿服务枢纽机构。在志愿服务发展巩固期，香港地区政府注重社区建设和公民教育，通过志愿服务让居民投身社会服务。

随着香港地区经济和社会进入高速发展期，当地居民物质生活丰富且稳定，参与志愿服务成为居民丰富精神生活的有效途径。随着越来越多的居民在业余时间投身到志愿服务，志愿服务的范围也不断扩大，涉及社会福利、民生发展、文体娱乐等方方面面。1997年香港地区回归后，志愿服务促进了香港地区居民的本土归属感。社会福利署于1997年成立义务工作统筹课，并全面开展香港义工运动，由社会福利署署长负责领导，在香港地区的11个分辖区内成立地区协调委员会和义工服务分区办事处，推动志愿服务的发展。这一时期，香港地区志愿服务在全球化和世界公民等思潮的影响下也走向世界舞台，大批香港志愿者到欠发达地区开展各类志愿服务。

案　例

“社区是我家”义工服务项目

“社区是我家”是由香港社会福利署推广义工服务督导委员会于2005年推出的社区志愿服务项目，鼓励社区居民义工队投入义务工作，鼓励屋苑居民成立义工队，主动照顾社区上有需要人士，特别是弱势社群，将义工助人的精神融入日常生活；推动居民义工队开展富创意、有意思及配合社区特色的义工服务项目；加强居民义工队与地区团体或小商户的协作，配合社区的特色及需要，推行适切的义务工作，关顾社区内有需要的人士，从而达致关爱互助、社区共融的理想。

资料来源：http://www.volunteering-hk.org/tc/caringestate.

【点评】

该项目通过志愿服务活动为社会上不同阶层人士参与建设社会提供了有效途径，社区居民可以根据自己的时间、爱好以及家庭实际状况，在自愿基础上通过志愿服务参与社区治理，减轻社区内部冲突，帮助有需要的人士，使人们可以享受更舒适、更健康的生活，最终达致彼此互相关怀、融洽相处的目标。

(二)香港地区志愿服务发展的现状

自推动义工运动以来，香港地区志愿服务得到快速且广泛的发展。截至2017年上半年，已有1 278 783名注册志愿者和2 999家机构参与到各类志愿服务活动中①。当前香港地区志愿服务发展的特点是倡导义工融入生活，推动义工融入家庭、学校、企业和社区，发展多元化的义工服务，并推动义工参与国际义工服务。

目前，香港义工类型包括全职和兼职、专业和非专业、本地志愿者和国际志愿者。参与义工服务的机构类型也呈现多样性，有工商企业志愿服务队、专业团体志愿服务队、政府部门志愿服务队、在校学生志愿服务队、社区志愿服务队和大量非政府组织志愿服务团体。志愿服务内容覆盖

---

① http://www.volunteering-hk.org/tc/aboutvs/vs_intro/vs_stat.

社会福利、医疗卫生、专业咨询、生态环境、社会治安、自然灾害、大型赛会和公民参与等等。志愿服务的对象包括特定的服务对象（如儿童、老人、残障人士、戒毒人员等）和非特定对象（全体在港居民）。在志愿服务管理方面，除了制度化的组织建设外，香港义工运动通过颁发“嘉许状”奖励优秀的志愿者和志愿服务组织，通常是根据志愿服务的时数来给予不同级别的奖励。同时，香港地区志愿服务管理还依赖于一套综合的志愿服务数据系统，以储存志愿服务组织、个人以及服务（需求）对象的信息，存储志愿服务记录，并用以分析等。

案　例

同心展关怀计划

香港地区非政府组织的协调组织——香港社会服务联会于 2002 年开始推行“同心展关怀计划”，鼓励及推动非政府组织、政工商机构和民间社会组织参与和支持义工服务。政工商机构和民间社会组织各自按自己的情况组织义务工作队或小组，组织和参与义工服务，很多都被嘉许为香港社会服务联会的“同心展关怀计划”机构，分别推出各种志愿服务。

如今，同心展关怀计划已经踏入第 16 个年头，最近的一年里，有超过 480 家社会服务机构，建立了 4 500 多个义工服务合作项目，提名了 3 478 家“商界展关怀”企业或机构。其中，831 家企业已连续支持企业社会责任超过 10 年，其中 115 家企业更达 15 年。通过与社区的伙伴合作，各类企业投入 4.3 亿港元捐款支持不同社会项目，贡献 21 万小时义务工作，以及提供 9 637 个就业或试工机会予弱势社群。

资料来源：https://www.caringcompany.org.hk/about.php.

【点评】

同心展关怀计划鼓励企业在经商过程中，结合社会关怀与环境保护的元素，在提升企业竞争力的同时，通过志愿服务帮助解决社会问题，创造共享价值。这也提升了大众对企业及公共机构实践企业社会责任的认知和它们对关怀社会的贡献。该计划也推动了商界与志愿服务组织的合作，弘扬了志愿服务精神，共同营造的创新、关怀及共享的文化氛围，为建设可持续发展、关怀及共享成果的社会做出了贡献。

二、澳门地区志愿服务

澳门地区的志愿服务根植于成熟的“社团社会”。澳门地区各行各业都有自己的社团，有相同兴趣的爱好者们也喜欢组成社团，众多社团定期自发组织各类志愿服务和义工工作。

案　例

小城澳门的社团社会

澳门地区没有政党，只有社团，被称为“社团社会”。资料显示，至2013年末，澳门地区常住人口不到60万，注册的社团数量却达到6 000多个。澳门地区社团涵盖范围无所不至，包括慈善公益团体、艺术体育团体、科技学术团体、教育团体、宗教团体以及宗亲同乡会等。由于澳门地区社团众多，一个人会根据自己的背景或兴趣加入好几个社团，有名望的人士身兼五六十个社团的头衔也很平常，有百余头衔也不稀奇。社团社会的发展使澳门地区社会变成了一个熟人社会，居民们总能在社团中找到相互之间的交集，这体现出了中国传统社会中浓厚的人情文化。

资料来源：http://hm.people.com.cn/n/2014/1204/c42272-26149098.html.

【点评】

澳门地区回归前，社会长期处于“无为而治”的状态，这也导致澳门地区社会在许多方面需要志愿服务的帮助，这无疑给澳门地区社团的生存与发展拓展了空间。民间社团在填补政府在教育、医疗、社会救济等方面的不足的同时，也壮大了自身力量。

（一）澳门地区志愿服务发展的历史

澳门地区志愿服务起源于葡萄牙占领时期的宗教传播，澳门地区历史上第一个社团是天主教会于16世纪50年代创立的仁慈堂，为遭受饥饿寒冻的人提供服务。19世纪二三十年代，更多的服务型志愿社团成立，为当地居民提供医疗和教育等各类社会服务，这为澳门地区志愿服务发展奠定了基础。之后，在不同的历史阶段都出现了相应的社团：工业革命兴起之后澳门地区开始出现“澳门商会”等工商社团组织，抗日战争爆发后又出现了“澳门各界救灾会”等社团支持国内抗日救亡运动，新中国成立之后开始出现“澳门街坊会联合总会”等社会事务性的社团组织。

进入20世纪，随着博彩产业的迅猛发展，澳门地区经济急速增长，社会处于转型期，价值观念重新构建，公民素质与社会发展出现了各种不协调的现象，人文素质的提升尤为迫切。在这样的背景下，澳门地区政府希望通过发展志愿服务提升公民素养。1986年，当时的澳门地区社会工作司开办了一个为期半年的“义工领袖才能训练计划”，培训24名来自澳门地区的14个不同服务机构的资深义工，期望他们能够在推动澳门地区义工工作发展方面发挥积极作用。这些义工在训练过程中，不仅学到了技术上的知识和服务技能，更通过这个机会了解了当时澳门地区的义务工作情况，并进行了深入的探讨，交流彼此心得。这些资深义工认为当时的社会资源未能被适当并充分地运用，需要一个制度化的团体来担当桥梁作用，以加强各服务机构的沟通和团结各机构的义工，并加深社会人士对义务工作的认识及推动义务工作发展。后来，这批义工经过数月的筹备，于1987年正式成立澳门义务工作协会，后来改名为澳门义务工作者协会。澳门义务工作者协会为澳门地区志愿服务的现代化和制度化发展做出了很大的贡献，尤其是重视社会服务团体和志愿者的联络，并致力于推广志愿服务文化和信息，让更多的人了解志愿服务并参与到志愿服务工作中来。

案　例

澳门义务工作者协会的发展

澳门义务工作者协会（以下简称“澳门义协”）成立至今已几十年，成立以来，为加强社会人士对义务工作的认识和推动义务工作的发展，澳门义协举办了各种不同类型的培训课程和活动，如义务工作入门、义工领袖训练、服务技巧、沟通技巧、活动设计、义务工作管理、导师培训、人际关系、团队精神、司仪口才训练、国际义工日、优秀义工选举、亚太华语地区青年义务工作发展论坛、穗港澳义工交流营、义工家庭计划、义工招募计划、义工同乐日、义务工作博览会、特殊义工组、参观国内外的社会服务机构和义工组织、探访本澳的社会服务机构等。此外，为加强有关义务工作讯息的交流，澳门义协于1992年10月创办了双月刊《蜂之讯》，定期介绍本会和其他社会服务机构的活动消息。

如今，澳门地区的义工组织已经由隶属于某一机构的义工服务小组，逐渐发展到资深义工自发组织的独立团体。但由于各方面社会支援力量不足，义工自发组织的独立团体面临服务资源短缺等困难。而也正是这些困难激发了澳门义协与澳门地区的其他义工社团紧密合作，合力承担重责，集结社会资源，群策群力，共同发挥义工服务社会使命，使澳门这座小城充满了温情的良好气氛。

资料来源：http://www.avsm.org.mo/.

【点评】

澳门义务工作者协会在推广活动方面一向不遗余力，通过不同类型的活动，加强社会人士对志愿服务工作的认识及推动志愿服务事业的发展。通过不同的嘉许行动及推广形式，澳门义协肯定了志愿者对社会的贡献，也借此吸引及鼓励全澳市民加入志愿服务行列。

（二）澳门地区志愿服务发展的现状

澳门地区志愿服务的发展现状可以从志愿服务组织和志愿者两个方面来考察。澳门地区的志愿服务组织都为非营利社团，其登记注册非常简单：年满 18 周岁的社团负责人，只需向公证署递交组织章程并做相关认证，公证署再将组织章程递交到印务局刊登公布，社团就算正式正立。回归前澳门地区有约 1 700 个社团，现在澳门地区已注册登记的社团超过 8 000 个[①]。大量的社团在这个人口只有 60 多万的地区发挥了巨大的作用，推动了澳门地区志愿服务的发展。

随着参与志愿服务的团队数量越来越多，澳门地区志愿服务发展走向信息化和多元化。2004 年，澳门志愿者总会注册成立，作为一家非营利机构，致力于推动并鼓励更多的社会人士成为志愿者。澳门志愿者总会自成立之初就不断吸纳不同的志愿服务团体和志愿者，将不同领域的、有共同想法的人集合起来成立各类型的志愿者分会，目前包括青年志愿者协会、教师志愿者协会、爱心志愿者协会、医护志愿者协会、环保志愿者协会、文创艺术志愿者协会、博彩从业员志愿者协会、中医药志愿者协会等。

同时，为更有效地推动澳门地区的公民素质和志愿服务的发展，澳门地区公民素质发展研究中心和澳门志愿者总会合作建立了一套完善的注册志愿者制度，这一制度有利于更好地保障志愿者及受助者的权利和义务，并有利于更好地协调、规范和推动志愿服务及活动的开展。在澳门地区，只要年满 16 岁就可以成为一名注册志愿者，未满 16 岁者也可以在监护人书面同意的

① http://www.io.gov.mo/cn/home/.

基础上注册成为志愿者。为了更全面、更普及地让更多人士参与，澳门公民素质发展研究中心与不同的志愿者组织、义工组织、社会团体、学校、企业单位和公共机构等签订推动公民素质发展协议书，共同建立注册志愿者平台，积极推动自身成员成为注册志愿者，共同为澳门地区的公民素质发展努力。

案 例

澳门博彩从业员志愿者协会

澳门博彩从业员志愿者协会是非营利、公益性的组织。该志愿者协会团结从事博彩业或相关行业的爱国爱澳人士，推动他们参与各类公益活动及志愿服务，开拓多元化活动的空间，提供学习交流平台，宣传正面正确的价值观及人生观，并传扬“奉献、友爱、互助、进步”的志愿精神，推动志愿者事务的持续发展。

澳门博彩从业员志愿者协会自成立以来，为澳门地区旅游业做出了很大的贡献。协会开展“博彩从业员世遗景点认识与服务计划”，让志愿者接受专业导游培训，熟悉澳门地区世遗景点的历史及解答旅客咨询的基本技巧，然后在澳门地区各大景区为旅客服务。

资料来源：http://www. volunteers. org. mo/organizations-on/macao-gaming-practitioners-volunteers-association.

【点评】

澳门博彩从业员志愿者协会发源于澳门地区特殊的社会环境，这也说明澳门地区的开放与包容吸引了更多不同行业的社会人士参与志愿服务活动，也极大地推动了澳门地区志愿服务事业的发展繁荣，使志愿服务精神能够为更多民众所接受。

三、台湾地区志愿服务

台湾地区志愿服务的兴起与发展不同于香港和澳门地区受西方宗教的影响，更多的是靠政府行政力量的推动。进入 21 世纪之后，越来越多的有志之士愿意牺牲自己的时间从事志愿服务，关怀社会弱势群体，推进公益活动。台湾是一个自然灾害频发的地区，每次自然灾害发生之时，都会有大量的志工投入救灾工作，展现出强大的志工力量。

案　例

9·21地震震出的爱心志工

1999年9月21日凌晨，台湾地区发生7.6级特大地震，该次地震所造成的灾民数约31万人，死伤人数13 799人，财物损失估计达新台币3 623亿元。与其他自然灾害一样，灾后复原与重建不仅需要大量物资资源，非物资的人力资源更是灾后重建目标达成与否的不可或缺要素。9·21地震后，政府与民间投入大量的医疗、工程、消防、警察于灾区。其中数量最多、反应最快速的救灾人力当属志工。

这次地震也让更多的台湾地区居民投身志愿服务。居住在南投县的巫建龙、黄金枝夫妻在地震时所住的集合式住宅遭受到严重龟裂，整栋大楼被判定半倒，所有住户面临有家归不得的窘境。震灾后，巫建龙在组合屋工地，看到慈济志工挥汗如雨赶工，经询问才知道他们来自台湾各地，以排班接力方式在炎热的艳阳下为灾民打造新家。看着志工们大清早集合，带着工具辛苦工作却满脸笑容，他不由得泪水盈眶，深受感动，萌生了学习这种奉献精神的心念。

2004年南亚海啸发生后，巫建龙夫妇体悟到“行善不能等”，灾民急切需要援助，即使当时他们还背负房贷压力，仍然决定捐助一座大爱屋，从受人援助变成手心向下的人。2008年的四川震灾震撼台湾地区民众，巫建龙义不容辞随慈济志工投入四川赈灾任务，从“受灾”到“救灾”，巫建龙夫妇不但携手走出震灾阴霾，更震出他们坚定为社会人群付出的人生观。

资料来源：http://nhuir. nhu. edu. tw/bitstream/987654321/25479/1/%E9%9B%86%E9%9B%86%E5%9C%B0%E9%9C%87. pdf.

【点评】

志愿服务是重要的民间资源，亦是社区发展与形塑公民社会的重要动力来源之一。灾难虽然会造成民众财物损失、心理与生理创伤，但救灾过程中志愿服务所引发的志愿主义气氛，却可使危机变成转机；增加个人自理能力、社会或社区的凝聚与同舟共济的意愿，进而以集体行动解决现存和未来社会问题。

（一）台湾地区志愿服务发展的历史

台湾地区志愿服务事业的发展大致经历了萌芽期、成长期和规范期三个阶段。志愿服务的萌芽主要受行政部门的推动，早在1931年，台湾地区政府就出台了“国民义务劳动服务法”，鼓励居民参与社会建设。1952年，农业推广体系开始有了“义务指导员”制度。1963年，陆续成立了“义勇消防队”“义勇警察队”“义勇交通队”等，成为台湾地区最早的公务机构使用志工的典范，也是台湾地区使用志工最多的公共部门。1965年，志愿服务即被大量地运用于协助社区发展的推动，尤其以台北市最为活跃。1970年，地方法院所聘用的“荣誉观护人”，协助推动少年观护工作。1973年将大专学生纳入辅导员队伍，这也是历史较为悠久的志愿服务团队。

从20世纪80年代开始，为广泛团结民间力量、协助推动社会福利工作，台湾地区政府通过先后制定有关志愿服务的各种原则、方案及要点，逐渐介入并主导规划原来只在民间开展的志愿服务，以积极推展志愿服务工作，加强公共资源与民间资源的整合与运用。这一时期，台湾地区各市县也积极探索志愿服务的区域性发展，如从1984年起，台北市政府社会局和高雄市政府社会局也陆续制定实施促进志愿服务发展的相关政策措施，以此推动志愿服务工作。

1999年，台湾地区发生9·21特大地震，这进一步促进了志愿服务的发展。2001年，出台了“志愿服务法”，对台湾地区志愿服务的相关事宜进行了明确的阐释和规定。这是台湾地区推动志愿服务发展历程中的重要分水岭和里程碑，给予了志愿服务工作和志工群体强有力的保护，体现出台湾地区志愿服务的体系化、规范化、规模化。后来，台湾地区各市县陆续成立志愿服务推广中心，致力于协助非营利组织团队参与志愿服务管理。至此，台湾地区的志愿服务活动已由早期的民间自发行善行为转变为一项政府主导、民间配合、社会响应、舆论宣扬的致力追求社会公共利益的社会事业。

（二）台湾地区志愿服务发展的现状

自“志愿服务法”实施以来，台湾地区志愿服务工作日渐蓬勃发展。据官方统计数据，2016年，投入社会福利类及综合类服务工作的志愿服务团队达4 426个，志愿者261 485名，全年社会福利类及综合志愿服务时数达3 621万小时，较2006年增长3.2倍。志愿服务贡献时数中，以老人福利服务最多，占25.1%；综合福利服务其次，占23.7%；家庭和社区服务居第三，占21.2%。平均每位志愿者每周服务时数2.7小时①。

① https://dep.mohw.gov.tw/DOS/lp-2979-113.html.

台湾地区志愿服务发展的现状可以总结为以下几个方面：

第一，健全志愿服务法制。围绕着志愿服务的制度化发展，在“志愿服务法”的基础上制定了一系列相关规定，如特殊训练课程、志愿服务奖励办法、志愿服务证及服务记录册管理办法、志工基础教育训练课程、志工伦理守则、志工服务绩效认证及志愿服务绩效证明书、志工申请志愿服务荣誉卡作业规定、志愿服务奖励办法、卫生福利志愿服务奖励办法、社会福利类志工特殊教育训练课程等。

第二，重视志工教育培训。每年，相关部门都会针对不同类型的志工提供各类培训。为增进志工服务基础知识、辅助各志愿服务运用单位开展志工培训，相关部门编写了志工基础训练教材、社会福利类志工成长和领导训练等教材，并分赠予各相关部门、地方政府及志愿服务运用单位参考使用。

第三，志愿服务奖励与保险。每年，相关部门都会办理志工奖励表彰以嘉许各领域的优秀志愿者，并为志愿服务年资满3年、服务时数达300小时以上的志工颁发“志愿服务荣誉卡”，志工持荣誉卡则可免费进入公共景区和一些特定的娱乐场所。同时，通过政府采购的方式，台湾地区政府推行志工保险制度，为志工办理意外事故保险，保障志工在志愿服务工作中的人身安全。

第四，建立综合的志愿服务咨询系统。台湾地区卫生福利领导机构于2003年建立了全区域的志愿服务资讯系统，提供志愿服务资源集成、统计查询、公布研习训练活动消息、志工管理、志工园地交流等服务信息。由于台湾是一个自然灾害频发的地区，卫生福利领导机构于2011年建成“重大灾害物资资源及志工人力集成网络平台管理系统”，该平台是市县政府与志工团体的联系窗口，当重大自然或人为灾害发生时，受灾地方政府可在最短时间内通过该平台发布救济物资与志工人力需求信息，志工团体也能及时通过该平台的信息组织民间资源协助政府开展救助。

案　例

台湾地区的社区营造与志愿服务

从20世纪90年代起，台湾地区兴起了一场“社区总体营造”运动，这是一场最基层、最普及、最温和但影响力最深刻的社会运动。社区总体营造以建立社区文化、凝聚社区共识、建构社区生命共同体的概念为目标，借助社区总体营造理念的推动与社区居民积极参与地方公共事务，凝聚社区共识。简而言之，就是居住在同一地理范围内的居民，以集体的行动来处理其共同面临的社区生活议题，解决问题的同时创造共同的生活福祉。经过 20 多年的摸索、创新和发展，“社区总体营造”已经成为台湾地区社会的标签，为地区社会福利发展做出了巨大贡献。而社区营造的过程，大力培育和发展了社区志愿服务组织，让每一名居民都通过做义工开展志愿服务活动参与到社区营造中来。例如，很多社区都为年长者搭建了公共厨房，每天为老年人供餐。除了专职的社区工作者，社区的其他居民都可通过做志工参与到送餐工作中，形成社区互助。再如，“社区总体营造”重视儿童关怀，设立了诸如课后辅导等社区活动，也吸引了一大批青年志愿者参与，为社区儿童提供志愿服务。

资料来源：曾旭正. 台湾的社区营造：新社会、新文化、新人. 台北：远足文化出版社，2013.

【点评】

社区社工承接着社区建设的重要角色，而社工人数相对于居民的人数少之又少，因而开展社区服务并不能完全覆盖社区居民，还需大力发挥社区居民的作用和力量。台湾地区从居民日日居住的环境入手，通过组织丰富的志愿服务活动，调动社区居民的积极性，增强其社区归属感，吸引社区居民自动自发成为志愿者，通过志愿服务共同挖掘社区资源，开展社区营造。

思考与讨论

1. 国外的志愿服务经历了哪些发展历程？
2. 国外及我国港澳台地区志愿服务兴起的原因是什么？
3. 国外及我国港澳台地区志愿服务盛行对其社会发展带来了怎样的影响？
4. 国外的志愿服务对我国志愿服务发展有何启示？

参考文献

一、中文文献

西塞罗. 西塞罗三论. 徐奕春，译. 北京：商务印书馆，1998.

李春成. 公共利益的概念建构评析：行政伦理学视角. 复旦学报（社会科学版），2003（1）.

北京志愿服务发展研究会. 中国志愿服务大辞典. 北京：中国大百科全书出版社，2014.

谬其克，威尔逊. 志愿者. 魏娜，译. 北京：中国人民大学出版社，2013.

魏娜. 我国志愿服务发展：成就、问题与展望. 中国行政管理，2013（7）.

曾胜光，曾华源. 志愿服务概论. 台北：扬智文化事业服份有限公司，2003.

马克思，恩格斯. 马克思恩格斯选集：第 2 卷. 3 版. 北京：人民出版社，2012.

魏娜，刘子洋. 论志愿服务的本质. 中国人民大学学报，2017（6）.

魏娜，等. 经验·价值·影响：2008 北京奥运会、残奥会志愿者工作成果转化研究. 北京：中国人民大学出版社，2010.

庇古. 福利经济学. 金镝，译. 北京：华夏出版社，2013.

森. 以自由看待发展. 任赜，于真，译. 北京：中国人民大学出版社，2002.

魏娜，王哲. 志愿服务对公共服务的价值与影响. 长白学刊，2016（1）.

马克思，恩格斯. 马克思恩格斯文集：第8卷. 北京：人民出版社，2009.

佩特曼. 参与和民主理论. 陈尧，译. 上海：上海人民出版社，2012.

帕特南. 使民主运转起来. 王列，赖海榕，译. 南昌：江西人民出版社，2001.

福山. 信任：社会美德与创造经济繁荣. 彭志华，译. 海口：海南出版社，2001.

马斯洛. 动机与人格：第3版. 许金声，译. 北京：中国人民大学出版社，2007.

斯托克. 作为理论的治理：五个论点. 国际社会科学（中文版），1999（2）.

李亚平，于海. 第三域的兴起. 上海：复旦大学出版社，1998.

何增科. 公民社会与第三部门. 北京：社会科学文献出版社，2000.

中国志愿服务联合会. 中国志愿服务发展报告（2017）. 北京：社会科学文献出版社，2017.

萨拉蒙. 公共服务中的伙伴. 田凯，译. 北京：商务印书馆，2008.

杨善华，谢立中. 西方社会学理论. 北京：北京大学出版社，2006.

白岩松. 我为什么喜欢当志愿者. 中国志愿，2017（3）.

联合国志愿人员组织. 志愿服务与幸福感. 中国志愿，2014（6）.

张佳鑫. 助老志愿服务工作方法：以夕阳再晨为例. 北京：经济日报出版社，2017.

关成华. 志愿服务同样产生GDP：来自中国志愿服务价值调查的结论. 中国志愿，2017（1）.

郭思云. 我国首条志愿服务文化展示街现身重庆. 中国志愿，2017（1）.

北京志愿服务发展研究会. 助残志愿服务实务指南. 北京：中国国际广播出版社，2017.

魏娜. 北京奥运会志愿者读本. 北京：中国人民大学出版社，2006.

周秋光，曾桂林，向常水. 中国近代慈善事业研究. 天津：天津古籍出版社，2013.

资中筠. 财富的责任与资本主义演变：美国百年公益发展的启示. 上海：上海三联书店，2015.

托克维尔. 论美国的民主. 董果良，译. 北京：商务印书馆，2004.

中国志愿服务联合会. 邻里守望在中国. 北京：人民出版社，2017.

佘双好．志愿服务概论．武汉：武汉大学出版社，2013.

张耀灿．关于弘扬志愿精神的几个问题．思想政治教育研究，2011(5).

《泉源》编委会．泉源：大栅栏街道综合包户志愿服务 30 年．北京：人民出版社，2015.

陈武雄．志愿服务理念与实务．台北：扬智文化事业股份有限公司，2004.

崔向华，张婷．非营利组织管理导引与案例．北京：中国人民大学出版社，2013.

徐彤武．联邦政府与美国志愿服务的兴盛．美国研究，2009 (3).

莫于川．中国志愿服务立法的新探索．北京：法律出版社，2009.

冯英，张惠秋，白亮．外国的志愿者．北京：中国社会出版社，2008.

吕晓莉．慈善法与志愿服务的新发展．中国民政，2016 (13).

郑章树．慈善法与志愿服务的新发展．大社会，2016 (7).

王颖奇，陈昱伶．岳阳志愿者首获公益保险理赔　保障志愿者合法权益．岳阳日报，2016-09-12.

陈方．网购“志愿证明”背后有何猫腻．光明日报，2017-08-07.

魏娜．党的十八大以来我国志愿服务的机遇、成就与发展．中国志愿，2017 (3).

张远凤．德鲁克论非营利组织管理．外国经济与管理，2002，24 (9).

王忠平．志愿服务管理理论与实务．北京：北京交通大学出版社，2015.

全国社会工程者职业水平考试辅导教材编写组．社会工作综合能力(中级)．北京：中国建材工业出版社，2010.

刘蕾，高钰书．社会组织创新力评估 PDA 模型的应用：以徐州市花时间阅读文化发展中心为例．中国社会组织，2017 (20).

王名．志愿组织管理概论．修订版．北京：中国人民大学出版社，2010.

王辉．一个环保 NGO 的战略规划．中国发展简报，2009-04-28.

罗军飞，龚芳．论志愿者组织营销的“4p＋s＋v”理论．科技创业月刊，2009，22 (02).

北京奥运会志愿者工作协调小组办公室．奥运先锋．北京：人民出版社，2009.

香港社会福利署. 义务工作训练手册汇编. 1991 (7).

曾旭正. 台湾的社区营造：新社会、新文化、新人. 台北：远足文化出版社，2013.

陆士桢. 中国特色志愿服务概论. 北京：新华出版社，2017.

二、外文文献

Deci, E. L., Ryan, R. M. Handbook of self-determination research. New York: The University of Rochester Press, 2002.

McCall, G. J., Simmons, J. L. The role-identity model. Guttentag, M. Identities and interactions: An examination of human associations in everyday life. New York: The Free Press, 1978.

Stryker, S., Serpe, R. T. Commitment, identity salience, and role behavior. Ickes, W., Knowles, E. S. Personality, roles, and social behavior. New York: Springer-Verlag, 1982.

Sheldon, S., Burke, P. J. The past, present, and future of an identity theory. Social Psychology Quarterly, 2000 (63).

Zimmer, A. Corporatism revisited: The legacy of history and the Germany nonprofit Sector. Voluntas: International Journal of Voluntary and Nonprofit Organization, 1999, 10 (1).

Brilliant, E. L. Voluntarism. Salvatore, E. Encyclopedia of social work, 19th ed. Washington D. C, 1997 (3).

Cabinet Office Strategy Unit. Private action, public benefit: a review of charities and the wider not-for-profit sector. London: Cabinet Office, 2002.

图书在版编目（CIP）数据

志愿服务概论/魏娜主编. —北京：中国人民大学出版社，2018.11
（志愿服务实务丛书）
ISBN 978-7-300-26458-5

Ⅰ.①志… Ⅱ.①魏… Ⅲ.①志愿-社会服务-教材 Ⅳ.①C916

中国版本图书馆 CIP 数据核字（2018）第 268170 号

志愿服务实务丛书
志愿服务概论
魏 娜 主编
Zhiyuan Fuwu Gailun

出版发行	中国人民大学出版社		
社　　址	北京中关村大街 31 号	**邮政编码**	100080
电　　话	010－62511242（总编室）		010－62511770（质管部）
	010－82501766（邮购部）		010－62514148（门市部）
	010－62515195（发行公司）		010－62515275（盗版举报）
网　　址	http://www.crup.com.cn		
经　　销	新华书店		
印　　刷	运河（唐山）印务有限公司		
开　　本	720 mm×1000 mm　1/16	**版　　次**	2018 年 11 月第 1 版
印　　张	18.5 插页 1	**印　　次**	2025 年 6 月第 6 次印刷
字　　数	320 000	**定　　价**	45.00 元